2020年度大连外国语大学学科建设专项经费资助项目

中国旅游业跨区域合作模式与协调机制研究

Research on the Cross-regional Cooperation Model and Coordination Mechanism of China's Tourism Industry

张　丽◎著

中国财经出版传媒集团
经济科学出版社
Economic Science Press

图书在版编目（CIP）数据

中国旅游业跨区域合作模式与协调机制研究 / 张丽著. —北京：经济科学出版社，2021. 1
ISBN 978 -7 -5218 -2303 -5

Ⅰ. ①中…　Ⅱ. ①张…　Ⅲ. ①旅游业 - 经济合作 - 研究 - 中国　Ⅳ. ①F592. 3

中国版本图书馆 CIP 数据核字（2021）第 014023 号

责任编辑：李　军　谭志军
责任校对：齐　杰
责任印制：范　艳

中国旅游业跨区域合作模式与协调机制研究
张　丽　著
经济科学出版社出版、发行　新华书店经销
社址：北京市海淀区阜成路甲 28 号　邮编：100142
总编部电话：010 - 88191217　发行部电话：010 - 88191522
网址：www. esp. com. cn
电子邮箱：esp@ esp. com. cn
天猫网店：经济科学出版社旗舰店
网址：http://jjkxcbs. tmall. com
固安华明印业有限公司印装
710 × 1000　16 开　14. 5 印张　230000 字
2021 年 1 月第 1 版　2021 年 1 月第 1 次印刷
ISBN 978 -7 -5218 -2303 -5　定价：78. 00 元
（图书出现印装问题，本社负责调换。电话：010 - 88191510）

前　言

区域间旅游经济发展的本源性动力是竞争，但合作是市场经济条件下推动区域旅游经济发展的另一种驱动机理。处于不同发展阶段的区域之间都可以寻求其旅游资源与产品的互补性以及合作发展的契机，因而区域旅游合作是区域旅游竞争的高级形态。换言之，在成熟的市场环境中，不同经济主体之间占主导的不再是单纯的竞争关系，而是在社会和谐发展前提下的一种合作与竞争并存的发展关系。当前，中国旅游业已经进入区域合作的阶段，区域旅游合作在全国各地呈现出前所未有的发展态势，特别是进入20世纪90年代后，旅游业“大旅游、大市场、大产业”的格局初步形成，地理位置邻近、旅游资源类型和结构相似且分布密集的旅游区域开始积极进行旅游合作；此外，随着国内区域经济合作的迅猛发展，区域旅游合作也不断深入拓展。

中国旅游业跨区域合作问题，本质上是在中国既定国情条件下的一种区域性旅游产业发展环境治理和发展政策创新的制度性建设。区域之间、城乡之间、一个中国框架下不同关境之间、国内与国际之间的旅游互动与合作发展及其变化趋势，既折射出中国发展的全局性变化及其趋势，也直接受制于中国全局性发展战略格局的制约和影响，是一个具有挑战性、前瞻性，与时俱进的战略性命题。经过四十多年的快速发展，各地区旅游业合作迅猛发展，并取得了一定的成绩，但目前的区域旅游合作依然停留在协议层面而实践进展缓慢。这很大程度上是因为中国旅游业跨区域合作缺乏理论层面的指导，或者说，中国旅游学术研究仍然呈现出滞后于旅游业发展实践的态势。因此，可以从不同的角度对中国旅游业跨区域合作模式与协调机制问题进行研究。

为此，本书首先从经济学、地理学、管理学等相关学科的角度对旅游业跨区域联合发展的理论基础进行了系统梳理；同时，以上述理论为指导，对中国旅游业跨区域合作的现状特点、存在的问题及其发展趋势进行了总体分析。其次，对地方政府、旅游企业和行业协会三大经济主体在区域旅游发展与合作的地位和作用进行了正确定位，构建了中国旅游业跨区域合作切实可行的理论分析框架，并着重分析地方政府行为在中国旅游业跨区域合作中的重要作用。以此为依托，借鉴国内外旅游业跨区域合作的典型经验，分析旅游业跨区域合作的驱动机理、主要内容以及合作过程中的各种制约因素。最后，基于中国区域旅游合作的发展现状、区域旅游合作中的地方政府行为以及国内外区域旅游合作典型经验的分析，构建了基于认知共同体的区域旅游合作机制分析框架，分别从地方政府、旅游企业和行业协会三个角度提出了区域旅游合作的有效协调机制。具体而言，本书共分为8章。

第1章主要介绍本书的研究背景、选题的理论意义和现实意义，对区域旅游、区域旅游合作、区域旅游一体化等与旅游业跨区域合作密切相关的概念进行辨析和界定，并对本书所采用的研究方法进行了系统梳理；此外，还较为清晰地阐述了本书的主要创新点以及研究框架。

第2章在前面对相关概念进行界定的基础上，分别从理论基础、驱动机理、基本模式和运行机制等四个方面对20世纪90年代以来国内外旅游业跨区域合作的相关文献进行了述评；并探讨了旅游业跨区域合作的理论基础，从而为后续区域旅游合作模式和协调机制的研究奠定基础。

第3章在全面把握中国旅游业发展现状的基础上，系统梳理了中国旅游业跨区域合作发展历程中的三个阶段，总结概括了中国旅游业跨区域合作的发展现状，进而从各地区旅游业合作的实践出发，提炼归纳了中国旅游业跨区域合作过程中存在的各种问题。

第4章对地方政府、旅游企业和行业协会三大经济主体在区域旅游发展与合作中的地位和作用进行了合理准确的定位，并以此为基础构建了中国旅游业跨区域合作切实可行的理论演进机制，进而在此基础上对中国旅游业跨区域合作过程中的地方政府行为进行了重点分析。

第5章依据区域旅游合作的经济主体及其在区域旅游合作中的地位和作

用，将旅游业跨区域合作的模式分为三种：政府推动为主的模式、政府市场互动的模式以及合作较成熟的市场主导模式。根据珠三角、长三角和京津冀地区旅游合作的实际情况，分别将其归属为上述三种模式。

第 6 章探讨总结了欧盟区域旅游一体化模式和大湄公河次区域旅游合作模式的相关经验，并在分析国内外旅游业跨区域合作典型案例的基础上，从中提炼、抽象和概括出旅游业跨区域合作的典型模式、主要内容和各种制约因素。

第 7 章基于中国区域旅游合作的发展现状、区域旅游合作中的地方政府行为以及国内外区域旅游合作典型经验的分析，构建了基于认知共同体的区域旅游合作机制分析框架，分别从地方政府、旅游企业和行业协会三个角度提出了区域旅游合作的有效协调机制。

第 8 章试图明确、精炼地阐述本书研究的主要内容及主要研究成果，以及其中的主要创新性工作；并针对研究的局限性和不足之处，提出今后需要进一步深入研究的问题和大致方向。

张丽

2020. 12

目　录

第1章

绪　论

本章主要介绍本书的研究背景、选题的理论意义和现实意义，对区域旅游、区域旅游合作、区域旅游一体化等与旅游业跨区域合作密切相关的概念进行辨析和界定，并对本书所采用的研究方法进行了系统梳理；此外，本章还较为清晰地阐述了本书的主要创新点以及研究框架。

1.1　研究背景及选题意义

1.1.1　研究背景

1. 选题背景

改革开放以来，尤其是20世纪90年代后期以来，中国旅游业在实践中反复探索，逐渐由一个外事接待型的事业转型为国民经济的一个重要产业，成为国民经济的重要组成部分；并依托快速发展的宏观经济环境和稳妥坚实的对外开放政策，凭借其丰富的旅游资源，迅速成长为世界第五大旅游目的地国家。在此背景下，国家旅游局适时提出了旅游强国战略和促使中国旅游业转型升级的发展任务，而上述战略和任务的实现，均有赖于进一步加强旅游业的跨区域联合发展，旅游业跨区域联合发展是旅游业发展到一定阶段的需要，是随着旅游经济发展的历史进程而逐步形成和扩展的。自20世纪80年代末，中国旅游业跨区域合作及大旅游思想产生以来，各地区旅游业合作就如火如荼地迅猛发展并取得了一定的成绩，但目前的区域旅游合作依然停留在协议层面而实践进展缓慢，成果尚不尽如人意。

（1）国家旅游强国战略与中国旅游产业转型升级。中国是一个地域辽阔、历史悠久的世界文明古国，也是一个多民族国家，有着秀丽的自然风光、众多的文物古迹和丰富多彩的灿烂文化，旅游资源十分丰富。改革开放以来，尤其是20世纪90年代后期以来，中国旅游业取得了迅猛的发展，其在创汇增收、拉动内需、增加就业、改善投资环境和国家形象、提高人民生活质量、促进经济社会全面发展等方面，发挥了巨大的作用，取得了显著的成就。经过30多年的发展，中国已由旅游资源大国成长为世界旅游大国，目前已经发展成为世界第五大旅游目的地国家，并正在朝着世界旅游强国的目标迈进。据世界旅游组织预测，中国有望在2030年超过法国成为入境外国游客最多的国家。

在此背景下，国家旅游局适时提出了旅游强国战略。2006年，在全国旅游工作会议上，国家旅游局明确了“十一五”期间中国旅游业发展的“一二三工程”，即坚持“一个方针”——科学发展观；围绕“两大目标”——把旅游业培育成国民经济的重要产业和为建设世界旅游强国夯实基础；抓好三项基本任务——一是加快完善旅游产业体系，二是全面提升旅游产业素质，三是综合发挥旅游产业职能。以此加强对我国旅游业的全局性和战略性把握，促进我国旅游业的快速、和谐、健康发展，进而夯实中国旅游业强国之路的战略基础。国家旅游强国战略得到地方政府的广泛支持与积极响应，为此，各级地方政府在制定地区旅游业发展“十一五”规划中对旅游业进行了战略定位，以进一步提升旅游业对于促进地方经济发展的重要性。例如，北京市在其旅游业“十一五”规划中明确提出，旅游业是北京市第三产业的支柱产业和新的经济增长点，并致力于将北京建设成为全国旅游业首善之区、国内外旅游者首选之地和国际一流旅游名城；天津市则将旅游业定位为服务业的新兴支柱产业，并全力打造旅游休闲中心城市和中国北方滨海旅游名城。

实现中国由旅游大国向旅游强国转换的关键，在于促进中国旅游业的转型升级和结构优化。为此，2007年9月，国家旅游局出台了《关于进一步促进旅游业发展的意见》，其中特别指出，我国旅游业面临着优化产业结构、转变增长方式、提升发展质量和水平的艰巨任务，迫切需要由粗放型经营向集约化经营转变，由数量扩张向素质提升转变，由满足人们旅游的基本需求向提供高质量的旅游服务转变。2008年，全国旅游工作会议亦将“转型升级和转型增效”提升为国家层面的旅游发展战略，这是改革开放30年来我国旅游发展的历史性转折，对于推动我国旅游发展从粗放型（外延型）到集约型（内涵型）、规模型（数量型）向效益型（质量型）转变具有深远的意义。2009年，国务院下发《关于加快发展旅游业的意见》，首次提出把旅游业培育成国民经济战略性支柱产业，并作为新兴产业和经济增长点加以培育扶持。自此，旅游业上升到国家战略层面，这在旅游业的发展史上具有里程碑式的意义。2016年国务院将《“十三五”旅游业发展规划》纳入国家“十三五”重点专项规划，旅游业即将走向国民经济建设的前沿，成为国家经济社会发展的支柱产业，这在我国旅游业发展历史上尚属首次，是一个里程碑意义的新突破。

（2）区域旅游合作成为中国旅游业发展的重要趋势。旅游业具有综合性和开放性的特点，其综合性表现为旅游是一种跨越传统经济部门的活动，需要有经济、社会、文化、环境等各个方面的投入；其开放性表现为社会经济的快速发展，使得人们跨越区域的旅游流动越来越频繁。这就要求旅游业必须依托不同的区域空间实现要素的科学配置，以满足旅游者的体验需求。在区域经济一体化进程日益加快的大背景下，以“市场开放、客源互送、优势互补、合作共赢”为原则的区域合作，已经成为全球旅游界的共识和世界旅游发展的一个重要趋势。加强区域旅游合作，建立“一站多程”的无障碍旅游区以优化整合国内资源，加快与国际旅游市场接轨的步伐，加快区域经济一体化的进程，是未来影响世界各国旅游业的发展方向和竞争力的重要领域。旅游发达国家在旅游业发展过程中，都形成了若干旅游产品比较集中的区域，产生了规模效应，如欧洲的阿尔卑斯山区、莱茵河沿线城堡等。

近年来，随着中国各地区经济联系的不断增强、文化交流的日益频繁以及旅游产业规模的不断扩大，在旅游发展过程中加强区域合作的思想得到了中央和各地政府的重视。政府、旅游企业和旅游消费者均迫切渴望打破地区行政经济的束缚，以实现地区旅游资源的有效整合和各地旅游业的协同发展，实现旅游者以及诸多旅游要素资源的自由流动，实现旅游经济效益、社会效益和生态效益的最大化。为了适应经济区域化与旅游业区域合作发展的新形势，各级管理部门和旅游企业纷纷摒弃传统观念，主动协商，积极打造无障碍旅游区，形成了推进旅游区域合作的新热潮。

例如，2003年7月，由杭州市人民政府、国家旅游局政策法规司、国家发改委国土开发与地区经济研究所主办，上海、浙江、江苏旅游局（委）支持，杭州市旅游委员会承办的“长江三角洲旅游城市15+1高峰论坛”在杭州市隆重举行，来自长三角的上海、南京、苏州、无锡、常州、扬州、镇江、南通、杭州、宁波、绍兴、嘉兴、湖州、温州、舟山和安徽省黄山市的市领导、旅游主管部门负责人、旅游企业代表和新闻媒体记者共约350人参加会议；与会的16个城市经过广泛深入地研究和探讨，共同签署了《长江三角洲旅游城市合作（杭州）宣言》，该宣言具有重要的历史意义，它是长三角旅游合作史上的里程碑，在国内首次提出建立“无障碍旅游区”的战略行动，并且确定了长三角旅游城市合作论坛的制度化运作。再如，2006年9月，“长三角旅游城市高峰论坛”在浙江省金华市召开，论坛通过了《长三角旅游城市“十一五”合作与发展（金华）纲要》，同时举办了长三角旅游交易会。该论坛围绕“诚信·合作·发展”为主旨的“世博经济与长三角旅游”进行了深入探讨，系统回顾总结了长三角旅游城市高峰论坛三年来取得的成就和存在的问题，达成了在未来五年要从完善长三角旅游城市合作组织的工作平台和工作机制、建立旅游产品开发的联动机制、建立旅游宣传促销的联动机制、建立旅游信息发布的联动机制、建立长三角区域旅游目的地环境营造联动机制等五个方面加强合作，并将合作目标锁定为打造“长三角国际旅游圈”。2009年，长三角区域旅游合作论坛围绕如何利用2010年上海世博会良机实现长三角旅游业效益的最佳化，采取强强联合，共同带动长三角地区的旅游经济发展。2017年《“十三五”旅游业发展规划》提出，将做强京津冀、长三角、珠三角、成渝、长江中游5大跨区旅游城市群。2018年9月，长三角旅游一体化高峰论坛在上海国际旅游度假区申迪文化中心举行，会议围绕“新格局，新未来”展开，探讨长三角旅游一体化新格局、新趋势、风向标，标志着长三角旅游合作步入崭新的阶段。

2. 问题的提出

市场经济本质上是竞争经济，尤其对于处于经济转轨期的中国旅游业而言，竞争是促进中国旅游业发展的不可或缺的因素。这是因为竞争促使旅游企业之间的优胜劣汰，使优胜的旅游企业发展更快，使优胜的旅游产品占领更大的旅游市场空间，竞争使得整个社会旅游资源得到更为充分的优化配置。改革开放以来，中国旅游经济取得了长足的发展，其中最为重要的原因就在于在制度变革过程中使竞争机制在旅游资源优化配置中发挥了主导作用。因此，在市场经济条件下，无论是旅游区域之间的竞争，还是旅游区域之内的竞争，无论是企业之间的竞争，还是政府之间的竞争，竞争对于中国区域旅游的发展都具有普遍的意义。中国旅游业的发展，经历了景点之间的竞争、线路之间的竞争和城市之间的竞争三个阶段之后，现在已经进入区域之间竞争的阶段。

竞争与合作是现代旅游经济中不同行为主体之间的两种基本行为模式。区域间旅游经济发展的本源性动力是竞争，即竞争始终是区域经济发展的最终目的；但是，合作是市场经济条件下和竞争并存的推动旅游经济发展的另一种驱动机理，处于不同发展阶段的区域之间都可以寻求其旅游资源与产品的互补性和合作发展的契机，因而区域旅游合作是区域旅游竞争的高级形态和境界。即在成熟的市场环境中，不同行为主体之间占主导的不再是你死我活的竞争关系，而是在社会和谐发展的前提下的一种合作与竞争并存的发展关系。当前，中国旅游业已经进入区域合作的阶段，区域旅游合作在全国各地呈现出前所未有的发展态势，特别是进入 20 世纪 90 年代后，旅游业“大旅游、大市场、大产业”的格局初步形成，地理位置邻近、旅游资源类型和结构相似且分布密集的旅游区域开始进行旅游合作；此外，随着国内区域经济合作的不断发展，区域旅游合作也不断深入拓展。

经过 20 多年的不断发展，中国旅游业跨区域合作已经取得了一定的成绩，但是从各地区旅游业合作的实践来看，中国区域旅游合作仍存在诸多问题。例如，区域旅游合作过于依赖政府，而企业等微观层面缺乏的主动的合作。改革开放以来，在中国区域旅游合作进程中，各级政府始终是最重要的推动力量。无论是旅游资源开发方面的合作、旅游交通建设方面的合作、旅游市场促销方面的合作，还是旅游信息服务、旅游人才培育方面的合作，都不乏各级政府活跃的身影，许多合作其实就是通过政府间的安排来进行的；相比之下，区域内旅游企业的反应远不如政府积极，许多旅游企业对区域合作采取一种观望的态度，有些旅游企业虽碍于情面或迫于压力参与区域合作活动，却往往缺乏自身的积极性、主动性和创造性。此外，就目前的区域旅游合作发展程度来看，现有的合作主要是重形式、重研讨、重宣言、重宣传，许多观念还多停留在地区旅游行政管理层面上，合作进展缓慢，成果难尽人意。例如，京津冀地区区域旅游合作的概念提出已久，但迄今为止，区域旅游合作还没有实质性的突破，更多地表现为以北京为极核的聚集效应大于辐射效应。

中国的区域经济本质上是政府主导型的市场经济。地方政府对社会经济活动都渗透着强烈的政府行为，具有强烈的地方利益倾向，直接影响当地企业和居民，容易滋生地方主义倾向。针对地方主义行为，区域旅游合作的深度发展必然会突破地方主义的狭隘，形成区域一体化的新格局，共同扩大旅游产业的空间效益，实现多元地方主体利益的共赢。因此，实现区域旅游合作的深度发展，必须充分调动政府、旅游企业和非政府旅游组织的积极作用，正确定位政府、旅游企业和非政府旅游组织三大主体在区域旅游发展与合作中的地位和作用。有鉴于此，本书在对中国旅游业跨区域合作现状进行详细分析的基础上，借鉴国内外区域旅游合作的典型经验，通过界定中国旅游业跨区域合作的经济主体和构建中国旅游业跨区域合作的理论框架，分析地方政府在中国区域旅游合作中的作用，进而探讨中国旅游业跨区域合作的有效协调机制。

1.1.2 选题意义

自 20 世纪 80 年代末，中国旅游业跨区域合作及大旅游思想产生以来，各地区旅游业合作迅猛发展并取得了一定的成绩，但目前的区域旅游合作依然停留在协议层面而实践进展缓慢。这很大程度上是因为中国旅游业跨区域合作缺乏理论层面的指导。为此，本书通过构建中国区域旅游合作的理论框架，分析政府在旅游业跨区域合作中的作用，进而深入探讨中国旅游业跨区域合作的有效保障机制。

1. 理论意义

中国旅游业跨区域合作实践迄今仅有 30 年的发展历程，而国内旅游学术界对中国区域旅游合作问题的研究目前尚处于不断深入阶段。因此，无论是对中国区域旅游合作理论基础的探讨，还是对合作基本模式的研究，还是对合作保障机制的分析，均具有重要的理论意义。本书侧重从政府的角度对中国旅游业跨区域合作问题展开研究，其理论意义主要表现如下：

第一，构建区域旅游合作深度发展切实可行的框架体系，为进一步丰富和发展区域经济合作的理论体系，促进区域旅游和谐发展提供新的理论支撑。

旅游业跨区域合作实践需要坚实的理论支撑。本书首先力求准确地定位政府、旅游企业和行业协会三大主体在区域旅游发展与合作中的地位和作用，基于旅游业跨区域合作经济主体的视角构建区域旅游合作深度发展切实可行的框架体系，对国内外尤其是中国30年来区域旅游合作实践进程进行总结和反思，对影响区域旅游合作深入发展的制约因素进行深刻剖析，结合国内外旅游业跨区域合作发展的成功经验，从理论高度提出旅游业跨区域合作深度发展切实可行的框架体系，为进一步丰富和发展中国区域经济合作的理论体系，促进中国旅游业跨区域合作的和谐发展提供新的理论支撑。

第二，构建基于认知共同体的区域旅游合作机制分析框架，从合作经济主体的角度提出区域旅游合作的协调机制，形成区域旅游合作机制的新格局。

区域旅游合作的深度发展可以从整体上整合区域旅游资源，避免低水平、内耗式恶性竞争，产生互补增强效应，实现区域旅游业内部自我优化，提升整体竞争力。因此，维系区域旅游合作的可持续性，推进区域旅游一体化进程，是事关国家层面的旅游战略利益、事关地方旅游权益、事关旅游区域创新路径的重大战略性命题。然而，当前对区域旅游合作的研究中，众多学者关注较多的仍是某些区域旅游合作的可行性与合作建议，对区域旅游合作的深度发展及其实现途径的理论研究则相对较少。本书在借鉴国内外区域旅游合作典型经验的基础上，分析了旅游业跨区域合作过程中的相关制约因素，构建了中国旅游业跨区域合作的理论分析框架；以此为依托，借鉴基金会的组织建构模式，构建基于“认知共同体”理念的区域旅游合作协调机制分析框架，从地方政府、旅游企业和行业协会等区域旅游合作经济主体的角度提出区域旅游合作的协调机制，形成区域旅游合作机制体制的新格局。

2. 现实意义

旅游业跨区域合作理论分析框架的构建、相关制约因素的分析和合作保障机制体制的提出，对提高中国旅游业跨区域合作实践进展、明确政府在区域旅游合作中的角色地位和职能作用、提升中国旅游业的社会形象和国际竞争力，以及构建社会主义和谐社会均具有重要的理论指导意义。鉴于本书侧重从政府视角对中国旅游业跨区域合作问题进行研究，其研究的现实意义具体表现为：

第一，通过对政府在中国旅游业跨区域合作中地位和作用的科学界定和分析，为其引导中国区域旅游合作实践活动提供理论支持和指导。

中国的区域经济本质上是政府主导型的市场经济。40多年经济改革所取得的巨大成就，很大程度上得益于以财政分权和放权让利为基础的经济体制改革。经济体制改革使得地方政府在地方经济发展中承担着推手的重要作用，使得地方政府对社会经济活动都渗透着强烈的政府行为，具有强烈的地方利益倾向，直接影响当地企业和居民。地方政府的逐利行为一方面可以对地区旅游经济的发展起到重要的推动作用，事实上，中国旅游业是政府主导型的经济产业；另一方面地方政府的逐利行为也容易滋生地方保护主义倾向，为了地方利益而损害整体利益，这表现为政府在区域旅游合作中存在着错位、失位和缺位等问题。本书通过对国内外区域旅游合作经典案例的分析，借鉴其成功合作的典型经验，科学界定和分析地方政府在旅游业跨区域合作中应该承担的责任和发挥的作用，从而为政府在区域旅游合作实践中提供指导。

第二，构建基于认知共同体的区域旅游合作机制分析框架，从合作经济主体的角度提出区域旅游合作的协调机制，为实践活动提供切实可行的指导措施。

作为一个幅员辽阔的大国，中国有着完善的中央与地方政府架构及治理规范。在中央政府的统一领导下，地方政府对地方旅游经济发展有着自主积极性和创新性。区域合作的目标是实现区域整体利益最大化，实现共同体成员单位的利益共赢，这是合作的基本起点和归宿。综观现有区域旅游合作的理论研究和实践进展，可以发现，当前旅游业跨区域合作的运行机制总体上缺乏切实可行的操作对策。现有的合作实践主要是重形式、重研讨、重宣言、重宣传，许多观念还多停留在地区旅游行政管理层面上，合作进展缓慢，成果难尽人意。为此，本书构建基于认知共同体的区域旅游合作机制的统一分析框架，从合作经济主体的角度提出中国旅游业跨区域合作的协调机制，从而为中国区域旅游合作实践活动提供切实可行的指导措施。

1.2 概念界定及研究方法

1.2.1 概念界定

要深入的理解旅游业跨区域合作，首先必须准确的理解旅游业跨区域合作的相关概念。为此，本书较为系统地梳理归纳了旅游区域与区域旅游、区域旅游竞争与区域旅游合作、无障碍旅游区与区域旅游一体化等与旅游业跨区域合组密切相关的概念及其含义，这些概念是建立旅游业跨区域合作理论体系的基本前提和理论基础。

1. 旅游区域与区域旅游

（1）旅游区域。区域，既是一种客观上存在的实体概念，又是一个观念上抽象的空间概念，其往往没有严格的范围和边界，地球表面上的任何一部分，例如一个地区、一个国家乃至几个国家均可称为一个区域。然而，目前学术界对于区域概念的界定尚未达成共识。正如哈利·理查森（Harry W. Richardson，1979）所言，“精确地定义区域是如此困难，以致大多数区域经济学家宁可选择回避这项工作”。

另外，不同学科的学者从各自的研究角度出发，对区域的含义进行了不同的界定。地理学将区域定义为地球表面的任何一个单元，它以自然或人文特征而有别于周围的地区，因而差异性是地理区域边界划分的依据。政治学将区域看成国家管理的行政单元，这种地域单元主要是按行政权力覆盖面而划分的，因而其边界与国界或国内不同省界、县界重合。社会学将区域看成相同语言、相同信仰和民族特征的人类社会聚落，按这种标准，区域可超过国界和行政边界，也包括不同的自然地理单元，只要语言、信仰或民族特征相同，都可划归为某一社会聚落内，例如语系的划分、民族的分布等。经济学将区域界定为由不同种类、不同等级、具有较强自组织能力、相对独立却高度开放的经济功能区，彼此之间交互作用，形成的一种具有网络特征的经济空间。即经济区域是经济功能区的有机组合，既是一种空间结构，又是一种自组织体系。

旅游学对于区域的概念迄今尚未有明确的界定。林洪岱（1983）发现，区域性已成为旅游经济发展的一个规律性现象。孙尚清（1990）认为，无论从国际视野，还是从国内发展来看，旅游业都具有鲜明的区域性。在此基础上，楚义芳（1992）指出，旅游业的这种区域性在空间上表现为一种中心地理结构，形成了轴式、圈层、链式等若干向心的形式。迪米特里奥斯·布哈利斯（Dimitirios Buhalis，2000）认为，旅游区域是一个特定的地理区域，被旅游者公认为一个独立完整的个体，有统一的旅游业管理和规划的政策司法架，即由统一的目的地管理机构进行管理的区域；也就是说，旅游区域在旅游者心目中要具有相对独立的形象认知体系，并要具有比较完整的产业体系和产业管理体系。张晨（2006）将旅游区域定义成一个以经济联系为基础，包含丰富社会属性、深刻文化内涵的综合性区域。

借鉴地理学和经济学等相关学科对区域概念的界定，结合旅游业自身的特点以及现有旅游区域的相关定义，本书认为：旅游区域是由一定规模的旅游资源以及支持旅游业发展所需的各相关要素组成的，并考虑行政区划基础上的一定的旅游活动空间范围；它是依据旅游经济活动的自然联系而构成的，是在市场的作用下，以分工、交换和协作方式形成的、联系相对紧密的旅游要素集中群；它具有组织区内旅游经济活动和区外旅游经济联系的能力，在区域范围内，各组成部分具有较高的相似性，且与区域外部存在着明显的差异。

（2）区域旅游。旅游的区域化主要表现为旅游在一定区域集聚程度的空间表现，呈现出旅游发展显著的区域性特征。区域旅游的活跃是当代旅游业发展的一个显著特征，也是中国旅游业崛起的一种重要形式。因此，区域旅游是客观存在的一种旅游现象，也是描述旅游和旅游业状况时的一个常用术语。对区域旅游概念的界定，国内学者从不同学科背景出发提出了不同观点，目前尚未达成共识。

对于区域旅游的概念，国内最早是由陈传康（1989）提出的。他认为，区域旅游就是在旅游资源分布相对较一致的空间内，以中心城市为依托，依据自然地域、历史联系和一定的经济、社会条件，根据旅游者的需要，经过人工的开发和建设，形成有特点的旅游空间，即各种类型的旅游区，以吸引旅游者在一定的区域内旅游。涂人猛（1992，1994）认为，区域旅游是指特定空间存在的旅游活动及其经济关系的总和，是一种以区域作为相对独立的单位，接待旅游者、组织安排旅游活动的经营服务方式。它以客源集中的中心城市或者名胜风景旅游点为依托，根据区域内的旅游资源、交通条件、地理位置、行政区划等因素，按旅游经济活动规律，全面安排旅游资源开发、旅游景点和设施的建设以及旅游商品的生产和供应，以取得最理想的经济效益。因此，资源、市场发展水平等在地区间的差异性以及交通联系上的便利性和通达性是区域旅游形成的基础，区域旅游系统内各要素之间发生的共生效应、互补效应、整体效应是区域旅游形成和发展的驱动机理。郑荣富（1997）认为，区域旅游是依据旅游资源、交通、设施以及地理位置、行政区划诸要素，以客源集中的中心城市或著名的旅游点为依托，以彼此相互协作的接待服务为基础，形成较为完整的旅游区域。这种界定为以旅游中心城市、旅游中心景点为核心，向周边扩散的核心—边缘理论在区域旅游合作中的应用提供了依据。

郑耀星（1999）提出，区域旅游在不同场合有不同的含义：从国内旅游管理的角度看，区域旅游是指某一确定的行政单元范围内的旅游整体，由该行政区域的主管部门实施行业管理；从旅游产品的内容角度看，区域旅游是以区域旅游吸引物的整体吸引游客，呈空间特征；从一地旅游发展阶段的角度，提出了区域旅游是地方旅游发展的成熟阶段；从组织要素看，是指以人类活动为主题，以旅游观光对象为客体，并有其他人文与自然要素交织而成的旅游地域系统。在此基础上，李永文（2000）将区域旅游的内涵概括为：从范围上看，是指特定地域的旅游；从组成要素上看，是指以人类旅游活动为主体、以旅游观光对象为客体，并由其他人文与自然要素交织而成的旅游地域系统。

薛莹（2001）认为，区域旅游是依据旅游经济活动的自然联系而构成的旅游层次，是在市场作用下，以分工、交换、协作方式形成的联系相对紧密的旅游要素集中群；区域旅游是带有该区域特点的特色旅游，具有地理共同性及资源或旅游经济结构上的相似性，它们可以拥有共同的资源，也可以有较接近的文化背景，或类似的旅游产品形式。杨荣斌（2006）将区域旅游定义为一些空间关系密切的旅游区域在一定空间范围内的跨区域的旅游，是一种综合性的经济、社会和文化现象。区域旅游合作就是在这些相关联的旅游区域之间的合作。吴国琴（2006）认为，区域旅游是指以特定区域为空间而发生的旅游活动及人际关系的总和，区域旅游包括区域内旅游资源的分布、旅游产品和产业结构等。何小东（2008）认为，区域旅游本质上既是一种旅游产品的空间组合形式，也是现代旅游业空间的管理模式，还是一种极具生命力的现代旅游经营服务组织方式。魏小安（2011）认为，实现边界区域旅游可持续发展的关键是跨界合作管理。王庆生等（2018）认为，区域旅游是在某一行政区划或跨行政区划区域内，以游客的旅游活动为基础，形成的包括住宿、餐饮、游览等相关行业和企业的综合性经济产业。

根据旅游活动的特点和现代旅游的发展趋势，结合区域旅游的现有定义，本书对区域旅游的界定如下：区域旅游是以区域作为相对独立的单位，接待旅游者、组织安排旅游活动的一种经营服务方式，是特定旅游区域存在的旅游活动与经济关系的总和。区域旅游以客源集中的中心城市或者名胜风景旅游点为依托，根据区域内的旅游资源、交通条件、地理位置、行政区划等因素，按旅游经济活动规律，全面安排旅游资源开发、旅游景点和设施的建设以及旅游商品的生产和供应，以取得最理想的经济效益。

2. 区域旅游竞争与区域旅游合作

根据前面对旅游区域的界定，旅游区域是一个相对的概念。旅游经济主体之间在一个旅游区域内是相互竞争的关系，而对于另一个旅游区域，则可能又是相互合作的关系。在此背景下，基于提高竞争力与分割市场的目的，既竞争又合作就成为激烈市场竞争和提高区域整体旅游竞争力的明智选择。区域间旅游经济发展的本源性动力是竞争，即竞争始终是区域经济发展的最终目的。但是，处于不同发展阶段的区域之间都可以寻求其旅游资源与产品的互补性和合作发展的契机，因而区域旅游合作是区域旅游竞争的高级形态和境界，即合作是实现更好竞争的手段，是基于竞争前提下的有机合作。

（1）区域旅游竞争。中国旅游业的发展，经历了景点之间的竞争、线路之间的竞争和城市之间的竞争三个阶段之后，现在已经进入区域之间竞争的阶段。市场经济本质上是竞争经济，尤其对于处于经济转轨期的中国旅游业而言，竞争是中国旅游经济的活力之源。因此，在市场经济条件下，无论是旅游区域之间的竞争，还是旅游区域之内的竞争；无论是企业之间的竞争，还是政府之间的竞争，竞争对于中国区域旅游的发展都具有普遍的意义。

旅游区域竞争主要源于旅游者的选择性、旅游需求的弹性、旅游产品的可替代性和旅游供给的不可储存性。旅游者从事旅游或是进行其他的消费活动，赴某地旅游或是赴其他地旅游，此时旅游或是彼时旅游，总是存在着很大的选择空间，这就使得旅游需求对各种经济、社会、文化等影响因素十分敏感。然而，旅游供给则往往是既定的，某地客房床位或景点容量的规模一旦形成，就难以随着旅游需求的瞬息万变而迅速增加，也不可能储存起来。这种旅游需求与旅游供给之间的矛盾，进一步强化了区域旅游发展过程中的竞争关系。

随着各旅游目的地争夺旅游客源的竞争越来越激烈，国内外学者对区域旅游竞争的研究也逐步增多。例如，保继刚（1991，1994a，1994b）对不同类型的旅游景点的空间竞争问题进行了有益探讨，认为旅游目的地的空间竞争是由于多个旅游目的地处于同一区域内引起的，当多个旅游地在同一地域出现时，由于相互的作用往往会出现此消彼长或同步增长的动态变化和地域旅游市场结构地再组织，而对于同一地域内的替代性竞争，只能开发景观价值最高、知名度最大的资源。窦文章（2000）认为，在旅游业发展初期，区域旅游主要表现为旅游资源竞争。竞争优势主要依赖于旅游资源比较优势，旅游资源缺乏深度开发和精心组合，旅游产品品种少，旅游需求比较单一，旅游者旅游行为受旅游资源品质影响较大；之后，强调旅游需求成为旅游竞争研究的主旋律，提高客源市场份额是区域旅游竞争的目标。赵蕾（2013）从旅游资源、产业发展、环境支撑视角进行研究，发现我国区域旅游竞争力普遍增强、梯级分明、各区域竞争优势和竞争弱势明显。建议旅游发展滞后地区采取政府主导战略、旅游发展领先地区采取市场化战略、旅游竞争优势和竞争弱势明显地区采取比较优势战略。段晨（2016）认为区域旅游产业竞争优势取决于该区域旅游经济活动开展所需要的生产要素水平、旅游消费的市场需求状况、旅游产业发展的相关与支持性产业的支撑水平以及该区域内旅游企业的战略发展、旅游产业内部企业结构以及同业竞争状况等四大关键要素变量及其相互作用；而可能出现的影响旅游产业发展的机会或机会事件、区域地方政府的相关旅游产业发展政策，通过作用于上述四大关键要素的变化，从而影响区域旅游产业竞争优势。王琳琳（2018）将区域旅游竞争力定义为区域内相关旅游行政部门及旅游企业通过利用区域内旅游资源开发各种产品、完善相关旅游服务部门并提升基础设施等，以满足旅游者的需求进而获取经济和社会效益的能力。

虽然国内外学者对区域旅游竞争的研究逐步增多，但对区域旅游竞争的内涵进行严格界定的文献还很少。结合旅游区域、区域旅游和竞争理论的相关理解，本书将区域旅游竞争界定为：区域经济主体在一定的时空范围内，凭借旅游区域内吸引旅游者的旅游资源、交通条件、地理位置、行政区划等因素，为了争夺旅游客源市场，获取旅游业发展要素及增长动力，获得旅游经济效益、环境效益和社会效益，而进行角逐、博弈或对抗的行为、现象、过程或状态。

（2）区域旅游合作。旅游理论和旅游实践中对区域旅游合作有着不同的称谓，如区域旅游协作、区域旅游联合、区域旅游联盟、跨区域旅游联合发展、旅游圈、旅游带等，其中“区域旅游合作”一词用得最为广泛。不同的学者根据研究目的的差异对区域旅游合作有着不同的称谓，但是其实质内容上没有本质的差别。随着旅游实践的发展，学术界对区域旅游合作内涵的研究越来越深刻，并对区域旅游合作形成了不同的认知结论。其中，最具代表性的概念有：

薛莹（2001，2002）是对区域旅游合作较早开展研究的学者之一，她认为，区域旅游合作是区域范围内不同地区之间的经济主体，从各自的利益出发，依据一定的协议章程或合同，自愿进行的协作性和互利性的旅游经济活动，是一种自利性与互利性相统一的协作关系；区域旅游合作在更多意义上是一种经济行为，属于区域经济合作的范畴。

秦学（2002，2004，2009）认为，区域旅游合作是指区域（从我国现实情况看，主要指行政区域）之间或区域内部不同地区之间的旅游经济主体（包括政府、企事业单位、自然人），依据一定的目标、原则和制度，将旅游系统要素在地区之间进行新配置、整合与优化，形成规模更大、结构更佳、品牌更高的旅游产品—市场体系，以便获取最大经济效益、社会效益和生态效益的旅游经济行为。

伍鹏（2002）从合作内容的角度将区域旅游合作定义为：以区域相邻与接近性、旅游资源与社会经济相对一致性和差异互补性、线路贯穿与畅通性等原则为基础，合作各方共同编制旅游规划，共同建设旅游基础设施，共同进行旅游产品的开发与客源市场的开拓，共同进行旅游产品的宣传与促销，共同营造旅游形象和旅游环境，以及实行旅游企业的联合经营管理等，以实现区域旅游业的健康可持续发展。陈烈（2002）提出，区域旅游协同发展是从旅游的经营规律和特点出发，跨越行政区划甚至不同社会制度、不同国家间的限制，充分发挥各地区旅游的优势、特色，精心组织旅游线路和产品组合，共享客源市场，逐步形成相对发达的旅游区域。

胡平（2003）认为，区域旅游整合是按照自然地域的内在联系、商品流向、文化传统以及社会发展需要形成的旅游经济联合体。王雷亭等（2003）认为，区域旅游合作是旅游业发展到一定阶段的必然产物，是贯彻“着眼大区域、营造大环境、塑造新形象、发展大旅游”工作方针的必然选择。为此，他们将区域旅游合作定义为：区域范围内不同地区之间的旅游经济主体，依据一定的章程、协议或合同，将资源在地区之间重新配置、组合，以获取最大的经济效益、社会效益和生态效益的旅游经济活动。

袁宇杰（2004）认为，广义上的区域旅游合作是在大合作区域内，围绕旅游者的空间流动，合作各方采取各种措施促进资本、劳动力、物资和信息等生产要素的空间流动和优化配置，最终实现经济效益、社会效益和环境效益的最优。钱益春（2004）将旅游合作定义为：在一定地域范围内，不同地区之间的旅游经济主体根据一定的章程或协议，让旅游要素自由流动和重组，形成有内聚力的旅游区域，以获得最大的经济效益、社会效益和生态效益的旅游活动。

梁艺桦等（2004）认为，区域旅游合作是由不同行为主体和不同类型旅游产业要素（资源景观、交通廊道、旅游商品、旅游信息等）及区域性相互关系构成的有机体系。基于此，他们从系统学角度将区域旅游合作定义为：具有区域性相互联系、相互作用、相互依赖的各个旅游主体单元与在它们之间流动的各种旅游资源要素形成有机运行系统，并不断促使系统“整合功能”日趋增强和发展的演化过程。李树民（2005）认为，在市场经济条件下，区域旅游合作是一种经济理性人在利益驱动心理支配下的经济行为，是不同行为主体在区域利益纵横交错的条件下对可能实现的利益空间的一种共同追求。张正国（2006）也从系统学角度提出了类似的定义，他认为，区域旅游合作是个系统运行的过程，既包含系统内部相关旅游要素的相互作用，又包括系统与外部环境的相互关系。

孔庆庆（2005）认为，区域旅游合作是在一定区域范围内，区域经济主体从事协作性、互利性的旅游经济活动，以期达到理想的效益。莫帮洪、史本凤（2005）和何小东（2008）认为，区域旅游合作是在一定区域范围内，旅游经济主体打破行政体制和区划的限制，依据契约整合和优化旅游系统各个要素的配置，从而提高该区域范围内旅游产品的整体质量，以便获取最大综合效益的旅游经济行为。卢亮（2005）从区域旅游适度整合的角度出发，将区域旅游合作定义为：在保持原有的经济、社会、生态效益不被破坏的前提下，对区域内各个旅游单体的人、财、物等资源以及相关要素进行合理、系统地规划与配置，以期互惠共赢，并在达到临界规模之前实现整体效益最大化的行为。

吴国琴（2006）提出，区域旅游合作是指不同区域之间或区域内部不同地区之间的旅游经济主体，根据市场的需求，依据一定的目标、原则和制度，将旅游系统要素在地区之间进行重新配置、整合与优化，形成规模更大、品牌更鲜明、效益更佳的区域旅游联合体的旅游经济行为。赵永青（2007）则认为，区域旅游合作是一种特殊的合作关系，它是以区域优势互补为基础，解决旅游资源的不可移动性和旅游者选择性之间矛盾的一种区域旅游发展格局。孙赫（2007）将区域旅游合作定义为：在市场经济条件下，在等价交换原则约束下，区域或区际旅游行政管理部门、旅游经济主体及其他相关部门，在自愿基础上平等参与，依投入大小分享利益、分担风险。王琳（2007）认为，区域旅游合作是由市场力量推动的城市区域管理的重大变革，以地方利益为基础，以市场交易为基本合作方式，以政府协作为补充，塑造和发挥协作城市的特色。白美丽等（2010）认为，区域旅游合作是区域内部不相同的地区之间或区域与区域之间的旅游行政管理部门、旅游经济主体（包括政府、旅游企业、自然人）及其他相关部门之间的合作。朱红兵（2011）对区域旅游合作的解释是，在一定的地域范围内，不同地区的主要利益相关者（地方政府、旅游企业、行业协会）依据相互间所达成的协议，以旅游生产要素的重新配置和利益协调为主要内容，从而为获得更大的社会经济效益而进行的协作活动。朱斌（2018）认为，区域旅游合作，就是在一定的区域范围内（可以包含不同的行政区域），旅游经济活动的主体按照一定的原则、目标和制度，重新将区域内各旅游要素进行统筹、优化、整合和配置，从而实现树立整体区域旅游形象和增强区域旅游竞争优势的目的，以最终达到区域总体经济效益、社会效益、文化效益和生态效益的可持续性发展的合作行为。温斌（2019）认为，区域旅游合作是指旅游合作主体从提高区域旅游竞争力和树立旅游整体形象的思路出发，按照既定的目标、制度与规划，相互间签订合作的章程、协议，将旅游要素在区域内部或区域之间进行再次合理的分配、调整，使其获得最佳配置，进而打造出吸引力更强、形象鲜明、牌子响亮的旅游产品，以期从区域整体上获得更大的经济、文化、社会与生态效益，最终让各合作方达到“共赢”和区域旅游业发展速度的整体提升。魏云龙（2020）则将地区旅游合作定义为，以地区为分析单元，以获取区域发展红利为目的，基于满足跨地区旅游需求的前提下，通过地区主体间协作提供区域旅游产品供给，推动旅游经济整合，以促进区域旅游协调发展的有效路径。

分析以往文献可以发现，它们主要是从合作主体、合作对象和合作效益三个方面对区域旅游合作的内涵进行界定的。根据区域旅游合作的实践，结合以往文献对区域旅游合作内涵的界定，本书将区域旅游合作定义为：在一定的旅游区域范围内，为了完成某些重大的旅游发展计划，或为了谋取某种共同的经济效益、社会效益及生态效益，区域（从我国的现实情况看，主要指行政区域）之间或区域内部不同地区之间的旅游经济主体（包括政府、企事业单位、旅游行业协会），从各自的利益出发，依据一定的协议章程或合同，自愿地将旅游系统要素在地区之间进行重新配置、整合与优化，以便形成规模更大、结构更佳、品牌更高的旅游产品——市场体系的一种旅游经济行为。

3. 无障碍旅游区与区域旅游一体化

区域旅游竞争与合作是竞争性合作，在合作中竞争，其实质是达到区域旅游一体化，以优化区域内的所有资源，谋求区域整体最大利益。也即，区域旅游合作是区域旅游一体化的一个横截面，是区域旅游一体化的核心实践形式；而无障碍旅游区的构建则是在区域经济一体化发展背景下区域旅游一体化的产物，是区域旅游合作达到成熟化的重要标志，是区域旅游合作的高级表现形式。因此，区域旅游一体化是无障碍旅游区构建的基本依据，而无障碍旅游区则是区域旅游一体化的重要实现途径。

（1）无障碍旅游区。国内无障碍旅游区的出现是最近几年的事情，目前全国各区域已对其相继展开探索。无障碍旅游区是市场经济作用的结果，是随着旅游业发展的日益成熟，市场对区域旅游合作提出更高要求的产物。在深化区域旅游合作形式、加强区域旅游一体化发展的背景下，区域旅游发展产生了打破地区性障碍的需求，并进而促使政府转化为行动，共同构建无障碍旅游区。

自2003年夏，长江三角洲的15个城市及安徽省黄山市在浙江省杭州市签署的《长江三角洲旅游城市合作（杭州）宣言》中提出无障碍旅游区概念之后，构建无障碍旅游区的倡议成为各区域旅游合作的中心议题，并迅速引起国内旅游学者对无障碍旅游区及其建设问题的研究。刘新航（2004）对各区域无障碍旅游的动态进行了总结，并指出，从管理的角度上区域旅游合作的实质是要建立“无障碍旅游区”。何深宝和袁东来（2004）从旅行社组团的角度将无障碍旅游定义为：一方团队到另一方旅游时，不用换车、不用换地接社，就可直接安排各项旅游活动，自由开展参观游览；其主要包括两方面内容：一是允许旅行社对旅游团队实行组团、接待一条龙服务，消除旅游服务障碍；二是取消外地旅游车辆入城、入景区等方面限制，给予同等的“市民待遇”，消除旅游交通障碍。

冯琼兰（2005）提出，无障碍旅游是指区域内各方积极推出旅游业便利化措施，为区域内其他城市的旅游企业和游客提供方便，在区域内实现旅游交通无障碍、服务无障碍、投诉无障碍及资源共享、市场共享、基础设施共享、品牌共享和信息共享。孙冬玲（2005）认为，无障碍旅游是各旅游区为了消除区域壁垒，达到区域间旅游经济协作，旅游资源产品市场和信息的共享，实现旅游价值最大化的一种新型的区域旅游合作形式。乔秋敏和朱平（2005）指出，无障碍旅游是在实现三个无障碍和五个共享（交通无障碍、服务无障碍、投诉无障碍及资源共享、市场共享、基础设施共享、品牌共享和信息共享）的基础上，促使旅游服务“无缝隙化”和旅游资源最完美的整合，使景点之间从“各自为政”趋向“密切合作”。贾跃千（2005）将无障碍旅游分为两大板块，一部分是旅游者无障碍旅游，另一部分是旅行社无障碍旅游，并提出旅行社无障碍旅游实施不好的原因在于区域间合作壁垒过于强大，因此仅仅依靠取消旅游团队必须交于地接社接待的强制性规定还不够。最简单可行的方法就是进一步提高旅行社在合作区域间的可进入性，真正达到区域旅游一体化。是丽娜（2010）将无障碍旅游区的建设划分为两大环节，包括旅行社的无障碍旅游和旅游者的无障碍旅游工作，其中最大的困难是旅行社的无障碍旅游区域间存在的壁垒难以消除，单纯的取消旅游团强制交由地接社的规定还是远远不够的。乔秋敏（2018）指出，无障碍旅游即特定区域内旅游发展主体主动开放市场，尽可能拆除旅游发展中的各种屏障，最终实现旅游服务的“无缝隙化”和旅游资源优化整合。

综观现有的无障碍旅游区方面的相关文献，可以发现，现有文献对无障碍旅游区内涵的界定主要是从旅游者和旅行社两个角度进行考虑的。客观而言，认为旅游者的无障碍旅游是无障碍旅游区的含义之一是正确的，但是将无障碍旅游的另一层含义仅仅定义为旅行社无障碍旅游则是不确切和不完善的，这是因为提供旅游产品是所有旅游企业的共同任务，区域旅游合作需要地区内、地区间旅游产业内所有企业的共同努力，仅仅靠旅行社不可能真正实现区域旅游的无障碍，而且对旅行社自身来说，没有其他行业的配合，其运行也不可能真正实现无障碍。

鉴于此，本书将无障碍旅游区定义为：地理位置相邻或相近地域所构成的一定区域范围内，在保持地区自主权完整的基础上，保证区域内政策协调统一，以最大限度地减少地区间关卡限制，实现生产要素在异地旅游企业间及整个旅游价值链条上自由流通，最终为旅游者在区域范围内的游览活动提供便利。换言之，无障碍旅游区实质是建立良好的市场经济秩序，创造良好的旅游大环境，在一个多元主体利益交织的区域内进一步开放旅游市场，建立公平竞争的机制，提高所有旅游企业在机会均等条件下不断创新的积极性，提高旅游企业的管理和服务水平，使旅游资源得到更有效利用，并为旅游者提供一个政策宽松、交通顺畅、互惠互利、服务满意的旅游大环境，促进区域旅游业的可持续发展。

（2）区域旅游一体化。自20世纪50年代以来，作为全球经济一体化的过渡阶段，区域经济一体化已在全球范围内展开，且其形式日益发展、排他性日益减少、合作领域日益扩大，从而为经济全球化奠定了坚实的基础。有关区域经济一体化的内涵，国外学者已对其进行了诸多界定。例如，贝拉·巴拉萨（Bela Balassa，1962）在其名著《经济一体化的理论》中提出，经济一体化既是一个过程，又是一种状态。就过程而言，它包括采取种种措施消除各国经济单位之间的歧视；就状态而言，则表现为各国间各种形式的差别的消失。林德特和金德尔伯格（Lindert and Kindleberger，1965）进一步指出，经济一体化可以指宏观经济政策的一体化、生产要素的移动以及成员国之间的自由贸易，一体化是通过共同的商品市场、共同的生产要素市场或两者的结合，达到生产要素价格的均等。此外，国内一些学者也对区域经济一体化的定义有所论述，如伍贻康和张幼文（1999）认为，区域经济一体化是指在特定区域内的国家或地区通过达成经济合作的某种承诺或者组建一定形式的经济合作组织，谋求区域内商品流通和要素流动的自由化以及生产分工的最优化，直至形成各国经济政策和区域经济体制某种程度的统一。薛敬孝和佟家栋（2000）认为，经济一体化是指两个或两个以上的国家或经济体通过达成某种协议所建立起来的经济合作组织。宋玉华（2001）则将区域经济一体化定义为：有关主权国家为实现区域内外的经济合作、联合或融合而实现的制度安排，即他强调一体化系主权国家之间的行为，并特指制度性一体化。

区域旅游一体化是区域经济一体化的重要组成部分，并以区域经济一体化的不断发展为前提。在区域经济一体化不能全面启动时，或者区域经济一体化程度比较低时，区域旅游一体化有可能成为区域经济一体化的先导领域，为区域经济一体化提供示范并带来大量的人流、物流、信息流、资金流以及区域流通政策的修改，在一定程度上改善经济一体化环境并提供支持；反过来，区域经济一体化的形成也将带动和促进区域旅游一体化的进程。国内外有关区域旅游一体化的研究文献尚不多。葛立成等（2006）认为，积极推进区域旅游一体化是全球化背景下提升长三角地区旅游竞争力的必然战略选择；完善主体及多元主体联动是推进长三角区域旅游一体化的关键。刘书安等（2007）则基于合作竞争博弈模型对“大珠三角”区域旅游一体化的过程进行了研究，并认为“大珠三角”区域旅游一体化过程是各参与主体之间竞争与合作并进的过程。汪锋（2007）分析了无障碍趋势下长三角区域旅游一体化的相关对策，并认为区域旅游一体化的宗旨和要义在于促进融合与共享，让旅游要素在区域内实现合理流动和优化配置。曹改梅（2013）认为，区域旅游一体化是指在一定地域内，各个旅游目的地突破行政壁垒，发挥各自的资源优势，通过联合形成区域整体的竞争优势，各地实现共赢，从而推动整个区域旅游的快速发展。黄鸿杰（2014）认为，区域旅游一体化是指在一定区域内，地理位置邻近的国家或者地区，有规则地进行各个方面的合作，通过区域间旅游资源、市场、基础设施的共享实现整体效益的共赢，从而提高整个区域的旅游吸引力。张轩（2018）认为，区域旅游一体化的核心要义就是要通过资源共享、优势互补、市场互动，打破地理区位、地域空间和体制障碍，从而进一步打造无障碍旅游区，实现旅游经济全面发展的目标。

基于区域经济一体化的相关内涵以及区域旅游一体化和区域经济一体化之间的关系，结合当前有关区域旅游一体化的相关文献，本书将区域旅游一体化界定为：从静态的角度来看，是指区域内各国或各地区的旅游业的各种要素，包括旅游者、旅游产品、旅游资金、旅游技术、旅游人力资源，能在区域内得到的合理分配和充分流通，并形成相互依赖、分工合作、优势互补、资源共享的一种状态；从动态的角度来看，是指区域内不同国家或地区彼此间为发展区域旅游，遵循区域旅游经济发展规律，就旅游领域的联合而达成旅游联盟（联合）的渐进过程。

综上所述，区域一体化是区域合作的终极目标。在一般性论及区域化、集团化的区域经济合作关系时，对于欧盟的经济合作，使用“区域经济一体化”这一术语；除欧盟之外，则多采用“区域经济合作”而非“区域经济一体化”

这一术语，以明确大多数区域集团在区域经济联系紧密程度和协调发展方面与欧盟的差距。鉴于旅游业活动的经济本性，以及本书论及的中国区域间旅游业的发展阶段、紧密程度和合作性质，本书认为，学术界对于现阶段除欧盟以外的广大地区的区域旅游联合发展应统一称为“区域旅游合作”而非“区域旅游一体化”，以显示这两个相近概念在合作紧密和协调程度上的差别。也即，区域旅游合作是区域旅游一体化的一个横截面，是区域旅游一体化的核心实践形式。旅游一体化实现以前，由于政治体制和国家主权障碍，区域旅游合作主要表现为国家与国家或地区与地区之间的合作；旅游一体化实现以后，政治体制和国家主权不再成为障碍，区域旅游合作主要表现为区域内旅游经营主体之间的合作。旅游圈（带）则是局部区域旅游一体化的具体实现实体，它为更高一级的区域旅游一体化打下基础。

1.2.2 研究方法

本书旨在借鉴国内外区域旅游合作典型经验的基础上，对中国旅游业跨区域合作过程中存在的制约因素进行分析，构建中国旅游业跨区域合作的理论分析框架，分析政府应在区域旅游合作中发挥的作用，进而探讨中国旅游业跨区域合作的有效保障机制。为此，本书采用的研究方法主要有以下几种：

1. 理论分析与案例研究相结合

将理论分析与案例研究相结合，从而找出正确的理论与方法分析中国旅游业跨区域合作问题是本书研究的重要基础和着力点。首先，本书深入开展了对欧盟旅游一体化、澜沧江—湄公河次区域旅游合作、珠三角地区市场主导型区域旅游合作、长三角地区政府市场互动性区域旅游合作以及京津冀地区政府主导型区域旅游合作等国内外旅游业跨区域合作典型案例的实证分析，全面探讨不同类型区域旅游合作模式的特征、机制和调控措施，为中国旅游业跨区域合作提供参考；其次，本书基于对区域旅游合作以往研究成果的总结和梳理，界定了中国旅游业跨区域合作的经济主体，构建了中国旅游业跨区域合作的理论分析框架，例如，对中国旅游业跨区域合作的阶段性和演进机制进行分析，对中国旅游业跨区域合作中政府的作用进行交易成本的分析等。通过将理论分析与案例研究相结合，分析中国旅游业跨区域合作问题，取得了既有理论价值又有实际应用价值的研究成果。

2. 历史分析与逻辑分析相结合

旅游业跨区域合作是一个动态演进的过程。区域旅游合作过程中地方政府之间、旅游企业之间和行业协会之间的相互关系演变也是一个动态演进的过程。因此，无论是区域旅游合作的案例分析还是规范分析，都必须在动态过程中予以考察，对历史的动态演变过程及其趋势做出理性的判断。也即，本书研究过程中，必须采用历史分析与逻辑分析相结合的方法，才能更好地把握旅游业跨区域合作发展的动态过程、趋势特征和运行规律。特别是在我国社会经济转型的关键时期，诸多影响区域旅游经济发展的因素和条件（如区际经济关系、区域旅游增长方式等）也在随之发生变化，旅游业跨区域合作的发展和空间组织也具有许多新的变化特征，对其发展现状以及未来发展路径转换的思考也就必然要有全新的视野和切入点。与此同时，旅游业跨区域合作发展的每个阶段也有相对静止的瞬间，从静态的角度考察旅游业跨区域合作发展某一时段各要素的空间组织特点和结构模式对于本书而言也是十分必要的，它可以弥补历史分析的不足，深化逻辑分析结果，以此保证研究的可实现性。

3. 定量分析与定性分析相结合

定性描述与定量分析相结合已成为当今一切应用科学发展的立足点。现代科学都在向计量化方向发展，把定性分析与定量分析结合起来，这既是加深理论思考，进行严密的逻辑推理的必然要求，又是区域旅游经济活动发展的必然要求。旅游经济发展既要关注特定区域旅游经济活动产生、发展和变化的规律性（质），又要研究其变化的数量关系（量）。这就要求我们在进行中国旅游业跨区域合作发展的研究时，应在使用传统定性分析的基础上，着力进行必要的量化研究，并使两者有机地结合起来，从而揭示旅游现象和要素相互关系、相互作用的空间规律，使分析结果更具精确度、解释力和可操作性。特别是在实证研究的过程中，应注重以定量（数据）来说明问题、增强说服力，并在必要的章节采取系统的统计分析和定量研究。

4. 比较分析与系统分析相结合

有比较才能有发现。比较分析是本书的一个重要研究方法。具体而言：在具体研究某国（地区）、某一时段的区域旅游合作问题时必须考虑到各国（地区）自身的特点，包括资源、经济状态、文化传统等方面，要与别国（地区）

相应特点进行比较，得出相关的结论和可参考的经验。此外，比较分析还可就一国（地区）区域旅游合作做不同历史发展阶段的比较研究等。比较研究的目的不仅在于揭示区域旅游合作在不同国家（地区）或者不同发展阶段的差异，还在于从中找到区域旅游合作发展的一般规律。为此，本书回顾并比较了国内外对区域旅游合作的现状，从而可以有针对性地“取人之长，补己之短”，实现在比较中发现问题、汲取经验、迅速发展。

另外，旅游业跨区域合作是一项复杂的社会系统工程。它不仅涉及区域旅游合作中各环节的技术问题、经济问题、管理问题，而且涉及与行政区划相关的地方保护主义、行政区经济等诸多问题；不仅直接涉及旅游企业等微观经济主体问题，同时还涉及行业协会和政府等中宏观的职能作用问题。因此，研究中国旅游业跨区域合作问题必须采用系统分析法，首先分析中国区域旅游合作中的各种制约因素，然后根据各制约因素构建中国旅游业跨区域合作的理论分析框架，进而探讨中国旅游业跨区域合作的相关保障机制。也即，要正确处理研究“树木”（旅游业跨区域合作中的各种制约因素）与研究“森林”（旅游业跨区域合作的理论分析框架与相关保障机制）的关系，在把握好研究全局的基础上，加大对各制约问题的研究广度和深度。

1.3 研究框架及主要创新

1.3.1 研究框架

为了便于下文对旅游业跨区域合作理论体系的构建，本书首先对旅游区域与区域旅游、区域旅游竞争和区域旅游合作、无障碍旅游区与区域旅游一体化等与旅游业跨区域合作密切相关的概念进行了界定；以此为依托，分别从理论基础、驱动机理、基本模式和运行机制四个方面对20世纪90年代以来国内外旅游业跨区域合作的相关文献进行了述评。在对以往的文献进行梳理的基础上，本书发现，目前中国旅游业跨区域合作已经取得了一定的成绩，但是从各地区旅游业合作的实践来看，中国区域旅游合作仍存在诸多问题。例如，区域旅游合作过于依赖政府，而企业等微观层面缺乏主动的合作；合作主要是重形式、重研讨、重宣言、重宣传，许多观念还多停留在地区旅游行政管理层面上，合作进展缓慢，成果不尽人意。这很大程度上是因为中国旅游业跨区域合作缺乏切实可行的理论层面的指导。因此，深入开展尤其是从政府角度对中国旅游业跨区域合作的理论研究，构建切实可行的区域旅游合作理论框架，成为当前中国区域旅游合作的一个重要研究命题。

为此，本书首先从经济学、地理学、管理学等相关学科的角度对旅游业跨区域联合发展的理论基础进行了系统梳理；同时，以上述理论为指导，对中国旅游业跨区域合作的现状特点、存在的问题及其发展趋势进行了总体分析。随后，对地方政府、旅游企业和行业协会三大经济主体在区域旅游发展与合作的地位和作用进行了正确定位，构建了中国旅游业跨区域合作切实可行的理论分析框架，并着重分析地方政府行为在中国旅游业跨区域合作中的重要作用。以此为依托，借鉴欧盟区域旅游一体化、澜沧江—湄公河次区域旅游合作、珠三角区域旅游合作、长三角区域旅游合作和京津冀区域旅游合作等国内外旅游业跨区域合作的典型经验，分析旅游业跨区域合作的驱动机理、主要内容以及合作过程中的各种制约因素。最后，基于中国区域旅游合作的发展现状、区域旅游合作中的地方政府行为以及国内外区域旅游合作典型经验的分析，构建了基于认知共同体的区域旅游合作机制分析框架，分别从地方政府、旅游企业和行业协会三个角度提出了区域旅游合作的有效协调机制（见图 1.1）。

1.3.2 主要创新

中国旅游业跨区域合作问题，本质上是在中国既定国情条件下的一种区域性旅游产业发展环境治理和发展政策创新的制度性建设。区域之间、城乡之间、一个中国框架下不同关境之间、国内与国际之间的旅游互动与合作发展及其变化趋势，既折射出中国发展的全局性变化及其趋势，也直接受制于中国全局性发展战略格局的制约和影响，是一个具有挑战性、前瞻性、与时俱进的战略性命题。经过几十年的快速发展，各地区旅游业合作迅猛发展并取得了一定的成绩，但目前的区域旅游合作依然停留在协议层面而实践进展缓慢。这很大程度上是因为中国旅游业跨区域合作缺乏理论层面的指导，或者说，中国旅游学术研究仍然呈现出滞后于旅游业发展实践的态势。因此，可以从不同的角度

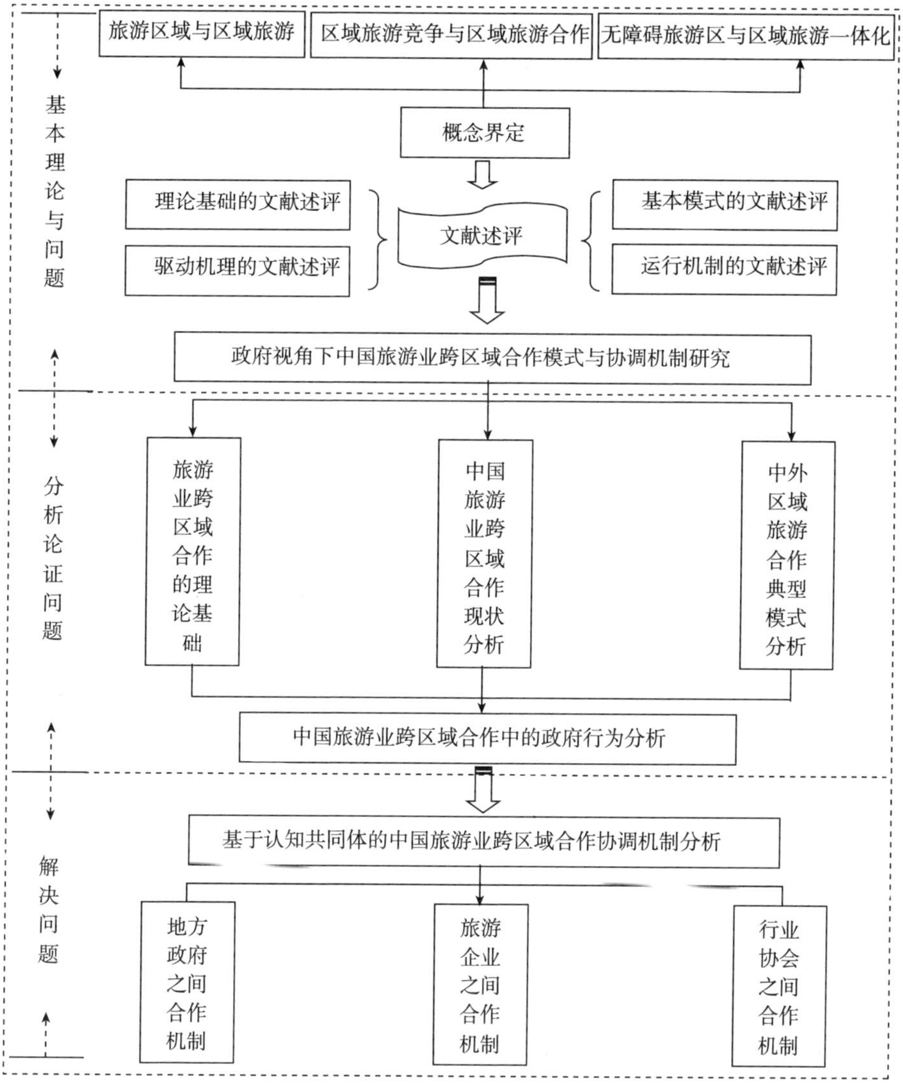

图 1.1　本书的研究框架

资料来源：由笔者自行整理。

对中国旅游业跨区域合作问题进行研究。本书侧重从政府的角度对中国旅游业跨区域合作问题展开研究，其创新点主要有以下三点：

第一，借鉴国内外旅游业跨区域合作的典型经验，分析旅游业跨区域合作的驱动机理、主要内容以及合作过程中的各种制约因素。

欧盟区域旅游一体化、澜沧江—湄公河次区域旅游合作、珠三角区域旅游合作、长三角区域旅游合作和京津冀区域旅游合作等国内外旅游业跨区域合作的经典案例实践表明，推进旅游业跨区域合作乃至区域旅游一体化进程，具有显著的一般性特征。现有国内外相关文献对区域旅游合作驱动机理、主要内容和制约因素的分析，基本是基于理论推测的研究；而本书则是在分析国内外旅游业跨区域合作典型案例的基础上，从中提炼、抽象和概括出旅游业跨区域合作的动力条件、主要内容和各种制约因素。

第二，正确定位政府、旅游企业和行业协会三大主体在区域旅游发展与合作的地位和作用，构建中国旅游业跨区域合作的理论分析框架，侧重分析政府在中国旅游业跨区域合作中的重要作用。

区域旅游合作是行为主体的一种市场合作博弈。地方政府、旅游企业和旅游行业协会是区域旅游合作中的三大主要经济主体。目前，中国旅游业跨区域合作实践活动和理论研究中，三大合作经济主体的地位和作用尚存在定位不清的问题，而且对中国区域旅游合作的研究也缺乏一个统一的分析框架。有鉴于此，本书在对三个合作经济主体的地位和作用进行界定的基础上，构建了一个分析中国旅游业跨区域合作的理论分析框架，并基于此重点分析了政府在旅游业跨区域合作中应发挥的重要作用。

第三，构建基于认知共同体的区域旅游合作机制分析框架，分别从地方政府、旅游企业和行业协会三个角度提出区域旅游合作的有效保障机制。

现有的区域旅游合作实践主要是重形式、重研讨、重宣言、重宣传，许多观念还停留在地区旅游行政管理的层面上，合作进展缓慢，成果不尽人意。综观现有区域旅游合作的理论研究和实践进展，可以发现，其根本原因在于当前研究文献对旅游业跨区域合作的运行机制总体上一个统一的分析框架。为此，本书借鉴基金共同体的理念，构建了一个基于认知共同体的区域旅游合作协调机制分析框架，分别从地方政府、旅游企业和行业协会三个角度提出区域旅游合作的有效协调机制。合作共同体必然要求将合作成员的部分权益集聚在共同体层面，形成合作区域公共品资源和管治的合力，共同面对区域竞争和挑战。因此，基于认知共同体的合作机制分析框架而提出的区域旅游合作协调机制，将更具有可操作性和实践指导意义。

第2章 文献述评与理论基础

本章在前面对区域旅游、区域旅游合作、区域旅游一体化等与旅游业跨区域合作密切相关的概念进行界定的基础上，分别从理论基础、驱动机理、基本模式和运行机制四个方面对20世纪90年代以来国内外旅游业跨区域合作的相关文献进行了述评；并探讨了旅游业跨区域合作的理论基础，从而为后续区域旅游合作模式和协调机制的研究奠定了基础。

2.1 区域旅游合作的相关文献述评

现代经济的竞争合作趋势和旅游活动的综合性本质，决定了旅游业合作发展的必要性和可能性。也即，区域旅游合作是旅游业实现可持续发展的必由之路。伴随着实践的需要，区域旅游合作的相关研究受到旅游学术界的广泛关注，不同学者从不同的视角进行了诸多的理论研究或实证分析，并取得了较为丰硕的研究成果。有鉴于区域旅游合作的研究文献浩如烟海、研究内容繁杂多样，本书仅从理论基础、驱动机理、基本模式和运行机制四个方面对20世纪90年代以来国内外区域旅游合作的相关文献进行述评。

2.1.1 理论基础的相关文献述评

无论是旅游活动、旅游现象，还是旅游业、旅游文化，都涉及哲学、文化、科技、经济、管理、政治和自然等诸多领域，因此，经济学、社会学、地理学、系统论等学科理论构成了旅游业跨区域联合发展的理论基础。国内外旅游学者广泛吸收借鉴上述相关学科的理论，并以此为基础对区域旅游合作进行了有益的尝试性研究。综观现有区域旅游合作的相关文献，可以发现，其理论基础可归纳概括为地理学、经济学、管理学以及系统论等其他理论四个角度。

1. 地理学基础的文献回顾

有些学者以地理学的相关理论为基础来研究旅游业的跨区域合作，这是因为旅游业从根本上说是人类的一种具有一定空间形态和空间过程的经济行为，因而地理学中的经济地理学的相关理论自然构成了旅游业发展的基础理论；另外，旅游业又是一项综合的社会文化产业，它具有不同于一般经济类型的空间组织形态与空间运动过程，其特殊的研究对象和矛盾促成了新兴的旅游地理学的产生，而旅游地理学有其比较完整的概念、理论和体系，已逐渐发展成一门较成熟的学科，因而旅游地理学的相关理论亦成为旅游业实践的基础理论。

例如，邱继勤（2004）在核心—边缘理论和产业集聚理论基础上提出区域联动开发理论；秦学（2004）认为，对旅游业及旅游业区域合作具有基础性指导意义的地理学原理主要有：区位论、空间结构理论、空间组织理论、旅游地生命周期理论、旅游区划理论等。黄金火和马晓龙（2005）运用核心—边缘理论分析了区域旅游合作的动因，认为建立在不同层次和相互分工协作基础上的区域旅游合作是发挥比较优势、提高整体竞争实力、实现利益共享的重要途径。刘佳等（2005）基于空间结构理论，提出建立在旅游资源的差异性和空间结构完善基础上的区域旅游合作是江南六大古镇旅游业可持续发展的唯一解决途径。宋子千（2011）认为国内外区域旅游合作存在空间范围的不同，强调联合的地域性与地区关系。魏小安（2011）指出在外部作用力的推动之下，为了顺应潮流，迎合成长态势，区域旅游便应运而生了，并且他提出邻近地区之间的旅游活动和产品开发合作、线路连接打造是其两种发展模式。吴娟（2016）用增长极理论、比较优势理论、核心—边缘理论对广西西江经济带的区域旅游合作进行了探讨，得到了相应的对策措施。

2. 经济学基础的文献回顾

有些学者以经济学的相关理论为工具，对旅游业的跨区域合作进行了研究，这是因为区域旅游业是区域经济系统中的一个子系统，其运行发展必然表现出区域经济运作的一般规律和特征；而旅游业跨区域联合发展是区域经济发展中区际旅游分工与联系现象的一种表现形式。

例如，薛莹（2002）认为，现行的区域旅游合作或表现为旅游目的地与旅游客源地之间的互补性合作，或表现为多个旅游目的地之间资源上的互补性合作，这种合作方之间分工与合作的关系，集中体现了地域分工与贸易理论中的比较优势原理；此外，区域内不同地区由于旅游资源共享所决定的地区之间相互依存表现得最明显，因而区域内不同地区共享同一种或几种旅游资源，构成了地区之间的空间联系和相互依存的前提。为此，她以地域分工与贸易理论、区域发展的相互依赖理论和区域经济增长理论为基础，构建了区域旅游合作的调查问卷，分析了当前区域旅游合作的现状，其中区域经济增长理论是区域分工与贸易理论、区域发展的相互依赖理论的延伸，是对生产力布局的形成、发展过程的动态描述。麻学锋（2005）从产业集群的角度对区域旅游合作开发模式做了探讨。张志辰（2008）运用新制度经济学的相关理论分析了区域旅游合作过程中的制度变迁问题，提出区域旅游合作实际上是制度变迁的结果。在合作过程中，中央政府与地方政府及各旅游企业应发挥各自的作用，共同打破原有效率低下制度的锁定，推动合作向前发展。李明亮等（2014）运用经济学理论，针对大武夷旅游区提出政府主导型的点—轴合作模式和信息主导的梯度发展模式。邓倩倩（2015）指出，区域旅游合作是利益相关者依据一定的约定或规章，为了各自的利益而进行的互动性和协调性的经济活动，属于区域经济合作的范畴。王婷（2016）在对交通线路发展与区域旅游合作关系研究中，就运用核心—外围、点—轴、旅游区位、协调发展和协同关系等理论为其提供强有力的依据。

3. 管理学基础的文献回顾

有些学者将管理学的相关理论引入区域旅游合作的研究中，其中利益相关者理论在旅游合作中的应用较为成熟。例如，阿劳霍等（Araujo et al.，1999）通过实证研究分析了利益主体理论在合作旅游规划中的作用；艾斯等（Aas et al.，2005）探讨了利益主体合作对遗产保护管理的作用，表明通过利益主体合作促进了遗产保护与遗产旅游互动发展。张伟和吴必虎（2002）尝试将利益主体理论应用到四川省乐山市旅游发展战略规划过程中，并对不同利益主体的旅游意识和利益表达进行了定性与定量分析；讨论并提出了“利益主体”理论在我国区域旅游发展规划中的应用途径。此外，简玉华等（2006）在景区旅游竞争优势构成要素研究的基础上，将区域间进行旅游协作相关性密切的要素分为旅游协作决定因素、旅游协作支持因素和旅游协作保障因素三个部分，对其做了初步的内涵界定，并采用问卷调查方法对各旅游协作因素的重要性进行了排序。梁艺桦（2006）以合作竞争理论为基础，分析了西安和咸阳两地的区域旅游合作竞争关系。刘德艳（2009）利用“协同政府”原理，强调在将中国作为旅游目的地整体营销中各级政府及其部门之间的合作，以及利用同质要素和异质要素的管理协同原理，加强区域性的旅游营销合作和标准化建设。王昆强等（2017）从流通理论的角度研究我国区域旅游联合的重要性、关键要素，提出相应的对策措施。李昊等（2017）就戴云山旅游区的协作配合进行了分析，并从管理学角度提出信息共享、决策规划、机构协调、主导制约、整合创新等建议。

4. 其他理论基础的文献回顾

有些学者运用系统论、博弈论、共生理论、生态位等相关理论对区域旅游合作展开研究。系统论应用方面，例如，林耿和李冬环（1999）从景观生态学和系统论的角度，提出合理构建系统的交通廊道和层次性开发旅游资源的策略；薛莹（2006）根据系统的自组织与组织原理，以江浙沪地区为例，研究在旅游流的区域自组织演化中所形成的旅游中心城市，并研究以这些旅游中心城市作为节点而形成的区域空间结构和基于这种区域形态的区域旅游空间组织；王雪芳（2008）认为，区域旅游合作是一个充分开放的系统，具有对环境适应性的多种属性，因而应依据系统方法的原则和观点来指导区域旅游合作，以实现系统总体效果最优和本区域旅游的最佳发展。

（1）博弈论应用方面。例如，邬爱其（2000）从合作博弈和非合作博弈分角度对旅游市场进入进行了分析；梁艺桦和杨新军（2005）通过合作博弈与竞争博弈的优劣对比，运用竞争合作博弈研究方法，将博弈理论与区域旅游活动的开展过程相结合，提出区域旅游活动竞合博弈战略；朱静（2007）认为区域旅游合作过程的实质是不同开发主体之间反复博弈的过程，并尝试运用合作博弈模型对区域旅游合作的第一主体——政府在合作过程中的动机及行为进行分析；张河清（2009）借鉴博弈论和帕累托最优理论的方法和模型，厘清泛珠三角区域旅游协作中存在的问题和障碍，创建一套科学的旅游产业政策和旅游协作机制。刘兵慧（2011）运用博弈论研究了山西省区域竞合，对区域旅游资源和区域市场开拓进行了分析。安群（2011）从博弈论中的“囚徒困境”入手，以东北区域旅游合作为研究对象。在大量调研的基础上指出，要实现东北区域旅游合作，需要三省制定统一的合作发展目标，统一规划，建立协调机构。范桂辰（2015）则全面解释了系统论、博弈论、“核心一边缘”论，并从不同的角度阐述了它们在实际合作中的应用。李志龙（2017）基于博弈论的视角，提出长株潭区域旅游合作应建立合理的利益补偿、信息互通共享等方面的合作机制。

（2）共生理论应用方面。例如，钟俊（2001）运用共生理论，探讨了旅游共生的含义和特质，提出了以契约为纽带，通过相互间在价值链各环节的合作来获取竞争优势，实现“共赢”目标；吴泓和顾朝林（2004）从共生概念和内涵入手，研究基于共生理论的区域旅游竞合。在此基础上，以淮海经济区为例，分析淮海经济区区域背景和旅游竞合条件，对跨行政区域旅游竞合模式和机制进行初步探讨。朱德亮等（2012）以我国黔、贵、湘西南部为研究对象，指出该地区侗族文化丰富，但产品雷同，区域合作滞后，导致旅游规模无法联动发展。并以共生理论为框架，构建了黔、贵、湘地区一体化共生竞合模式的基本框架与空间布局。张庆等（2013）以中国大陆与中国香港、澳门特区和中国台湾地区为研究对象，从共生理论的角度出发，指出中国大陆、中国香港、澳门特区和中国台湾地区的旅游合作已有政策、资源、市场、发展、投资等五方面的基础。通过推动旅游管理创新、完善旅游服务体系、整合特色旅游资源、形成旅游产业链和产业体系，促进中国大陆与中国香港、澳门特区和中国台湾地区旅游合作的进一步发展。刘云等（2013）从共生理论的概念和内涵入手，结合具体的实例，探讨区域旅游合作的模式和机制问题。张淑贤（2014）指出，区域竞合是实现东北区域一体化的必要条件，但是目前该区域在竞合中存在着诸多问题，应当引入“竞合”理论和“共生”理论，来提升东北区域旅游竞争力。

（3）生态位理论应用上。例如，钱益春（2004）以生态位为基础，探讨了区域旅游协作的内容和保障措施。汪清蓉和余构雄（2008）以珠江三角洲旅游城市生态位的测评为基础，结合聚类分析，将该区域旅游系统内的城市划分为三种类型，指出各类城市的优劣势及其发展潜力。此外，社区参与（community participation）是旅游地合作的基础理论之一，也是社区参与旅游地规划管理的形式。例如，格里尔（Greer，2002）运用社区参与理论解决爱尔兰岛跨界旅游合作难题，指出只有制定一体化旅游战略，建立合作平衡，理解政治敏感性，形成参与性规划方式，地方级合作关系才能维持。保继刚、孙九霞(2003)以阳朔遇龙河风景旅游区为例，探讨了旅游规划的社区参与。余构雄、江金波（2010）运用生态位态势理论，对长三角和珠三角的区域生态位进行了测评，构建了包括资源维、市场维、社会经济维和环境维 4 大维度 34 项变量的区域城市旅游生态位测评指标体系。结合聚类分析揭示了两大区域的空间网络差异、时间错位差异、扩充差异、泛化与特化差异。并基于生态位理论，深入探讨两大区域深度合作，提出了构建区域城市旅游发展互补空间、实现区域城市旅游发展互惠共生等区际合作措施。

5. 有关理论基础的文献述评

综观以上有关区域旅游合作理论基础的研究文献，可以发现，它们基本局限于以地理学、经济学、管理学、系统论、博弈论等相关理论的其中一种理论为基础进行区域旅游合作研究的，而综合其中两种或两种以上理论进行区域旅游合作研究的文献则大多见于区域旅游合作的相关博硕士论文。例如，陶卓民和卢亮（2005）在对客源市场共同开拓进行研究时，引入了区域协同、新制度经济学、区域共赢等相关理论。孔庆东（2005）认为，区域旅游合作的理论基础主要有：地域分工与贸易理论、区域相互依赖理论、区域经济增长理论、生态位理论、优趣味开发理论、增长极理论、循环累计因果理论、核心—边缘理论等。张晨（2006）综合运用博弈论、系统论、行政区经济理论、区域经济一体化、地域分工贸易理论、治理理论和制度理论等构建了长三角区域旅游合作机制的理论基础。杨荣斌（2006）将区域旅游合作的理论基础归纳为：地域分异规律、劳动地域分工理论、系统理论、区域空间结构理论、博弈论、旅游可持续发展理论。孙赫（2007）以区域系统理论、地域分工与贸易理论、博弈论为理论基础，对山东半岛城市群区域旅游合作模式进行了研究。李青松（2007）以大三峡旅游圈为例，对中国区域旅游合作进行了相关研究，并认为地域分工理论、系统论、核心—边缘理论、博弈论和产业集群理论等是区域旅游合作的理论基础。

然而，上述有关区域旅游合作的博硕士论文在阐述区域旅游合作的理论基础时，存在一个共同的缺陷：将区域旅游合作的相关理论仅简单地堆砌，而未做有条理的梳理。相比之下，秦学（2004）将区域旅游合作的理论基础归纳概括为经济学、地理学、社会学和文化学、系统论四个角度，但是其经济学理论仅局限于区域经济学范畴，具体包括劳动地域分工理论、区际经济联系的理论、区域经济增长理论。张正国（2006）将区域旅游合作的理论基础梳理为：经济学理论、地理学理论和系统学理论等三大学科基础，但其偏重于从系统论角度对区域旅游合作展开研究。何小东（2008）将区域旅游合作的理论基础归纳为地理学理论、新制度经济学理论和国家竞争力理论，其中地理学理论包括行政区经济理论、经济地理学理论和旅游地理学理论；新制度经济学理论包括交易成本理论、制度变迁理论和产权理论。因此，其经济学理论局限于新制度经济学范畴。由此可见，现有文献对区域旅游合作理论基础的阐述有待进一步梳理、归纳和概括。

2.1.2　驱动机理的相关文献述评

区域旅游合作的动力是作用于区域旅游合作主体并使其采取合作行为的力量。多数学者认为，区域旅游合作的主体主要是政府和企业；有些学者则认为应该加上第三种主体，即行业协会或非政府组织。因此，区域旅游合作的驱动机理是合作动力通过利益关系作用于合作主体使其采取合作行为的机制。国内有关区域旅游合作驱动机理的研究文献大致可分为以下三个角度：

1. 合作条件与驱动机理

有些学者认为合作条件是旅游业跨区域合作的驱动机理。例如，尹贻梅（2003）提出，实施旅游空间竞争与合作的基础有两个方面：资源具有相似性和互补性、空间联系具有便利性；并将区域旅游合作的动机归纳为五个方面：一是提高整体实力，实现全局共赢；二是资源共享，获得成本优势；三是市场互换，保证稳定的客流量；四是增强抗风险能力；五是营造适宜的旅游空间，迎合旅游需求发展趋势。邱继勤（2004）认为，旅游资源与经济的相对一致、地域相邻与接近性、旅游产品有一定的互补性，是区域旅游联动的运用条件，而区域旅游联动是区域旅游合作的一种形式。李树民（2005）认为，在市场经济条件下，替代产生竞争，互补产生合作，互补关系是产生区域旅游合作行为的动力源泉。旅游合作主体之间存在着的利益互补关系是多方面的，可能存在着资源互补关系、产品互补关系、交通互补关系，其中决定合作行为最重要的互补关系是资源的互补性，区域旅游合作的实质表现为区域旅游资源优化区间的一种扩展。焦爱丽（2011）认为，区域旅游是在资源互补且连续、地域邻近的空间内，依托中心城市、满足旅游者需求，开展有特色的旅游活动。

2. 利益关系与驱动机理

有些学者认为，利益关系是旅游业跨区域合作的驱动机理，这方面的相关研究文献最多。例如，唐德鹏（1994）认为，在社会主义市场经济条件下，市场对资源的配置起着基础性的作用，因而，只有在市场机制作用下，旅游区域协作才有可能得以发展。本质上，他强调经济利益或市场机制是区域旅游合作的动力源。涂人猛（1994）认为，共生效应、互补效应和整体效应等一起构成区域旅游形成和发展的驱动机理。在这三大效应的作用下，区域旅游通过旅游景区的空间扩张，从旅游景点的增多和规模扩大、旅游线路的规化，最后向整个旅游腹地的纵深扩展，成为区域旅游合作形成和发展的基本过程。陈才（1999）从旅游经济集聚的规模优势和旅游经济发展的趋同性两个方面分析了区域旅游合作的驱动机理。梁艺桦等（2004）认为区域旅游合作是地方旅游子系统自组织过程中的必然选择，而目的性和创新性是促使各子系统之间进行区域旅游合作的动因。潘顺安和刘继生（2005）结合湄公河次区域旅游合作开发的案例，提出区域旅游合作的三个动力：应对经济全球化的挑战，增强区域的旅游竞争力；获得更大的旅游经济效益；促进区域经济开发和社会经济的可持续发展。

张新（2007）从政府和企业的角度分析了区域旅游合作的动力，即政府和企业从合作中能够获得的收益会有些差别：政府在一定程度上虽然可以作为地方利益的代表，但是具体到政府官员，会考虑政绩等因素；企业更多的是考虑企业自身的发展和经济收益，在高度关联的旅游产业化进程中，旅游企业必须通过开展相互之间的合作，凭借自身的核心竞争力，有选择地与竞争对手、关联企业分享和交换控制权、成本、资本、进入市场机会、信息和技术，共同创造并分享一个更大的市场。孙赫（2007）认为，区域旅游合作主体（地方政府、旅游企业、行业协会、居民等）之间存在着特定的利益关系，这种利益关系就促使区域之间或区域内部的旅游主体进行合作；区域旅游合作就是在以上不同层次的主体间展开的形式多样、错综复杂的合作和联盟，区域旅游合作发展的直接动力就来自这些主体之间的利益关系的调整合融合，这种利益关系的调整主要包括宏观层面的区域利益关系和微观层面的企业利益关系。李青松（2007）分别从宏观和微观层面上对区域旅游合作的驱动机理进行了分析。从宏观层面看，政府是区域利益的主体代表，也是区域旅游合作的积极倡导者和推动者，政府谋求区域之间开展旅游合作正是为了获得区域经济的大发展，使本地区资源优势得到最大限度地利用和发挥并得到最多的收益。从微观层面看，区域利益的代表是企业，区域旅游合作的各个环节都要最终落实到旅游企业的市场行为中来，而旅游企业之所以积极推动区域旅游合作的开展，一是出于投资回报的考虑，即获得最多的利润；二是希望通过开展区域旅游合作，促进企业自身的不断发展和壮大。

秦学（2004）、王蕾（2008）、秦学等（2008）分别从区域利益机制、微观驱动机理和旅游产业空间扩张机制三个方面分析了区域旅游合作的驱动机理。区域旅游合作的区域利益机制包括：资源互补，市场共享；促进地区分工协作，共同发展旅游业；扩大要素流动范围，提高要素配置效率；合作开发与共同管理，实现区域旅游的多赢；减少地区冲突，缓和区际关系，保持社会稳定；经济、文化、政治相互融合。企业层面跨区域协作联合的驱动机理主要有：规模化发展需要；协调企业间利益关系，加强企业间分工合作，提高企业竞争力；扩大资源利用范围，拓宽市场发展空间，增强企业实力；引进管理机制和经验，学习先进思想，提高企业综合素质；联合治理并优化环境，促进企业持续发展；政府和社会的引导与服务，旅游企业健康发展。旅游业空间扩张机制包括：世界经济全球化和一体化趋势；旅游市场拓展的需求；旅游企业对外扩张的本质需求；旅游信息传播的支撑；地域文化交流的促进。

杨超等（2009）基于交易成本理论提出，区域内的旅游地成员之所以愿意加入区域旅游合作组织，主要动因是区域旅游组织租金的存在，各旅游地成员为了寻求组织租金而走到了一起，可以说是一个“寻租”的过程。通俗地讲，区域旅游组织租金是形成区域旅游合作组织后所产生的净收益，主要包括组成旅游经济联盟的总收益和总成本两个方面。前者主要是指形成区域旅游合作发展态势后所体现的费用节约效应、规模经济效应、品牌引力效应、产权界定效应、要素流动效应、旅游流的创造效应六大效应；后者主要是指相比未组成区域旅游合作联盟之前区域旅游管理和协调费用的增加。马晓冬等（2012）对 20 世纪 90 年代以来我国区域旅游合作研究进展进行了总结，提出发展区域旅游，应该以增加区域的总体旅游竞争力为目的，形成规模效应。黄炎（2017）认为区域旅游合作的利益相关者可以区分为主体、客体和中介三个部分，而其中利益主体又主要包括政府、企业、相关组织和游客。

3. 合作条件和利益关系与驱动机理

有些学者则认为，利益关系和合作条件共同构成了旅游业跨区域合作的驱动机理。例如，吴国琴（2007）指出，目前中部六省旅游合作进入了实质性阶段，其合作的动力有以下四个方面：区域经济合作驱动、中部崛起的政策驱动、中部六省区域利益的驱动、提升区域旅游企业竞争力的需要。颜泳红（2007）结合长株潭地区旅游合作现状，提出区域旅游合作的驱动机制有以下六个方面：旅游业自身发展的驱动；旅游市场需求多样化的驱动；政府政策干预的驱动；资源优势互补的驱动；设施共建、环境共享的驱动；对合作前景预期“共赢”的驱动。何小东（2008）认为，区域旅游合作的驱动机理有：旅游资源禀赋与产品构成的区域差异、旅游发展与创新的区域间竞争、一体化进程中的利益共赢导向。其中，旅游资源禀赋与产品构成的区域差异是区域之间旅游合作的基础动力，正是这种区域差异的存在，导致旅游者在区域之间的流动；旅游发展与创新的区域间竞争是旅游地发展面临的一个普遍现象，其实质就是在区域旅游禀赋要素的共同作用下，由于旅游流区际、区内空间结构差异变动所引起旅游区域的综合响应。实际上，地方发展的冲动是诱致区域旅游空间竞争的重要动力源泉。区域旅游一体化行为，则是消除区域间存在的若干旅游障碍或制度性壁垒，在一体化的框架机制里实现参与主体的利益共赢。因此，一体化进程中的利益共赢驱动的价值取向集中在以下三个方面：资源互补，市场共享；深化旅游地域分工，实现旅游经济效益共赢；改善区际关系，维系区际和谐。

靳诚等（2006）以长江三角洲区域旅游合作为例，在综合考虑区域旅游合作演化影响因素的基础上，将区域旅游合作演化的动力归结为三类，即空间生长力、市场驱动力以及政府调控力，以此为基础，初步构建了具有普遍意义的区域旅游合作的演化动力模型。在不同的时间和空间尺度上，上述三种动力对区域旅游合作演化的作用大小是不同的。空间生长力及市场驱动力是企业或微观层面的利益驱动，其形成机理更多表现出由内向外的扩张力，因而将两者视为内在驱动力；反之，政府调控力则是促使内在个体实现优化组合、有序发展的由外向内的作用力，是叠加在两种内在驱动力基础上的一种人为的外在驱动力，它对区域旅游合作的演化起到促进、延缓或者是修正的作用。朱元秀和伍艳玮（2009）认为，区域旅游合作的驱动机理包括内生动力和外生动力，二者共同作用，影响区域旅游合作的进程。其中，对创新的追求、市场利益最大化的驱动、区域旅游资源的互补性等是区域旅游合作的内生动力；而政府调控力、重大事件的举办等是区域旅游合作的外生动力。宋子千（2008）将区域旅游合作的驱动机理理解为区域基础条件和旅游市场对旅游企业或政府产生作用并促使他们采取合作行为的机制。针对靳诚等（2006）提出的区域旅游合作的驱动机理模型，他指出，政府调控力不是区域旅游合作的动力，而是区域旅游合作的内容；要分析区域旅游合作的驱动机理，必须考虑合作动力对合作主体的影响，是合作动力决定合作主体的行为，而不是合作主体的行为决定合作动力。此外，艾玛（Emma，2010）通过研究东盟国家旅游合作的先决条件，指出只有建立、提升以及保护国家之间的共同利益才能实现经济一体化和可持续发展。王等（Wong et al.，2011）以东盟为例，认为资源、利益相关者、过程和机制是旅游合作中重要的影响因素。杨洪等（2013）以“大长株潭”地区为例，从现实需要、客观要求、必然选择三个角度探讨了“大长株潭”地区的区域旅游合作是湖南省旅游产业发展的必径之路，并从内力驱动、外力促进和直接推动三个方面论证了区域旅游合作的综合驱动力。林晓桃等（2016）分析了区域旅游目的地合作机制的一般原理、运行过程、利益共享和共赢机制，并从内在驱动和外在驱动两方面对区域旅游合作的驱动力进行了详细的介绍。扎伊采娃等（Zaitseva et al.，2016）对俄罗斯和波兰之间的旅游合作进行研究，认为跨界旅游合作对双方边界地区的积极经济作用日益彰显。

4. 有关驱动机理的相关文献述评

综观以上有关区域旅游合作驱动机理的研究文献，可以发现，合作条件是区域旅游合作驱动机理的基础，而利益关系则是区域旅游合作驱动机理的根本。因此，合作条件或利益关系都不能单独构成区域旅游合作的驱动机理，而是合作条件通过利益关系对合作主体产生作用使其采取合作行为，因而它们一起作为一个整体构成了区域旅游合作的驱动机理。总而言之，我国旅游业是政府主导型的经济产业，政府是推进区域旅游合作的协调主体，有着追求地方利益（社会、经济和环境效益）最大化的目标诉求；旅游企业是区域旅游合作过程中的行动执行主体，有着追求商业利益最大化的目标诉求。通过合作追求更大利益，是区域旅游合作最基本的驱动机理。

2.1.3 基本模式的相关文献述评

在一国旅游产业发展过程中，如何正确选择旅游产业发展模式是一个非常重要的问题。同样，当地区旅游产业发展有单纯竞争走向相互合作的时候，如何正确选择区域旅游合作的发展模式也是一个至关重要的问题。由于不同的地区经济发展水平、旅游资源开发程度、旅游市场的辐射范围等的异质性，导致了区域旅游合作的模式有着诸多的形式。区域旅游合作模式是指一个特定时期内，地区之间或者一个地区内部旅游产业合作发展的总体方式；是区域旅游系统各要素和旅游活动在合作区域空间内的相互关系和组合形式，是基于旅游资源条件、旅游经济空间联系、区域经济活力等条件下的空间自组织过程。学者根据研究角度的不同，对区域旅游合作的基本模式提出了一些不同的观点。

1. 合作实践层面上的基本模式

在区域旅游合作实践层面上，目前在国外区域旅游合作发展模式中经营比较成功的主要有：美国大洛杉矶地区的产业集群模式、欧洲莱茵河流域的跨境开发模式和日本关西地区的无障碍旅游交通模式；在国内区域旅游合作发展模式中经营比较成功的主要有：泛珠三角地区的区域旅游分工协作模式、环渤海地区的跨省市旅游合作规划模式和长江三角洲无障碍旅游区网络化发展模式。蒂莫西（Timothy，1999）根据合作程度总结出跨界合作的五种模式（alienation，co-existence，cooperation，collaboration and lntegration），并进一步从管理框架、基础设施建设、人力资源、旅游资源保护、促销和合同协议等方面分析了美国和加拿大之间三个国家公园不同的合作管理模式。秦学（2004）结合国内外旅游业区域合作的态势，从旅游业区域合作的时间维度和空间维度（区域对象、主体分布、内容形式、合作机制等综合）两个方面出发，总结出区域旅游合作的四种理论模式：内容单一化合作模式，以旅游业某个领域为内容、特定目标驱动下的单一化旅游业区域合作，例如景区共同体；行业综合型合作模式，以旅游行业为主要内容、企业为主体、市场推动下的全行业合作，如区域性行业协会或商会；多元化全方位合作模式，众多产业参与、主体多元化、综合机制协调下的全方位旅游业区域合作，如无障碍旅游区行动；关联性区域合作模式，非以旅游业发展为目的，但对旅游业有促进作用的区域合作，如粤港澳的 CEPA 模式。张慧霞等（2006）认为，旅游合作模式的形成是区域旅游不同合作主体利益反复博弈的过程，提出中部区域旅游合作模式应选择“33N”合作模式。这种合作模式将包括 3 个层次、3 个渠道和 N 个方面的合作内容：3 个层次是省内地区之间的合作层、中部各省际的合作层和中部与区外之间的合作层；3 个渠道是政府间合作渠道，企业间合作渠道以及民间、团体间合作渠道；N 个方面合作内容是指旅游资源开发、旅游市场共享、旅游环境改善、旅游设施投资、包价旅游线路联营、旅游产品的宣传促销、旅游商品的开发和旅游企业管理等方面的合作内容，N 个方面的合作内容蕴含在 3 个合作层次之中。陈雪婷等（2012）以中国东北与俄、蒙毗邻地区为例，提出空间极核辐射、政府与企业互助、区域“无障碍旅游”三大模式，并用这三大模式为区域旅游合作的稳定持续发展提供了不同角度的构思与对策。朱红兵等（2014）从合作主体出发，将长三角区域旅游合作发展模式归纳为政府主导型、政府推动型、企业主导型、行业引导型以及项目驱动型五种基本模式，并从合作主体、分工、领域、效果等方面对这五种合作模式进行评价。朱斌等（2016）在基于市场、产品要素、产业要素的基础上提出了四种区域旅游合作的模式，即产品—市场共享模式、互换市场模式、一体化发展模式、要素协同模式。邓卓鹏（2017）以中国西部地区为例，提出了区域旅游合作的机制与制约因素，并从加强航空运输、整体形象塑造和次区域合作三个方面探讨西部地区区域旅游发展战略模式。

2. 组织机制角度下的基本模式

从区域旅游合作组织机制的角度，马晓冬等（2007）将旅游合作的模式归纳为区域旅游协作发展模式、区域旅游竞合发展模式、区域旅游联动发展模式、区域旅游互动发展模式及区域旅游联盟发展模式。孔庆庆（2005）将区域旅游合作的基本模式分为四类：旅游地域系统发展模式、区域旅游竞合发展模式、区域旅游组团发展模式、区域旅游一体化合作模式。借鉴上述两种分类方式，本书拟从旅游地域系统发展模式、区域旅游竞合发展模式、区域旅游联动发展模式、区域旅游组团发展模式、区域旅游联盟发展模式、区域旅游一体化发展模式等六种发展模式角度进行相关文献综述。

（1）旅游地域系统的发展模式，就是要根据各旅游地域的同一性和差异性原则，在一定范围内寻求所有旅游客体（旅游资源）和旅游介体（旅游宾馆、饭店、载客交通设施、旅行社、旅游公司等）的最佳空间排列和空间结构，以期达到指导区域旅游发展、促进区域经济繁荣的目的。涂人猛（1994）将旅游地域系统的发展模式总结为风景资源结构对应变换发展模式、区域旅游空间发展模式、旅游地域系统发展阶段模式；根据区域旅游系统的内部形态结构，将区域旅游空间发展模式分为单核—腹地型、等级—序列型和多核—共生型三种发展模式。邹晓明（2004）、吴国琴（2006）、孙赫（2007）从区域旅游企业的角度出发，将区域旅游的合作模式划分为：水平合作模式、垂直合作模式、网络化合作模式。水平合作是指企业在某一特定旅游活动内容上的平行合作，既可以是区域之间的旅游合作，也可以是区域内部地区之间的合作。垂直合作是指旅游企业在不同的旅游活动内容上的合作，不同的企业分别承担不同的经营活动，最终组成合作优势。网络化合作是水平合作和垂直合作两者的综合，主要是不同部门、不同行业围绕旅游进行的合作。黄金火和吴必虎（2005）以“哈格特空间结构模式”和“冈恩的目的地地带模型”为基础，将区域旅游发展模式分为凝聚模式、放射模式和扩展模式三种模式理论。杨荣斌（2005，2006）认为，我国的区域旅游合作已呈现结构模式特征，他们从地理学空间视野提出了区域旅游合作的五种结构模式：点—轴发展模式、单核辐射模式、双核联动模式、核心—边缘模式和网络型模式，并从模式的内在结构和外部形态两方面进一步分析模式动态演化的五种趋势。梁雪松（2009）在点—轴发展模式、单核辐射模式、双核联动模式、核心—边缘模式和网络型模式基础上，将点—轴发展模式作为丝绸之路区域旅游合作的发展模式；将单核辐射和双核联动模式作为丝绸之路区域旅游合作的互补模式；将网络型模式作为丝绸之路区域旅游合作的发展趋势模式。许辉春（2012）在对点—轴发展模式、双核联动模式、核心—边缘模式三种模式比较分析的基础上，构建了多层次模糊综合评判模型，并对区域旅游合作模式进行了评价和选择。李明亮等（2014）以大武夷旅游区为例，探讨了以政府为主导的点—轴合作模式和以信息为主导的梯度发展模式。弋月（2014）对成绵乐区旅游合作的现状、旅游竞争力进行分析后，得出成绵乐区旅游合作的模式，即“点—轴”模式。

（2）区域旅游竞合发展模式，是针对主导旅游资源相似的临近地域而提出的一种区域旅游合作模式（the cooperation - competing model，C - C）。地域临近、资源相似和文化相通容易形成区域竞争，但也是区域合作的基础。竞合是指基于竞争前提下的有机合作，而非单纯的竞争或单纯的合作，竞合模式借鉴了共生理论的概念和内涵，认为这种竞争是通过共生单元内部结构和功能的创新以及共生单元之间功能的重新分工定位和合作实现的，“对称互惠共生”的行为模式和“一体化共生”的组织模式是竞合模式实现“双赢”（win - win）和“多赢”（multi - win）的理想模式。自 2000 年以来，区域旅游合作的竞合模式成为研究的热点。例如，陶伟和戴光全（2002）以苏南三个水乡古镇为例，提出主导旅游资源相似的临近地域旅游发展的“竞合模式”，认为竞合的动力以区域旅游的整体发展为背景，以相关地方的利益为基础，以市场交易为基本方式，以政府协作为补充，在塑造和发挥各相关地方及景区特色的基础上，最终建设富有吸引力的旅游目的地。尹贻梅（2003）提出了区域组合和产品组合两种旅游空间竞争合作类型，并建立了以市场为主导、政府推动、地区参与的合作运作模式。牛江艳、曹荣林等（2007）认为，区域旅游空间竞合模式是合作性竞争，其应以区域内旅游资源的特色和空间联系的便捷性为基础，以市场的需求为导向，以几个大中城市的竞合为依托，通过政府的推动和地区的广泛参与，形成区域旅游网，来实现区域旅游利益的最大化，同时兼顾各个地区自身的利益。郑耀星等（2008）提出，在一定区域范围内，海岛型旅游地有较为相似的旅游资源、重叠的客源市场以及相当的重视程度，同时其资源特色、发展环境、市场定位、发展条件、政策条件、介入机会等竞争因素差异较大，这些都决定了海岛型旅游地之间是竞争与合作共存的对立统一关系。黄丽星、傅丽（2010）以杭、绍、甬三市①为例，以提高区域整体旅游竞争力为目标，提出了主导旅游资源相似的邻近地域旅游发展的竞合模式。并在论证杭、绍、甬三市实施竞合模式的必要性和可行性的基础上，提出了三市实施竞合模式的对策。王彬汕（2015）通过对核心—边缘模式进行研究，结合实例，构建了城市旅游圈模式，并提出了相应的对策。总体来说，区域旅游合作模式的研究主要集中在对区域竞合、主体分工协作、相互联动、空间组织结构、要素内容等模式的研究分类上。

---

① 杭（杭州简称）、绍（绍兴简称）、甬（宁波简称）。

（3）区域旅游联动发展模式，实质上是针对旅游经济欠发达、竞争优势不突出的边缘地区提出的一种区域旅游合作开发模式，它以核心—边缘理论和产业集聚理论为理论基础，具有一定的实施条件。联动开发是一种依附型的合作模式，主要借助旅游经济核心地区的优势，进行资源的联合开发和区域旅游形象树立，以求激活旅游经济的区域溢出效应。近年来，探索区域旅游的联动开发成为促进区域经济一体化的一条有效途径。例如，吴必虎（2001）提出，区域旅游合作开发的“1231 模式”、以旅游产品开发和管理为中心的区域旅游开发昂谱理论、旅游目的地营销规划和管理规划模式、分级分类旅游资源评价体系及资源—产品转换的“三生模型”（即共生、更生和伴生）。宋娜和郝彦革（2005）按照旅游业发展的水平，将区域旅游联合开发分为三种形式：强强联合（旅游业相对发达地区的联合）、强弱联合（相对发达地区和不发达地区的联合）和弱弱联合（旅游发展相对落后地区的相互联合）。麻学峰（2005）从区域产业集聚和集群理论出发，提出区域旅游合作的产业集群模式，进而增加区域旅游综合竞争能力。侯伟华等（2005）认为区域旅游合作是指基于现代信息技术和网络技术的，信息技术的应用会减少合作成员间时间、空间交流，降低沟通成本，由此构建了基于信息平台的包括信息层、决策层等在内的区域合作协调管理总体构架。朱红兵（2011）在对长三角区域旅游合作进行实证研究后，认为联合营销型模式是长江三角洲地区最为成熟的，效果也最明显的。刘盛楠等（2014）论证了东北地区旅游产业协同发展的必要性和可行性，在此基础上提出了促进协同发展的对策和建议。

（4）区域旅游组团发展模式，是从旅游的经营规律和特点出发，跨越行政区划的限制，充分发挥各地区旅游的优势、特色，精心组织旅游线路和产品组合，共享客源市场，逐步形成相对发达的旅游区域。一般有两种方式：一是邻近区域的结合，共同形成一个旅游区域；二是以产品及线路的组合形成旅游区域。组团发展模式是区域旅游协同发展的两种发展方式的有机结合，是各地区旅游业参与市场竞争、实现联动发展的有效途径。区域旅游组团发展模式，强调合作地区之间的职能分工，最为典型的就是旅游客源集散中心与旅游景区之间形成的市场—资源的共轭发展模式。组团模式的概念类似于区域经济的“双核”结构理论，双核结构兼有区域中心城市的趋中性和港口城市的门户性的双重区位优势（陆玉麒，1999）。对于旅游业发展来讲，“双核”往往是资源景区的旅游消费职能和中心城市的集散客源的职能构成相互支撑，形成互动发展格局。李青松（2007）从区域地理的角度对区域旅游合作模式进行概括总结，认为区域旅游合作模式可以分为以下三种：客源地—目的地旅游合作模式、流域性旅游合作模式、集散地型旅游合作模式。何小东（2008）认为，区域旅游合作模式可以从合作伙伴空间距离关系的角度进行分析，可以总结出三种模式：一是伙伴空间毗邻关系模式；二是伙伴空间间隔关系模式；三是跨国关系模式。王蕾（2008）提出，从区域空间区位来看，可分成三种区域合作模式：一是相邻区域之间的联合，地理位置相邻的区域之间通过旅游景点（区）组合与线路设计、旅游客源互动、旅游交通连接等方式开展联合；二是区域由近及远依次形成条带状合作区域，通常是以产品组合、线路连接形成合作关系；三是跨越空间距离的远区域“飞地式”旅游合作模式，如中国香港特区与北京之间的旅游业合作，中国和美国开展的旅游业合作等，这种区域合作模式一般以互送游客、互相投资、合资合作经营企业等方式开展旅游联合。

（5）区域旅游联盟发展模式，是近年来兴起的一种较为松散的旅游合作模式。旅游联盟一般由旅游行政部门牵头，旅游企业广泛参与，旨在打破行政隶属关系和空间跨度的局限，以资源为纽带，搭建合作交流平台，实现联盟区域的资源互补、客源互通、市场共享的一种组织形式。旅游联盟的合作主体既可以是城市，也可以是旅游企业（如旅行社、景区等），该模式并不强调地域上的邻近，而更加关注旅游市场的共建共享、旅游信息的互通互联。随着区域旅游合作的推进，旅游联盟也在广泛开展，在 2004 年中国（济南）国际旅游交易会期间，济南、长春等 26 个国内城市共同签订友好旅游城市联盟合作协议；2005 年连云港与武汉结成旅游合作联盟；2006 年 3 月，苏、鲁、豫、皖接壤地区 20 个城市的千家旅行社在日照共同签署了淮海经济区旅游联盟宣言，宣告了淮海经济区旅游联盟正式成立。孙冬玲（2005）从近年来各地推行的“无障碍旅游”现象中，概括总结了“无障碍旅游”就是各旅游区为了消除区域壁垒，达到区域间旅游经济协作，旅游资源、产品、市场和信息的共享，实现旅游价值最大化的一种新型区域旅游合作形式。秦静（2013）指出，东北地区虽然具有区域旅游合作的必然性和优势，但合作中存在交通、环境及利益分配等问题，需要采取策略推进无障碍旅游区建设。乔秋敏等（2018）认为，通过拆除旅游发展的障碍，实现资源共享，开展境内无障碍旅游，才能实现环鄱阳湖地区旅游业乃至整体经济的发展。

(6)区域旅游协作发展模式或区域旅游一体化发展模式，是以区域经济的一体化为目标，强调市场对旅游业的主导作用，旅游企业往往为旅游合作的第一主体，协作以旅游要素的自由流动和打造无障碍旅游服务为宗旨。不同地区之间的旅游经济主体依据一定的章程或协议，让旅游要素自由流动和重组，形成一个有内聚力的旅游区域，以获得最大的经济效益、社会效益和生态效益。目前旅游业的竞争已经由单个企业层面的竞争、单个城市层面的竞争，发展到区域一体化的联合竞争阶段。因此，旅游业要在激烈的市场竞争中做大做强，就必须打破行政壁垒，走区域一体化发展之路，在更宽领域、更高层次上参与市场竞争（梁文生，2005）。从目前的国内区域旅游合作发展现状来看，自发和短期行为居多，合作层次还较低；绝大多数的合作形式处于分散化、低水平的状态，收效甚微。力图改变这种管理无序、开发无序、竞争无序的局面，综合、立体、多维的一体化发展模式极为必要。马波（2007）提出，区域旅游合作有市场互换、市场共享、要素协同和一体化发展等四种基本模式，一体化发展是区域旅游合作的高级形式和最终目标。张淑贤（2014）指出，区域旅游竞合是东北地区实施区域一体化发展的必要条件，但目前东北地区存在旅游产品雷同、地区政府各自为政和合作模式单一等问题。应当引入“竞合”模式和“共生”模式，来构建东北地区“旅游”竞合发展模式。杨新春（2015）在区域一体化和体验经济来临的背景下，从环渤海区域旅游竞合模式入手。并结合该区域旅游业发展现状指出整合各种力量和关键要素，构建环渤海区域竞合新模式和机制。秦元旭（2016）对贵州地区未来的区域旅游合作现状、前景进行了阐释，并通过对欧盟旅游一体化的成功经验的分析指出贵州跨区域旅游合作的战略路径。

3. 有关基本模式的文献述评

此外，国内外区域旅游合作发展模式中均有行政力量和市场力量的参与，所不同的是在构建合作发展的模式中力量对比结构的不同。将行政力量和市场力量视为构建合作发展模式中的两极，可以划分出不同的力量对比过渡，以及相应的合作发展模式谱系。郑江宁、颜澄（2009）提出，在行政力量和市场力量的强弱对比下，按市场力量由强到弱的合作发展模式为：产业集群模式—跨境开发模式—无障碍交通模式—分工协作模式—合作规划模式；与此相反，按行政力量由强到弱的合作发展模式序列为：合作规划模式—分工协作模式—无障碍交通模式—跨境开发模式—产业集群模式。因此，国内外区域旅游合作发展模式不同的是，国外区域旅游合作发展是在区域经济发展到一定阶段后，在市场主体的力量的推动下，运用企业化的区域管理机制推行区域旅游合作，通过对话和协商来解决区域旅游内部的各种矛盾，实现区域协调发展。这与国外的行政体制分权状况相对应，体现平等精神，在尊重个体参与者利益下考虑整体利益。国内区域旅游合作发展主要体现为行政力量主观做大、做强的合并式构想，市场力量严重不足，成效不明显。洛恩德斯等（Lowndes et al.，1998）分析旅游业管制模式与区域旅游合作阶段之间的关系，认为在合作首尾两阶段，网络化管制占主导地位；在合作巩固阶段，等级管制占主导；在合作计划实施阶段，市场机制占主导。孙赫（2007）认为，从区域旅游合作的机制划分，区域旅游合作模式可以分为市场型区域旅游合作模式和政府主导型区域旅游合作模式。市场型区域旅游合作模式是以竞争为主要动力来推动区域旅游合作成长与演变的一种模式；政府主导型区域旅游合作模式是以政府规划或者通过制定产业政策来干预区域旅游合作成长与演进的一种模式。

2.1.4　运行机制的相关文献述评

区域旅游合作是旅游业发展的必然趋势，是一种新型的组织形态，其组织运作效率和合作目标的实现，需要合作成员间的相互协调。区域旅游合作运行机制是区域旅游经济协作系统中各构成要素之间的相互促进、相互制约的关系和运转方式，是不同区域（尤其指行政区域）为促使旅游业合作发展所制定的制度、规则、措施和手段的综合体现。广义的合作机制还包括合作的内容和形式，狭义的合作机制仅指区域之间所制定的制度、规则、措施和手段等。区域旅游合作机制不仅仅只是针对不同区域的旅游行业合作而形成的机制，也可以是在指区域之间形成的综合性合作机制（为促进区域之间经济、社会、文化等的发展和合作），它对旅游合作同样起作用。区域旅游合作运行机制的研究是区域旅游合作理论研究的重要组成部分，也是区域旅游合作中最具指导意义的理论问题。

1. 合作内容角度的运行机制

有些学者从合作内容的角度研究区域旅游合作运行机制。例如，韩杰等（1992）认为，区域旅游合作协调机制包括政策协调、联合生产旅游产品、信息共享、联合宣传推销以及联合接待、联合服务等内容。明庆忠等（1997）以澜沧江—湄公河次区域为例，分析了区域旅游合作的协调机制主要有：建立旅游合作机制；合作进行旅游规则；合作改善旅游基础设施；进一步发展边境跨国旅游；选择重点旅游线合作开发；加强次区域旅游方面的其他合作。钱益春（2004）将区域旅游合作的内容概括为六个方面：旅游资源的共享和重组、旅游产品的开发和更新、客源市场协作、信息交流与协作、区域旅游功能区的重新划分以及管理协作。秦学（2004）认为，旅游业跨区域联合的内容主要有以下几个方面：旅游资源—产品—市场方面的区域联合；旅游资金—资产—资本方面的区域联合；旅游交通—设施—信息方面的区域合作；旅游教育—人才—技术方面的区域合作；旅游管理—政策—制度方面的区域合作。范春（2005）根据我国国内区域旅游合作的实践，总结合作内容有旅游资源协作、旅游市场协作、交通协作、旅游地秩序共建、旅游线路协作、旅游教育协作等。侯伟华等（2005）提出，区域旅游合作的协调机制主要由信任机制、互动机制、整合机制、激励机制组成，并给出基于信息技术平台的区域旅游合作协调管理的总体构架。通过这种方式的合作，能使合作成员之间实现信息共享，在很大程度上消除了旅游地与旅游者之间信息不对称问题，加强彼此间的信任，优化资源配置，促使协调机制更好地发挥作用，使合作的利益主体提高工作效率和旅游经济效益。

张慧霞等（2006）以中部地区区域旅游合作为例，提出中部地区区域旅游合作的运行机制主要有以下五个方面：组建中部区域旅游合作协调管理机构；合作开发省际共享旅游资源；共同开拓国内外旅游客源市场；合作完善中部区域旅游交通网络；合作开发具有中部特色的旅游商品。曹扬（2006）提出，建立和完善区域旅游合作机制是有效实现旅游资源整合、适应旅游经济全球化的需要，是实现旅游经济活动真正向区域旅游功能的转变，是促进区域旅游合作向纵深发展的重要途径。区域旅游合作机制包括组织协调机制、人才合作交流机制、行为约束机制、信息交互机制。郭寻（2006）认为，应在地位平等、互信互利、政府主导和市场合作等原则的基础上，建构制度化的多层次组织机构以制定统一的区域旅游经济发展政策，建立区域旅游利益共享机制，重建地方政府竞争秩序以及完善政府合作机制。孙赫（2007）认为，半岛城市群区域旅游合作模式实现可持续发展的保障机制主要包括政府机制、市场机制、旅游企业竞争合作机制、产业集群创新机制、行业协会协调机制以及产业升级机制。在半岛城市群旅游产业集群形成和发展阶段，旅游企业的竞争机制与合作机制是推动半岛城市群区域旅游合作向前发展的两个轮子，政府机制、行业协会协调机制则是带动两个轮子运行的链条，这两者都必须是在充分遵循市场规律的基础上，发挥集群各活动主体的主观能动作用，有效利用集群自身的独特优势，借助在集群网络系统中形成的持续创新机制和产业升级机制，实现半岛城市群旅游产业集群的可持续发展。乌兰（2007）认为，协调作为一种有效的管理手段，在我国跨区域旅游合作中将日益发挥出重要作用。协调发展背景下实现区域旅游合作，必须建立区域旅游合作协调机制，其内容包括：加强区域旅游规划、实现区域政府间的旅游合作、组建区域旅游合作协调机构和构建区域旅游合作信息网络平台。胥兴安（2009）基于管理学的视角，提出区域旅游合作机制包括信息交互机制、决策计划机制、组织协调机制、监督控制机制、整合创新机制。最后，他以昆明北部旅游圈为例，认为其合作机制的构建最直接的方式是建立跨区域的行政管理机构——昆明北部旅游圈管理委员会，使各个分机制充分发挥作用。丁正山等（2012）认为，区域旅游空间区划建立在综合分析各要素及其相互关系、空间单元及其组合结构完整性的基础上，可从资源环境承载力、现有旅游开发密度、旅游发展潜力等三个方面选择代表性指标，构建评价体系进行定量分析来确定不同类型旅游功能区；根据以上三方面指标的不同组合，可划分出优化发展区、重点发展区、引导发展区和适度发展区四种发展类型。曹丽等（2012）以中国与东盟的旅游产业合作为对象，强调合作的重点应放在内容的深化和环境的共建上。谢政伟等（2013）研究了皖北地区文化旅游区域合作存在的问题和有利因素，认为其关键在于文化旅游。杨仲元（2013）研究了区域交通网络通达性对旅游空间组织结构的有效性作用，并以皖南旅游区为例，验证旅游区交通网络的提高对旅游空间格局优化有关键的作用。侯兵（2013）以南京都市圈为例，运用定量与定性相结合的方法对区域文化旅游的协同发展进行研究，得到文化、交通区位和文化关联三大导向的空间认知分异规律。王婷（2016）认为交通网络的发展对区域旅游空间格局的形成有着至关重要的作用，并以大湘西地区为例，分析交通干道和网络演化与区域旅游合作的内在关系机理，探讨二者的相互关系和类别划分，并提出交通干线与旅游发展关系相互协作的驱动机制和相关措施。

2. 政府角色角度的运行机制

有些学者从政府角色的角度研究区域旅游合作运行机制。例如，皮尔斯（Pearce，1992）在《旅游组织》中指出并讨论了作为政府的行业管理机构的旅游组织对于区域旅游整体开发、强化整体促销、编制发展规划等方面所起的重要作用。法根斯（Fagence，1995）同样指出，任何的合作努力都离不开相应的行政意愿的支撑。理查德·铁里（Richard Teary，1999）重点分析合作中旅游企业的组织行为管理模式，即如何利用部门之间合作与协调去获得更大的业绩。格里尔（Greer，2001）特别强调共同的营销计划在区域旅游一体化发展中的重要地位，同时提出区域旅游合作要实现对共同营销的延伸，扩展合作内容，使旅游利益与中央及地方政府的利益紧密相连，从而促进旅游业的发展。惠伯斯和贝内特（Huybers and Bennett，2003）对以自然资源为基础的旅游目的地企业之间的合作问题进行探讨，并以澳大利亚为例进行论证，强调政府需要在政策制定方面发挥强有力的作用。牛江艳等（2007）研究认为，区域旅游合作需要以大、中城市为依托，以市场为导向，在政府的推动及各地区的积极参与下，通过旅游线路的重组、联合促销、旅游行业的规范管理、资金来源渠道的拓宽、基础设施与要素的共享等来提升旅游竞争力。乌兰（2007）提出，在区域旅游合作背景下实现地方政府间的合作，就是整合地方政府组织管理和制度优势，以推动区域旅游业可持续发展的旅游管理活动过程。在我国现行政治体制下，实现区域内外地方政府间合作既具有可能性，也具有现实性，其合作思路主要体现为：提供良好的制度环境，完善地方政府间合作机制；制定完善的合作规则，约束地方政府间合作行为；建立区域旅游合作协调机构，发挥政府合作的协同作用；构建旅游合作信息网络，为地方政府间合作搭建平台。许辉春（2012）认为，要使区域旅游合作良性发展，需要搭建旅游合作平台，构建旅游地域系统和政策方面的支持。谢政伟等（2013）通过对皖北地区旅游合作进行实证研究后，认为应构建政府引导的合作机制。马斌斌等（2015）以“丝绸之路经济带”为背景，分别从资源、市场、政府、人才等方面，提出创建政府主导企业合作的新机制。徐虹等（2017）运用实证分析的方法，对有关“京津冀”地区合作效果的假设进行分析检验，提出政府之间的参与度、共同愿景、上级鼓励行为和社区参与等因素都能产生相应的合作效应和结果。

3. 合作主体角度的运行机制

有些学者从区域旅游合作主体的角度构建区域旅游合作运行机制的理论框架。例如，张晨（2006）认为，区域旅游合作机制实施的主体是合作机制理论研究的逻辑起点。如果合作主体模糊不清，利益主体、规划主题、决策主体和操作主体不一致，区域旅游合作就难以落到实处；而且区域旅游的发展不是由单一主体或其单一行动所能推动的，而是多个主体各种行为合力作用的结果。因此，区域旅游合作机制可以从合作主体加以分类，通过研究不同合作主体在区域旅游合作机制中所承担的功能，然后得出不同合作主体适合实施的区域旅游合作机制。为此，他分别从地方政府、旅游企业和行业协会三个维度构建了长三角地区区域旅游合作机制的理论体系。梁学成和李树民（2007）从旅游企业运营及其价值实现的特点出发，结合我国旅游企业发展的实际，从企业价值链生成和群体进化的生态理性研究视角，对旅游企业间动态合作的内生机理进行揭示。在此基础上，运用协调博弈的相关理论，对企业间实现动态合作的协调机制进行构建；最后从政府、企业和市场三个层面提出了相应策略。王良举等（2010）认为皖北地区旅游业发展中的利益主体包括政府、旅游经营者、旅游投资开发者、广大游客和传媒机构等。王新驰等（2013）对长三角经济区旅游合作进行实证研究后，他们将合作的主体简化为政府部门、旅游企业部门和非政府组织。张梦瑶（2014）认为中国与缅甸边境区域旅游合作应构建政府进行主导，企业积极参与，行业协会协调促进的协作型合作模式。

4. 有关运行机制的文献述评

综观现有对区域旅游合作运行机制的相关研究文献，可以发现，现有文献对区域旅游合作运行机制的研究尚不够系统，多见于一些应用性的研究文献之中。例如，对区域旅游合作内容、政府视角下区域旅游合作运行机制等的研究，相对比较浅显而不够深入。同时，现有文献对区域旅游合作运行机制缺乏深层次的剖析，较少涉及行业协会和旅游企业在区域旅游合作运行机制中的作用。

2.2 区域旅游合作的主要理论基础

区域旅游系统是社会经济系统的一个重要组成部分，因而对其从不同学科的角度加以研究是非常有必要的。旅游业的区域合作现象，近年来成为国内外旅游理论界和实践界共同关注的重要议题之一，地理学、经济学、管理学等分别从各学科的角度对其开展探讨，并已取得显著成果。本节主要探讨区域旅游合作的理论基础，从而为后续区域旅游合作模式和协调机制的研究奠定基础。

2.2.1 行政区经济理论

行政区经济的概念是由刘君德（1996）提出的，它实质上是指由于行政区划对区域经济的刚性约束而产生的一种特殊区域经济现象，是我国从计划经济体制向社会主义市场经济体制转轨过程中，区域经济由纵向运行系统向横向运行系统转变时期出现的具有过渡性质的一种区域经济类型。行政区经济最突出的特点是：社会经济活动渗透着强烈的地方政府行为，具有强烈的地方利益倾向；受行政区划的刚性约束，生产要素跨区域（行政区域）流动受到人为的限制与阻隔，经济运行秩序比较紊乱。

行政区经济是与经济区经济相对应的一个概念。从理论上分析，在一国之内不同行政区域之间一般是不允许关税壁垒的存在。因此，如果没有行政区域上的割据，在统一的大市场的作用下，区域经济不会出现分割现象，而是呈区域经济一体化发展态势。按照区域经济一体化发展的内在要求，我们在组织区域经济运行时就不应该只局限于某个行政区域管辖范围，而应该突破行政区划界线，在更大的经济联系范围内，按经济区网络合理组织区域经济运行，大力培育各种不同类型的经济区经济，从而推动区域经济的一体化发展。

然而，由于特定的历史和体制背景，我国行政区的经济功能十分突出，并且，在地方政府强烈追求自身利益最大化的动机驱使下，政府对经济的不合理干预十分严重，使区域经济行为带有强烈的政府行为色彩。因此，一旦触及局部与整体、地方与中央的利益关系时，在内外运行环境允许的条件下，这种政府行为就往往容易演变成地方本位主义和保护主义。在这种情况下，作为地方政府行政管辖范围的行政区划界线，也就如同一道“看不见的墙”，成为区域经济联系与发展的障碍，严重约束着区域经济的健康发展，使区域经济表现出一种与上述一体化相悖的运行态势。在行政区经济运行条件下，企业竞争受到政府的强烈干扰，生产要素流动受到很大阻隔，区域经济呈稳态结构，“大而全”“小而全”，重复建设、结构雷同、各自为政、画地为牢、自成体系，成为我国区域经济发展的难以克服的顽症。

我国旅游业萌芽于计划经济时代，发展于计划经济向社会主义市场经济的转型期，伴随着市场经济体制日益完善而逐步走向成熟。作为地方经济重要组成部分的旅游经济，本质上也是政府主导型的产业经济，列入了一些地方的重要或支柱产业。在地方政府强烈追求自身利益最大化的动机驱使下，也存在着所谓的“行政区旅游经济”现象。行政区旅游经济是旅游经济在行政区产业领域独特地位的一种表现形式，旅游地位越突出，行政区旅游经济的特色越浓厚，其所引起的区域经济空间关系更值得关注。因此，行政区经济理论的意义在于从行政区划的视角探讨行政区域内部以及行政区域之间的旅游合作与发展问题的分析方法，并为消除行政区经济格局负面影响而提供理论支撑。

2.2.2　区域经济学理论

区域经济学是研究旅游业跨区域合作的重要理论基础，它包括区位理论、地域分工贸易理论、区域经济增长理论、区域产业结构、区域产业布局、区域政策、新经济地理等诸多理论。本书着重对与区域旅游合作密切相关的地域分工贸易理论和新经济地理理论进行概要阐述。

1. 点—轴系统理论

点—轴系统理论是由我国著名经济地理学家陆大道先生在借鉴中心地理论、空间扩散理论和增长极理论的基础上，根据生产力地域组织的演变过程、事物的相互吸引和扩散方式，提出来的空间布局理论。点是指各级居民点和中心城市（镇），是各级区域的积聚点，也是带动各级区域发展的中心城镇。轴是指交通干线、通信干线、能源输送线和水源干线联结起来的基础设施束，其对附近区域有很强的经济吸引力和凝聚力。根据点—轴理论，地域经济过程在集聚效应的作用下，应该在点上聚集，使区位优势最大的点成为区域增长中心，当各种生产要素通过向心力在中心上的集中达到一定的规模之后，中心将逐步产生扩散效应带动周边地区发展。该理论的核心是，社会经济客体大都在点上集聚，通过交通网络等线状基础设施而连成一个有机的空间结构体系。

区域旅游的空间关系是典型的点—轴空间关系。旅游流在点上的集聚，在轴上的流动，形成区域间的“点—轴系统”。早期，中国旅游资源单纯的据点式开发，主要缺陷是局限于局部景区建设，在外界影响力低，旅游经济不具规模效应，对当地区域发展和产业扩张的带动作用不大。随着区域性旅游目的地的发展和建设，交通轴线越来越青睐旅游风景区，促进了点—轴系统的结合，以点带线、以线带面，逐步形成区域性旅游目的地。区域性的旅游目的地有时在空间上表现为复合的区域巨系统。例如，长三角就是一个以上海为极核的区域性旅游目的地系统，包含着上海、浙江、江苏三个省级行政区，更多地又表现在不同城市之间的旅游相互作用与联系。上海—南京之间的旅游合作系统，在空间上就是一个重要的点—轴系统，其间贯通苏州、无锡、常州、镇江。长三角的区域旅游合作，主要表现为城市之间的旅游合作。因此，深化区域旅游合作，要准确运用好“点—轴”理论，因地制宜，构建不同的区域旅游合作模式，通过点—轴系统的扩散和辐射，影响和带动相关地区的旅游发展，最终形成旅游板块。

2. 核心—边缘理论

核心—边缘理论是由弗里德曼（J·R·Friedmann）首先提出的。结合缪尔达尔（K. C. Myrdal）和赫希曼（A·O. Hirschrrtan）等人有关区域间经济增长和相互传递的理论，弗里德曼在其学术著作《区域发展政策》（1966）中系统提出了核心—边缘理论。弗里德曼认为，任何一个国家都是由核心区域和边缘区域组成。核心区域是由一个城市或城市集群及其周围地区所组成；边缘的界限由核心与外围的关系来确定。核心区域是指工业发达、技术水平较高、资本集中、人口密集、经济增速度快的城市集聚区，其包括：国内都会区、区域的中心城市、亚区的中心、地方服务中心。边缘区域是那些相对于核心区域来说，经济较为落后的区域。根据核心—边缘理论，在区域经济增长过程中，核心与边缘之间存在着不平等的发展关系。总体上，核心居于统治地位，而边缘在发展上依赖于核心，但核心与边缘区的空间结构地位不是一成不变的。核心区与边缘区的边界会发生变化，区域的空间关系会不断调整，经济的区域空间结构不断变化，最终达到区域空间一体化。

在区域旅游发展过程中，条件好（旅游资源级别高、设施完备）的地区迅速发展成为旅游核心区。在合作初级阶段表现为核心区域对边缘区域的控制，并依赖这种控制来发展核心区。通过联动开发、旅游线路的串联、空间关系的协调等措施，核心区扩散作用加强，核心区将带动和影响边缘区的旅游发展。任何一个区域都要重视旅游核心的发展，依靠核心区把区内各种景观资源凝聚成一个整体。特别是发展中地区尤其要注意培育自己的旅游核心区，通过发育和发展旅游核心区，形成旅游创新活动基地，并有步骤地向边缘区域扩散联动，促进核心景区质量的升级，带动边缘区域的发展，壮大整个区域的旅游整体竞争力。

3. 地域分工贸易理论

地域分工贸易理论，最先是针对国际分工与贸易而提出的，后来被区域经济学家用于研究区域分工与贸易。分工贸易理论主要有亚当·斯密的绝对利益理论、大卫·李嘉图的比较利益理论以及赫克歇尔与奥林的生产要素禀赋理论。

绝对利益理论是地域分工与贸易理论的基石。亚当·斯密指出，任何区域都具有绝对有利的生产条件，如果各地区都根据这些条件进行分工，发展本地区劳动生产率最高、成本最低的部门，生产出收益最高的产品，然后进行区域交换，则各区域的资源利用都能达到最优，从而增进各区域利益。但这一理论具有一个缺陷，即假设一国要参与地域分工贸易，就必须在至少一种产品生产上具有绝对优势，因此无法解释不具备任何优势的区域如何参与分工并从中获利。

比较利益理论解决了绝对利益理论无法回答的问题。大卫·李嘉图的比较利益理论基本论点可归纳为“两利相权取其重，两弊相权取其轻”。即一个绝对优势区域与一个绝对劣势的区域，其贸易与分工也会为两者带来比较利益。关键是处于绝对优势的区域应该选择生产其优势最大的那些产品，处于绝对劣势的区域应选择生产其劣势最小的那些产品，通过交换，可节约两地的社会劳动与机会成本。这一理论认为，形成这种相对比较优势的原因在于劳动生产率或技术差异，但这并未能说明现实中复杂的区域分工。

针对比较优势理论中未能解释的比较优势存在的原因，赫克歇尔与俄林提出了现在广为学术界接受的要素禀赋理论，他们认为，各个国家和地区的生产要素禀赋不同，这是国际或区域分工产生的基本原因。如果不考虑需求因素的影响，并假定生产要素流动存在障碍，那么每个区域利用其相对丰裕的生产要素进行生产，就处于有利的地位。各个区域在发展旅游业时，都是依据本区域的特色旅游资源，树立旅游地形象。旅游合作的动力就是依据要素禀赋论发展形成的。生产要素禀赋理论补充了斯密和李嘉图的地域分工理论，但仍存在一些不足之处，如该理论舍弃了技术、经济条件等方面的差别，并假定各生产要素的生产效率是一样的，从而把比较优势当成是绝对和不变的；完全没有考虑需求因素的影响；对自由贸易和排除政府对贸易的干预的假定等与现实不符。

从上面的理论发展轨迹可以看出，地域分工与贸易理论不仅强调了区域间的分工与产业特征的差异，而且说明了区域间合作的重要性，只有通过区间贸易合作才能真正实现要素禀赋的最优化利用，才能实现各区域的比较利益。区域旅游合作一开始就是基于要素禀赋的差异造成的比较利益而产生的。现行的区域旅游合作或表现为旅游目的地与旅游客源地之间的互补性合作，或表现为多个旅游目的地之间资源上的互补性合作，这种合作方之间分工与合作的关系，集中体现了地域分工与贸易理论中的比较优势原理。当今，任何一地游、单一景点游都不能满足游客的基本需要及最大化效用，也违背旅游发展的一般规律。旅游需求日益呈现出多样化趋向，旅游者对旅游产品的要求越来越特色化，必将造成旅游产品的专业化分工趋向越来越明显，市场分工也会越来越细。从形成分工与合作的决定因素来看，不仅包括各地区的自然旅游资源禀赋，更重要的是还包括各地企业规模、旅游产品质量、品牌和商业信誉等因素。因此，地域分工贸易理论是贯穿区域旅游合作始终的一条理论主线。

2.2.3 新制度经济理论

新制度经济学运用新古典经济学的逻辑和方法进行制度分析，并把自身的理论视为是对新古典经济学的发展。实质上，区域旅游合作是制度变迁的结果，区域旅游合作是在区域之间建构一种新的制度性平台。这种合作的制度性平台的设置，本身也是区域之间旅游利益协调的制度安排。因此，新制度经济学理论对于深化区域之间合作研究具有重要的启迪意义。

新制度经济学是对运用新古典微观经济理论研究制度问题的众多学派的统称。鲁道夫·瑞切特（Rudolf Richter）等人把新制度经济学视为交易成本经济学、产权理论和代理理论的混合。事实上，新制度经济学并没有形成统一的、规范化的理论体系，其主要理论和方法出现在交易成本理论、产权理论、新经济史理论、委托代理理论、新产业组织理论、法与经济学理论等诸多理论名目之下。本书仅就与区域旅游合作密切相关的交易成本理论、制度变迁理论和现代产权理论进行简要综述和分析。

1. 交易成本理论

交易成本理论起源于 20 世纪 30 年代。许多早期的经济学家、组织学家和法学家的思想都对交易成本经济学的产生和发展做出了重要的贡献，如奈特的道德危机理论、康芒斯的制度理论、巴纳德的组织理论和卢埃的契约理论，但促成交易成本经济学产生的最为直接的理论渊源是科斯（Coase）的经典论文——《企业的性质》。科斯认为，企业和市场是两种不同但又可以相互替代的交易制度。市场的交易是由价格机制来协调的，而企业的存在将许多原属于市场的交易“内化”了。在企业内部，行政命令取代了价格机制成为生产活动的协调机制。在科斯看来，交易成本的节省是企业产生、存在以及替代市场机制的唯一动力，即他将交易成本视为决定企业和市场边界的唯一变量。

交易成本理论的成熟理论体系是在 20 世纪 70 年代形成的。威廉姆森的《市场与科层制》（1975）和《资本主义的经济制度》（1985）两本论著，是系统阐述交易成本理论的代表作。交易成本理论是用制度比较分析方法研究经济组织制度的理论，其基本思路是：围绕交易成本节约这一中心，把交易作为分析的基本单位，找出区分不同交易的特征因素，然后分析什么样的交易应该用什么样的体制组织（如市场、企业、政府或其他中间形式）来协调。

威廉姆森提出三个分析交易性质的维度：一是资产专用性，它是指为了某一特定的交易而做出的持久投资一旦形成，就很难转移到其他用途上去。如果交易过早终止，所投入的资产中就包含了一部分不可挽救的成本，即沉没成本。所以，资产专用性越强，为预防机会主义行为所需付出的交易成本也有可能越高，交易双方越需要建立一种持久的、稳定的契约关系。二是不确定性。交易双方都既要面临来自外部环境的不确定性，还要面临来自交易本身的不确定性。交易成本经济学特别强调交易过程中机会主义行为所带来的不确定性。

这种行为的不确定性的大小与资产专用性强弱密切相关。资产专用性越强，不确定性也就越大，交易各方越需建立保障机制。三是交易频率。它在时间连续性上表现了交易状况。它对组织制度选择的影响主要体现在设立某种规制结构的费用能否得到补偿，频率越高，组织制度的费用也就越能得到补偿。

对交易性质进行描述和区分后，就可以进一步分析不同类型的交易与不同规制结构之间的匹配问题。对于不确定性，交易成本学派一般只是简单假定不确定性足够大，足以影响到交易各方的决策和应变问题。重点分析的是资产专用性和交易频率与规制结构选择之间的关系问题。

2. 现代产权理论

1960 年，科斯的一篇具有新制度经济学范式意义的经典论文——《社会成本问题》的发表，标志着现代产权学派的诞生。科斯主要研究产权制度安排对社会和人的经济活动的影响问题。现代产权学派不仅是新制度经济学理论及方法论的基础，也是整个经济学的新自由主义运动的重要传播渠道。

由于出发点和着力点不同，产权经济学家对产权的内涵各取所需，无法形成统一的产权定义。但是，他们对产权的理解还是有一些共识，例如，产权经济学家都把产权视为人们对物的使用所引起的相互关系，也即是一种人与人之间的基本关系，而不是人对物的关系；他们都强调产权是一组行为性权利，或者说是一种“权利束”等。一个完整的产权包括使用权、收益权和转让权，其中每一种权利又可得到进一步的细分。但是，产权学派并不把产权视为使用权、收益权和转让权的简单加总，而是深入分析产权科转让条件下产权的全部权利在时空上的分布状态，以及产权内部各种权利之间的边界和相互制约的关系。

在一个资源不稀缺的世界，产权是不起作用的，但是人类所面临的是一个资源稀缺的世界，每个人的自利行为都要受到资源约束。如果不设定产权安排，就会发生争夺稀缺资源的利益冲突，以产权界定为前提的交易活动也就无法进行。因此，通过建立产权制度，能让人们知道应该如何获得资源，以及在什么样的权利范围内可以选择资源和使用。所以，德姆塞茨（Demsez）认为，“产权是一种社会工具，其重要性就在于事实上它们帮助一个人形成他与其他人进行交易时的合理预期”。他还认为，产权的功能在于“引导人们实现将外部性较大的内在化的激励”。一种有效的产权制度，能够抑制人们通过分配性努力实现利益最大化的行为倾向，激励人们通过生产性努力来增加收益。产权学派认为，一个社会的经济绩效如何，最终取决于产权安排对个人行为所提供的激励功能。

产权理论认为，不同的产权安排能够实现不同的资源配置效率。个人拥有排他性权利，叫作私人所有制；国家拥有这种权利叫作国家所有制；与国家所有制有关的是社区所有制，即各社区的个体掌握资源并由内部成员来选定资源，排斥外来者。无论哪种产权方式，实施产权都意味着排除其他人使用有关的稀缺资源，同时也意味着要耗费一定成本去度量和描述资产和保证实现所有权。不同情况下采用不同的产权安排，能够更好地实现资源配置效率。

区域之间的旅游合作，意味着区域与区域之间在某些制度层面的权益关系的妥协或让渡。传统合作观念中的所谓“旅游资源一体化”是一个非常模糊的学术概念，旅游资源是产权关系非常确定的吸引物，不可能是人们所谓的“共享或一体化”的一厢情愿。如何保障区域旅游权益关系的公正、公平与共赢结果，需要现代产权理论来支撑和指导。

3. 制度变迁理论

诺斯（1973）的制度变迁理论框架是以经济史的经验性材料构筑而成的。他在研究历史上的经济增长时，发现制度因素极其重要，然而在新古典增长模型中，制度是已知的、既定的，或被视为外生变量。他论证道：“创新、规模经济、教育、资本积累等因素不是增长的原因，它们本身是增长。……除非现存的经济组织有效率，增长就不会出现。”他进而指出，产权理论、国家理论和意识形态理论是其制度变迁理论的三大基石。由此可见，制度变迁理论是以新制度经济学理论为核心，建立在对新古典假设修正基础上，并以经济史的经验型材料为依据的一套理论体系。

诺斯（1994）认为，制度提供了人类相互影响的框架，它们的建立构成一个社会，或更确切地说，是一种经济秩序的合作与竞争关系。变迁是指制度创立、变更及随着时间变化而被打破的方式。为了说明制度变迁对经济增长的作用，诺斯将制度区分为制度环境与制度安排，前者是指一系列用来建立生产、交换与分配基础的基本的政治、社会和法律基础规则；后者则是指支配经济单位之间可能合作与竞争的方式的一种安排。按照诺斯的分析，有许多外在性变化促成了利润的形成，但由于外部性、规模经济、风险和交易成本等一些因素的作用，使这些潜在的外部利润无法在现有的制度安排结构内实现，从而导致了一种新的制度安排的形成，并出现了制度的变迁。正是制度变迁构成了一种经济长期增长的源泉，其逻辑关联是，经济增长有赖于明确界定产权，但在技术和现有组织制约下，产权的界定、裁决和行使代价极为高昂，于是国家作为一种低成本地提供产权保护与强制力的制度安排应运而生，借以维护经济增长，而成功的意识形态则能更好地、更有效地克服“搭便车”问题，推动经济增长。

诺斯（1994）指出，理解制度框架的三块基石是产权理论、国家理论和意识形态理论。诺斯认为，有效率的经济组织是经济增长的关键，而有效率的经济组织的产生需要在制度上做出安排和确定产权，以便对人的经济活动造成一种激励；只要能明确界定和保护产权，均是一种有效的产权制度，因为能有效地对产权进行明确界定和保护，就可以减少未来的不确定因素，减少产生机会主义行为的可能性，为创新活动提供激励和保护，促进经济增长。诺尔斯（Norse）强调，国家在制度变迁中扮演着举足轻重的角色，尽管国家作为政治组织，在促进制度变迁方面能发挥多大作用受到许多内部因素和外部因素的制约，但是从历史上看，好的政治组织往往能促使制度变迁走向好的轨道，从而引起经济增长；反之则反是。诺斯提出，“社会强有力的道德和伦理法则是使经济体制可行的社会稳定的要素。进一步讲，如果没有一种明确的意识形态或知识社会学理论，那么，我们在说明无论是资源的现代配置还是历史变迁的能力上就存在着无数的困境。”“我特别强调搭便车问题，因为这个问题在解释历史上政治、经济组织的结构和变迁时发挥着关键的作用。”

2.2.4 利益相关者理论

目前，学术界对利益相关者（stakeholder）的定义尚未达成共识，不同学者从各自研究的角度提出了相关的定义。事实上，弗里曼（Freeman，1984）《战略管理：一种利益相关者的方法》一书的出版被认为是利益相关者理论正式形成的标志。为此，本书拟采用弗里曼对利益相关者的定义。弗里曼认为，“利益相关者是能够影响一个组织目标的实现，或者受到一个组织实现其目标过程影响的所有个体和群体”。弗里曼不仅将影响企业目标达成的个体和群体视为利益相关者，也将受企业目标达成过程中所采取的行动影响的个体和群体看作利益相关者，并正式将当地社区、政府部门、环境保护主义者等实体纳入利益相关者管理的研究范畴，大大扩展了利益相关者的内涵。

利益相关者理论认为，任何一个公司的发展都离不开各种利益相关者的投入与参与，这些利益相关者包括企业的股东、债权人、雇员、消费者、供应商、政府部门、当地社区、媒体、环境保护主义者等个人和团体。他们对企业的生存和发展注入了一定的专用性投资以后，或是分担了一定的企业经营风险，或是为了企业的经营活动付出了代价。企业的决策和公司治理架构中必须要考虑他们的利益，并给予他们相应的发言权，否则他们就会威胁撤出其投资，从而影响企业的生存和发展。从这个意义上讲，企业是“一种治理和管理专业化投资的制度安排”或“利益相关者缔结的一组合约”。企业的目标就是追求组成契约的各类利益相关者的价值最大化，企业的生存和发展取决于它能否有效地处理与各种利益相关者的关系，而股东只是利益相关之一。

需要引起关注的是，目前研究者在利用利益相关者视角关注组织战略发展的同时，开始分析与组织发展相关资源的分配与争夺冲突。例如，弗里德曼（2002）提出，利益的分配与争夺是产生利益相关者理论的根本原因，因此利益相关者理论的未来研究应当关注组织与利益相关者之间的冲突及其解决，这是发展利益相关者理论的重要途径；哈特（2004）认为，边缘利益相关者对组织战略的影响不容忽视，矛盾的激化将会严重影响到组织的发展战略，进而提出组织的健康发展必须关注边缘利益相关者对组织竞争的作用研究；希根斯（Heugens，2004）开始探讨利益相关者之间的合作、协调与利益均衡。

利益相关者理论源自英美，也是国外旅游研究者率先将“利益相关者”一词引入旅游领域，并运用于区域旅游合作的研究之中。有两个重要因素促成了旅游研究者将利益相关者引入旅游研究领域：其一，对旅游发展中的平等参与、民主决策、公平分享或分担等问题的日益关注，尤其是对社区与社区居民参与旅游规划与管理决策、公平分享旅游利益与公平分担旅游负面影响等问题的关注，旅游管理中的这些与社会责任、公平伦理有关的问题与利益相关者理论强调管理的社会责任和伦理是相呼应的；其二，旅游行业的高度分散性与竞争日益剧烈的环境下旅游目的地要求整合资源增强竞争力的矛盾。众所周知，旅游中涉及的各个组织或群体来自不同行业和部门，具有分散性和复杂性。令问题更复杂的是，这些组织或群体各有其目标和利益指向，这些目标和利益指向很多时候是相互冲突、难以协调和动态变化的；与此同时，随着新兴旅游目的地不断出现，旅游目的地间竞争日益加剧，而旅游目的地竞争力取决于众多方面，其中，成功整合旅游中各参与方的分散力量和资源无疑可以形成协同效应，增强旅游目的地的竞争力。因而，旅游目的地的规划和管理需要一个概念和理论，借此可以建立整合这些分散力量和资源的机制，而利益相关者理论和分析具有这方面的价值。

第3章 中国旅游业跨区域合作现状分析

改革开放以来，依托良好的宏观经济运行环境和政策环境，中国旅游经济取得了长足的发展，市场规模稳定增长，结构布局逐步优化，服务规模和层次进一步提升。在经历了景点之间的竞争、线路之间的竞争和城市之间的竞争三个阶段之后，中国旅游业现在已进入区域之间竞争的阶段。然而，在成熟的市场环境中，不同行为主体之间占主导的不再是非此即彼的竞争关系，而是在社会和谐发展的前提下的一种合作与竞争并存的发展关系。本章在全面把握中国旅游业发展现状的基础上，系统梳理了中国旅游业跨区域合作的发展历程，总结概括了中国旅游业跨区域合作的发展现状，进而从各地区旅游业合作的实践出发，提炼归纳了中国旅游业跨区域合作过程中存在的问题。

3.1 中国旅游业的发展现状分析

改革开放以来，尤其是20世纪90年代后期以来，中国旅游业得到了快速的发展，其在创汇增收、拉动内需、增加就业、改善投资环境和国家形象、提高人民生活质量、促进经济社会全面发展等方面发挥了巨大的作用，取得了显著的成就。然而，中国旅游业在快速发展的过程中仍存在着诸多较为突出的问题，且这些问题严重制约着中国旅游业进一步快速健康发展。为此，本节首先对中国旅游业的发展现状进行了较为全面的分析、概括和归纳，随后指出了中国旅游业发展中存在的问题以及未来的总体发展趋势。

3.1.1 中国旅游业的发展现状及特点

依托良好的宏观经济运行环境和政策环境，全面开放以来的中国旅游市场继续保持了快速发展的良好态势，市场规模稳定增长，结构布局逐步优化，服务规模和层次进一步提升。值得关注的是，在竞争日趋激烈的环境下，全面开放以来的中国旅游市场也呈现一些新的发展特点。

1. 国际旅游市场规模持续快速增长，但增长速度有所趋缓

中国是一个地域辽阔、历史悠久的世界文明古国，有着秀丽的自然风光、众多的文物古迹和丰富多彩的灿烂文化，旅游资源十分丰富。改革开放30多年后，中国入境旅游业获得了快速的发展，过夜客流量从1980年的350万人次增长到2018年的6290万人次，增长了17.97倍，游客接待量的世界排序从第38位跃升到第3位；入境旅游收入从1980年的7.85亿美元增长到2017年的1271亿美元，增长了161.9倍，旅游外汇收入的世界排名从第42位上升到第2位。从1992～2019年的28年间，尽管受到亚洲金融危机、非典疫情、全球金融危机影响，中国入境旅游的增长速度远高于世界平均水平。

据世界旅游组织（UNWTO）预测，未来10年间中国旅游业将保持年均10.4％的增长速度，到2020年中国将超过西班牙、美国和法国成为世界第一大入境旅游目的国，届时接待的入境游客将达到1.37亿人次，占国际入境旅游市场的8.6%。2008年，奥运会吸引了全球47亿名观众的目光，让世界各国人民更深刻地认识了中国，并有力地提升了中国旅游业在世界旅游市场的国际形象。随着奥运会在中国的成功举办，有意向到中国旅游的国际游客数量呈上升趋势，这势必也将推动中国旅游业的新一轮发展。然而，奥运会对于中国旅游业的光环效应并未持续多久，全球经济随着金融危机的持续恶化而明显放缓，中国旅游业为此受到巨大冲击。国家旅游局数据显示，2008年，中国入境旅游人数较上年同期下降了3.05%，2009年下降4.1%，但2010年起入境旅游人数又进入稳步增长期，特别是2015年后，基本保持4%左右的增长率；旅游外汇收入除2008年下降2.57%、2009年下降2.8%外，之后隔年均保持稳定增长，特别2014年相比2013年有很大飞跃（见表3.1）。

表3.1　1992~2019年中国与世界旅游业的发展以及中国在世界排名的变化

年份	国际过夜游客人数（万人次）			国际旅游外汇收入（亿美元）		
	中国	增长率（%）	世界排名	中国总量	增长率（%）	世界排名
1992	1651.20	24.52	9	39.47	38.97	17
1993	1898.20	14.96	7	46.83	18.65	15
1994	2107.00	11.00	6	73.23	56.37	10
1995	2003.40	-4.92	8	87.33	19.25	10
1996	2276.50	13.63	6	102.00	16.80	9
1997	2377.00	4.41	6	120.74	18.37	8
1998	2507.29	5.48	6	126.02	4.37	7
1999	2704.66	7.87	5	140.99	11.88	7
2000	3122.88	15.46	5	162.24	15.07	7
2001	3316.67	6.21	5	177.92	9.66	5
2002	3680.26	10.96	5	203.85	14.57	5
2003	3297.05	-10.41	5	174.06	-14.61	5
2004	4176.14	26.66	5	257.39	47.87	5
2005	4680.90	12.09	4	292.96	13.82	5
2006	4991.34	6.63	4	339.49	15.88	4
2007	5471.98	9.63	4	419.19	23.48	5
2008	5304.92	-3.05	3	408.43	-2.57	4
2009	5087.52	-4.10	3	396.75	-2.86	5
2010	5566.45	9.41	3	458.14	15.47	4
2011	5758.07	3.44	3	484.64	5.78	4
2012	5772.49	0.25	3	500.28	3.23	4
2013	5568.59	-3.53	4	516.64	3.27	4
2014	5562.20	-0.11	—	1053.80	103.97	—
2015	5688.57	2.27	4	1136.50	7.85	2
2016	5926.73	4.19	4	1200.00	5.59	2
2017	6073.84	2.48	—	1234.17	2.85	—
2018	6289.57	3.55	4	1271.03	2.99	—
2019	6573.00	4.51	—	1313.00	3.30	—

注：—表示统计年鉴中该数据缺失。

资料来源：根据《中国旅游统计年鉴（1992-2019）》和《世界旅游统计年表（1992-2019）》整理。

2. 国内旅游规模超过国际旅游规模，出境旅游呈现较快增长态势

由于政治和经济等多方面的原因，中国旅游业的发展经历了和其他国家旅游业不同的发展历程。一般而言，世界上大多数国家是先发展国内旅游，再发展国际旅游；中国却是通过先发展入境旅游，然后随着经济的发展、各方面条件的成熟，逐渐发展国内旅游和出境旅游。入境旅游曾经是中国旅游业的重心，近40年旅游业供给能力的形成，包括产品体系、住宿和交通设施的建设、产业组织布局和产品促销等，主要是围绕着入境旅游而发展起来的。然而，随着中国人民经济生活水平的不断提高，从20世纪80年代中期开始，国内旅游需求呈现不断增长的趋势，并逐步超过国际旅游，成为中国旅游业一个举足轻重的组成部分。如图3.1所示，将国际旅游收入按照当年实际汇率折算成人民币计算，从1993年开始，中国国内旅游收入超过国际旅游收入，呈现出迅猛的增长态势，并与国际旅游收入的差额日益扩大。

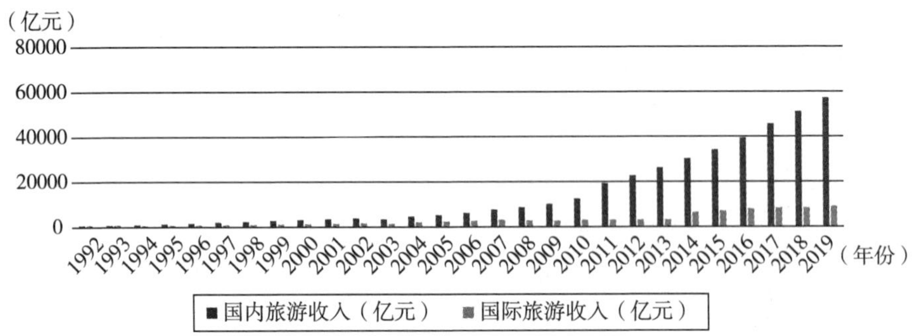

图3.1　1992～2019年中国国际旅游收入与国内旅游收入变化趋势对比

注：国际旅游（外汇）收入是指中国香港特区、澳门特区和台湾地区及国外入境旅游者在中国境内旅游过程中用于交通、参观游览、住宿、餐饮、购物、娱乐等全部花费。

资料来源：根据《中国旅游统计年鉴（2003－2019）》相关数据整理。

与此相对应，随着国内对旅游业认识的不断深入，各级政府逐步重视旅游业的发展，国家政策从“三不”政策逐步过渡到“因地制宜、正确引导、稳步发展”十二字方针（郑世卿，2009）。在此背景下，国内旅游呈现出快速发展的态势，正是国内旅游业的发展在很大程度上缓冲了入境旅游业需求大幅下降对整个旅游业发展带来的冲击。进入20世纪90年代，国内旅游正式被提上

议事日程。1991 年 6 月，国家旅游局在河北省石家庄市召开由 11 个城市主管旅游的市长和旅游部门负责人参加的国内旅游和旅游资源开发工作座谈会，要求各地旅游部门把国内旅游工作纳入发展范畴，并进一步明确发展国内旅游的指导思想、经营方针和相关政策和措施。1998 年，我国政府将旅游业确立为国民经济新的经济增长点，标志着旅游业产业地位的再次提升。1999 年，国务院出台延长节假日的规定，形成旅游黄金周效应，极大地刺激了国内旅游需求的增长，形成了国内旅游消费的热潮。如表 3. 2 所示，我国国内旅游迅速发展起来，出游人数从 1992 年的 3. 30 亿人次上升到 2019 年的 60. 06 亿人次，国内旅游总收入从 1992 年的 250 亿元上升到 2019 年的 57250. 92 亿元，国内旅游收入对国内生产总值的贡献率从 1985 年的 0. 89% 上升到 2008 年 6. 00% 。

表 3. 2　　1992 ~ 2019 年中国国内旅游及出境旅游变化情况

年份	国内旅游				出境旅游	
	国内旅游人次（亿人次）	增长率（%）	国内旅游收入（亿元）	增长率（%）	出境旅游人次（百万人次）	增长率（%）
1992	3. 30	10. 00	250. 00	25. 00	2. 93	—
1993	4. 10	24. 24	864. 00	—	3. 74	27. 70
1994	5. 24	27. 80	1023. 51	18. 46	3. 73	-0. 27
1995	6. 29	20. 04	1375. 70	34. 41	4. 52	21. 18
1996	6. 39	1. 59	1638. 38	19. 09	5. 06	11. 95
1997	6. 44	0. 78	2112. 70	28. 95	6. 82	34. 78
1998	6. 94	7. 76	2391. 18	13. 18	8. 43	23. 61
1999	7. 19	3. 60	2831. 92	18. 43	9. 23	9. 49
2000	7. 44	3. 48	3175. 54	12. 13	10. 47	13. 43
2001	7. 84	5. 38	3522. 40	10. 92	12. 13	15. 85
2002	8. 78	11. 99	3878. 36	10. 11	16. 60	36. 85
2003	8. 70	-0. 91	3442. 27	-11. 24	20. 22	21. 81

续表

年份	国内旅游				出境旅游	
	国内旅游人次（亿人次）	增长率（%）	国内旅游收入（亿元）	增长率（%）	出境旅游人次（百万人次）	增长率（%）
2004	11.02	26.67	4710.70	36.85	28.85	42.68
2005	12.10	9.80	5285.90	12.21	31.03	7.56
2006	13.90	14.88	6229.74	17.86	34.52	11.25
2007	16.10	15.83	7770.60	24.73	40.95	18.63
2008	17.20	6.83	8876.42	14.23	45.84	11.94
2009	19.02	10.58	10183.69	14.73	47.66	3.96
2010	21.03	10.57	12579.77	23.53	57.39	20.42
2011	26.41	25.58	19305.39	53.46	70.25	22.42
2012	29.57	11.97	22706.22	17.62	83.18	18.41
2013	32.62	10.31	26276.12	15.72	98.19	18.04
2014	36.11	10.70	30311.86	15.36	107.28	9.26
2015	39.90	10.50	34195.05	12.81	116.89	8.96
2016	44.35	11.15	39390.00	15.19	122.03	4.40
2017	50.01	12.76	45660.77	15.92	130.51	6.95
2018	55.39	10.76	51278.29	12.30	149.72	14.72
2019	60.06	8.43	57250.92	11.65	154.63	3.28

注：—表示统计年鉴中该数据缺失。从1993年起开始开展国内旅游抽样调查，故当年的国内旅游收入与1992年不可比；因出境旅游从1992年起才开始统计，故当年的出境旅游人次与往年不可比。

资料来源：根据《中国旅游统计年鉴（1992－2019）》相关数据整理。

此外，从表3.2还可以看出，随着中国居民人均收入水平的提高，出境旅游人数呈现出持续快速增长的态势。2002年，因私出境人数突破1000万人次①，出境总人数达到1660万人次，超过日本成为亚洲地区最大的旅游客源输出国，并成为全球出境旅游市场增幅最快、潜力最大、影响力最广泛的客源地输出国。2019年，中国出境旅游人数达到15463万人次。分析发现，在出境人数不断增高的同时，因公出境人数增长速度在减缓，占出境总人数的比例更是逐年降低，而因私出境旅游者的人数持续上升，占出境总人数的比例由不足

① 资料来源：根据《中国旅游统计年鉴（2002）》相关资料整理。

40%增长至96.6%，其中2019年达到95%①。出境游的快速发展是我国人民生活水平提高、对外开放程度加大的必然结果，其健康发展完成了中国旅游业两大旅游形式的发展构架。出境游既是中国旅游业发展的一个新的市场机会，也是国内旅游高端客源外流的重要出口。

3. 旅游空间结构布局逐步改观，旅游行业结构总体上不断优化

在区域旅游空间结构方面，区域旅游发展严重失衡的现象正逐步得以改观，由以前“东部旅游一头热”逐步向“各地区全面开花、全国旅游大发展”转变（葛立成和聂献忠，2009）。从区域旅游的空间距离来看，在中长距离旅游逐步发展的同时，短途乡村旅游和休闲旅游也已成为旅游的重要方式。从旅游地域性和客源分布来看，国内旅游热点集中在经济较发达、知名度较高、旅游基础设施较完善的东部沿海地区，如长三角地区、环渤海地区、福建省、广东省等发达地区，且客源以大中城市为主，县镇为辅；中部地区的游客一般以中近距离旅游为主，远距离旅游为辅；西部地区的敦煌、九寨沟、西双版纳、黄果树瀑布等景点虽然交通较为不便，却构成西部旅游的主要接待地。

改革开放以来，由于我国经济增长速度较快，加之国家产业政策的支持，我国旅游产业规模急剧膨胀，导致整个产业增长速度太快，甚至旅游企业数量每年的增长幅度都超过旅游人数的增长幅度，从而造成了我国旅游市场供求失衡、旅游业市场份额稀释以致产业集中度偏低。随着国家加大调节力度，我国旅游行业结构总体上呈现出不断优化的趋势，尤其是近些年来旅游业基础设施与服务设施不断得以完善，接待能力不断加强。作为国民经济的新兴行业，旅游业在发展初期就明确了开发建设的基本方针。一方面坚持对外开放，广泛吸引海内外各界资金；另一方面，充分利用社会资源，鼓励国家、集体和个人投资建设旅游项目。这种开放的投资方针推动旅游投资市场的活跃和旅游接待能力的提高，为旅游业的繁荣发展创造了条件。截至2019年，国内旅游的配套设施和服务设施进一步完善，全国星级饭店已达8920家，各类旅行社已发展到3.9万多家②，旅游服务配套设施的发展已基本能满足旅游消费者的需求，但距离国际服务标准还有一定差距。

---

①② 资料来源：根据《中国旅游统计年鉴（2019）》相关资料整理。

4. 旅游内容形式上呈现多元化趋势，旅游业拓展性开发更加广泛

随着人们生活内容的日益多样化，旅游者对旅游内容的多样化提出了越来越高的要求。初级的游山玩水已不能满足人们的需求，专题和特种形式的旅游日益增加，休闲性和游乐性的旅游内容大大增强。旅游方式由过去以观光型为主，逐渐发展出度假旅游、体育旅游、保健旅游、美食旅游等百花齐放的局面。同时，随着旅游者队伍的扩大，人民消费习惯、旅游偏好更加丰富多样，以及社会消费个性化时代的到来，人们对旅游内容、旅游方式的需求也明显不同。

个性化的旅游开发、线路设计与旅游服务逐渐被人们所接受。现在全国各省、自治区、直辖市都在大搞旅游，因此，地方性、民族性、特色性在区域旅游规划开发中显得尤为重要，要力争突出区域的个性化，否则千篇一律、重复建设，形成资源浪费。这种个性化主要来自各区域内的“地脉”和“文脉”，即从自然环境、历史脉络、文化内涵、地方民族所表征的地方特色风景和风情。既应考虑大区域的共性，又要找出不同景点的比较优势，避免邻近景点的恶性竞争。在旅游者来源与消费等结构上，旅游人员构成广泛，个性旅游消费日益占据绝对比重。从旅游消费方式和旅游消费结构来看，观光旅游比重不断下降，而休闲度假旅游的比重不断上升。在住宿上，一般游客对经济型酒店的选择偏好日益上升，对服务的要求也更高。

此外，值得关注的是，我国旅游业拓展性开发更加广泛。这主要表现为对乡村旅游、农业旅游等关联产业的拓展更加广泛。从关联发展来看，旅游业逐渐向更多相关产业进行拓展。旅游活动本身具有最终消费的特点，消费涉及面广、关联度大、公众效应明显。旅游服务相对地成为全社会的共同服务。除旅游部门自身行业之外，铁路、民航、公路运输、城市交通、商业服务乃至文化教育、体育卫生、信息咨询、环境管理等都包含其中，可以说，其他的经济与消费活动都没有像旅游业这样，跨越这么多要素、级别和利益。

5. 旅游业发展中遵循政府主导模式，旅游企业主体地位日益显现

旅游业的发展模式问题关系到旅游产业是否能够快速协调发展。长期以来，业界比较认可中国旅游业的发展模式是以政府为主导的旅游业发展模式。所谓政府主导，就是按照旅游业自身的特点，在以市场配置资源为主的基础上，充分发挥政府的主导作用，争取旅游业更大的发展。在我国目前旅游业的

发展现实来看，实施以政府为主导的发展导向主要体现在以下几个方面：

首先，政府主导提供旅游基础设施。在一定的政治地理范围内，同一旅游资源具有共享性和非排他性，无法阻止"搭便车"。在这种情况下，就需要政府发挥"看得见的手"的作用，积极参与旅游基础设施的建设，如旅游交通等公共产品。否则，这类资源就会产生制约作用，阻碍全局和整体的发展。

其次，政府主导加强对跨地域性旅游资源的开发利用。旅游资源分布有一个显著特点，即旅游资源所在地理区域与所属行政辖区没有一一对应的关系，同一种相同内在资质的资源往往跨越地域上的行政界限。因此，对旅游资源的开发利用就必须树立"大旅游"观念和"一盘棋"思想，对具有共同物质的跨越行政地域的旅游资源，要紧紧围绕资源本身进行开发，而不是以行政单位进行开发利用，更不能各自为政、圈地经营。所以，只有政府出面主导，统一协调，在互惠互利的前提下，打破行政界限，实现区域联合，才能有效地解决体制上、管理上和经营中的一系列问题，才能真正按照市场经济规律办事。

再次，政府主导对旅游产品生产的各个环节进行有效协调。与其他产品不同，旅游产品综合性突出，涉及面广，是行、游、住、食、购、娱六大要素的综合，各个环节相互依赖、相互补充。根据市场经济规律，综合性强的产品一般应有政府牵头组织开发。这是因为，与纯粹的市场力量相比，政府在主导开发旅游产品时具有许多优势：对信息的把握较为充分，对产品各个环节的了解更为清楚，更能有序地开发；对市场需求把握更全面，更能有针对性地开发；有足够的财力组织大型综合性产品的开发；能为综合性产品开发提供保障。

最后，政府主导参与旅游形象宣传推广。旅游产品的促销具有鲜明的层次性：第一层是旅游形象宣传，如国家旅游形象、省级旅游形象、地区旅游形象；第二层是跨区域旅游线路或旅游大区域宣传，这是仅次于形象宣传的旅游促销内容；第三层是企业的产品促销。显然，需要政府主导进行的宣传主要是第一层、第二层次，其中旅游形象宣传是政府牵头、企业参与，即政府出面处置大型旅游形象宣传，旅游企业通过缴税或上交特殊费用等方式统一为促销贡献财力；而跨区域旅游线路或旅游大区的宣传主要是政府间的合作、协调，强调的是采取统一行动、保持统一步调。同时，由于存在旅游资源或产品不明晰等问题，导致了外部不经济现象的出现。在这种情况下，依靠市场机制不能解决外部性问题，必须借助于政府的主导作用，弥补市场缺陷，确保高速发展。

3.1.2 中国旅游业发展中存在的问题

在国民经济持续快速发展、外向型经济向纵深化发展等良好的宏观经济环境下，全面开放以来的中国旅游市场取得了稳定、务实的可喜发展成绩，但是，进入快速发展阶段的中国旅游市场仍存在诸多较为突出的问题。

1. 旅游资源的开发利用存在较多问题

旅游资源是旅游业发展的依托，是诱发旅游行为最重要的因素之一。合理地开发、利用旅游资源是旅游业可持续发展的基础。我国旅游资源种类齐全、分布广泛，但是有的地方资源闲置、开发利用程度低，有的地方资源过度开发、导致环境损害及旅游性污染。也即，旅游业的区域结构严重失衡，其特点是“东重西轻”。以 2002 年的数据来看，全国旅游外汇收入前 10 位的省、自治区、直辖市中，有 8 个（粤、京、沪、闽、苏、浙、辽、鲁）处于东部地区，它们以 8.6% 的国土面积接待了 28.3% 的入境旅游者，旅游外汇收入占全国的 64.52%。2019 年，这 8 个省份的入境旅游者比例上升为 48.35%，旅游外汇收入下降为 43.3%①，但是旅游资源区域开发结构失衡现象仍然较为严重。区域旅游资源开发失衡的状态造成东部地区的旅游业负荷长期超载，而中西部地区的丰富旅游资源被大量闲置，这种现象事实上是非常不利于中国旅游业的可持续发展。

在过去的四十多年里，旅游业的发展使大量新的旅游景区（点）得到开发，也有一大批历史文化古迹得以修复、开放，还有一些破坏严重的历史古迹得到重建，其中不乏有功之作。但是，同时也存在着诸如开发的盲目性、随意性、重复性及破坏性等弊端，其结果是非但未能使旅游业得到发展，反而造成极大浪费。目前，在对旅游资源的开发利用上，存在着“不力、不利、不够”等问题。“不力”是指在财力、精力和能力等方面，政府还缺乏战略论证；“不利”是指由于观念和意识的落后或错误的缘故，造成对资源的破坏；“不够”是指由于开发中主客观的双重因素所造成的资源浪费。无论哪一种问题，都将制约中国旅游业的总体发展。在对旅游资源的利用上，也存在着诸如管理

① 资料来源：根据《中国旅游统计年鉴（2002）》相关资料整理。

混乱、机制落后、观念保守以及服务意识缺乏等问题。因此，如何合理开发利用旅游资源也是中国旅游业当前面临的一个主要问题。

2. 旅游业政府规制过程存在较多问题

由于旅游资源的公共品特征、存在的外部性以及旅游资源的企业化经营管理模式，导致了纯粹利用市场机制配置资源会产生严重的“市场失灵”，不利于旅游资源的合理利用和发展，这时候政府的出现就是理所当然的，适当的政府规制将会改善福利。根据科斯定理，如果不存在交易费用，可以通过旅游资源经营者与消费者之间的谈判，解决这些市场失灵问题。因此根据交易成本理论，实施政府规制的更深层次原因在于，由于在交易过程中存在比较大的市场交易成本，使得当存在这些“市场失灵”时，很难签订一个完备的合同，或者保证这样的合同得到有效的实施。从这个意义上讲，建立政府规章制度的目的就是为了减少交易成本。

3. 区域旅游发展不平衡现象较为严重

从中国旅游业发展的地区差异来看，区域旅游发展不平衡的现实情况是显而易见的。研究表明，我国旅游业发展的区域绝对差异在不断扩大，相对差异呈缓慢缩小的趋势，省间的差异也在不断扩大，但各省间的差异对全国总体差异的贡献率呈缩小态势，地区间差异的贡献率呈不断上升的趋势（王良健和邓琼芬，2007）。在中国沿海地区，由于具有良好的经济发展实力，原有基础设施、交通运输条件等都较好，加上这些地区与国外旅游客源国及旅游中转国的经济距离较近，旅游需求强度较大，因而在短期内能形成较强的旅游经济生产能力。例如，东部沿海地区的旅游创汇收入占全国总数的50%左右①。相比之下，中国中西部内陆地区虽然拥有丰富的旅游资源，但由于可进入性相对较差，开放程度和经济发展水平较低，导致其旅游市场发育程度较低，除了少数地区以外，大部分地区的旅游业还相当不发达。这种旅游区域发展的不平衡现象导致生产要素难以得到合理配置，特别是中西部大量具有极高价值的旅游资源没有得到很好的开发，无法将旅游资源优势转化成产品优势，进而转化为经济优势。总之，目前各个地区之间还未能形成资源互补、市场互补、发展互补的区域发展格局，无法促进生产要素的流动和有效利用，无法提供旅游经济的

---

① 资料来源：根据《中国旅游统计年鉴（2003～2019）》相关数据整理。

整体效益。

4. 旅游企业的运营扩张受到较多制约

自实施改革开放政策以来，地方和部门成为经济运行中极其活跃的利益主体，在投资、上项目等方面具有很高的积极性。对于旅游企业而言，除了原有的投资主体——国家主管对外接待的部门以外，政策的放开产生了大量新的投资主体。由于这些企业主体同原有的政府机关仍然存在千丝万缕的关系，使得这些企业建立现代企业制度的步伐受到了一定的障碍，严重影响了企业的高效运营。同时，中国旅游企业在经营过程中还存在某些地域性或部门性的保护、垄断现象，旅游企业的跨行业、跨地区的集团化、网络性发展也受到一定的限制。改革开放四十多年来，中国旅游业集团化发展取得了较大的进步，已形成500多家旅游企业集团，成为中国旅游业的中坚力量。但是，受体制条件等国情的限制，中国旅游企业集团化发展现状总体来说不尽如人意，比起国际旅游集团的强大实力和先进水平尚有很大差距，这与中国旅游大国的地位很不相称，与中国建设旅游经济强国的目标不相适应。截至目前，中国旅游企业基本上还处于单兵经营的状态，并没有真正形成集团化经营，很难实现规模经济效应。

5. 旅游产品较为单一且竞争力较弱

中国现有的旅游产品大多属于观光旅游，专项旅游、主体旅游和度假旅游产品开发力度不够，缺乏动态的以市场需求为导向的产品开发体系。生态旅游、探险旅游以及其他一些专项旅游产品虽有所发展，但远远不能与世界接轨。据调查，入境旅游者来中国大多以观光为主，而目前中国的观光型旅游产品的层次低、质量不高、开放创新力度不够、竞争力较弱，还不足以吸引入境旅游者。中国旅游产品可参与性小，外来旅游者的回头率低。一些旅游纪念品单一陈旧，无地方特色，难以对国际游客构成强大的吸引力。随着旅游业的发展，旅游者的需求日益多样化和个性化，而旅游产品的市场定位不明确，众多的旅游企业没有形成独特的核心竞争力。建立在低水平基础上的竞争难以形成相对完整的满足各个细分市场的旅游产品体系。目前，中国旅游产品结构相对于国际市场丰富多彩的旅游需求而言相对单一，国际竞争力相对较弱。

3.1.3　中国旅游业总体发展趋势分析

中国在全球经济政治地位的不断提升和国内积极的旅游业发展政策，预示着未来中国旅游市场总体规模将继续不断扩张。然而，在全面开放的市场环境下，受世界金融危机、产业结构调整、国内自然灾害等诸多因素的影响，中国旅游市场将呈现出一些新的发展趋势。

1. 观光旅游向附加值型旅游逐步转变

从旅游业发展趋势来看，中国旅游和世界旅游的消费特征正在发生变化，休闲度假型旅游、娱乐参与型旅游和购物休闲等附加值型旅游逐渐替代传统的观光旅游，正在成为重要的发展方向。从旅游消费需求来看，游客也更加重视旅游的质量和文化内涵。旅游消费的环境与质量愈来愈受到重视，旅游消费开始从数量扩张型向质量提升型转变。随着旅游市场的深入发展，旅游消费与时俱进，逐步趋向理性和成熟，旅游项目和方式已不能满足单纯的观光游览，而转向休闲度假、文化康体等专项旅游以及融参与性、体验性于一体的组合型旅游活动；生态型消费行为愈来愈受到鼓励；旅游消费环境更注重整体性、规范性和人文性；旅游服务逐渐成为旅游消费的核心要素，旅游消费的质量感悟越来越取决于多元化、个性化的愉悦服务。

2. 生态旅游和可持续旅游观念日益普及

在生态旅游方面，生态化趋势与可持续发展观念正不断深入人心。第一，20世纪90年代中期以来，随着消费水平的提高和消费结构的演进，人们对生态产品的需求不断增长。近30年里，全球性的生态旅游浪潮汹涌澎湃，生态旅游业正以10%～30%的年增长率迅速发展，它清楚地反映了旅游业发展的新趋势。第二，当今世界，生态技术正在成为国际竞争中的制高点，发展绿色生态产业，包括低消耗、无污染、高产出、循环型的生态环保产业、生态观光、生态休闲、生态度假等旅游业，正成为各国各地区发展经济、提高国际竞争力的重要共识。第三，以生态、生产、生活“三生”同构的人与自然循环圈为基础的可持续发展思想，要求旅游产品的开发和旅游消费同步对接实现可持续发展。可持续发展的旅游开发，要求必须时刻把握以市场需求为导向，以可持续发展为中心，整合各类资源要素，推出适合于可持续发展的旅游产品和旅游服务，合理刺激和引导旅游消费，有序发展旅游经济，满足国家和人民群众在新时期提升旅游消费环境、实现旅游可持续发展的需要。

3. 区域旅游目的地间合作联动日益加强

随着经济全球化和区域经济一体化的推进，经济由彼此孤立走向相互联系和依赖，越来越成为生产社会化和区域经济竞争的必然要求。实施区域旅游联动开发战略是加快区域旅游业发展的必然选择。在一定的地域范围内，通过打破行政区划界限，根据旅游资源的内在关联性和地理空间的临近性，进行区域间联合与协作，通过市场共享和资源共享，以同一种旅游形象参与竞争，进而增强区域旅游整体的吸引力，实现各旅游地的可持续发展。实质上，联动开发是区域合作的一种方式，但这种开发形式并不是对区域旅游竞争的否定，而是竞争的延续，是理性竞争的体现。通过联动开发将区域内各旅游地的内部竞争转化为其他区域的外部竞争，从而使区域内各旅游地整体的力量得以发展。

3.2 中国旅游业跨区域合作的发展历程

区域旅游合作是旅游业发展到一定阶段的需要，是随着旅游经济发展的历史进程而逐步形成和扩展的。因此，区域旅游的发展水平不仅决定了区域旅游合作的必要性，而且也决定了区域旅游合作的可能性。随着区域经济发展水平的不断提高，区域旅游合作的开展就越广泛和深入。改革开放以来，我国旅游业发展速度很快，从非经济产业到被确定为国民经济新的增长点的一种产业，从各地分散、独立发展到不同层次的地域协作、联合发展，实现了质的飞跃。按照合作程度的不同，可将中国区域旅游合作的演进轨迹大致划分为三个阶段。

3.2.1 入境旅游为主背景下的中国区域旅游合作（1978~1992年）

1978年起，邓小平先后做了五次专题讲话，要求尽快发展旅游业，并就旅游业对改革开放的积极作用以及旅游管理、旅游开发、旅游促销等一系列的基本认识和基本规律，做出了明确的指示。中国推行对外开放战略，旅游业由接待入境旅游开始起步，“外事接待型”开始向“经济产业型”转变。但是，当时的旅游管理体制仍然沿袭了传统计划经济的许多特点，高度集权，管理以行政手段为主，注重纵向联系，条块分割，客源主要由“条条”（如批条、文件通知）负责组织和分配，接待则由“块”（各地方）完成等。1980 年，国务院颁布实行《关于推动经济联合的暂行规定》，该规定旨在打破计划经济体制下条块分割、自我封闭造成的种种弊端，推动地区间的联合与合作。该文件对推动旅游合作起了重要的指导作用，旅游业做出了积极的响应。国家对地方统一外联客源的协作形式逐步肯定。虽然地方自主外联客源的做法曾经有过收与放的反复，但是那些拥有自主外联权的地方自主获取的旅游份额越来越大，外汇收益非常明显，因而地区间增强旅游协作的要求进一步强化。

1984 年，中国出台了旅游业“国家、地方、部门、集体和个人五个一起上”的发展方针，拉开了跨行业、跨所有制、跨地区旅游合作的序幕。1986 年，进一步提出了“大旅游”的发展理念，强调通过多部门、大跨度的协作来推动旅游业的发展。但是，鉴于当时区域旅游的矛盾和问题尚不突出，因为相关的理论研究主要是围绕着区域旅游合作的重要性和必要性而展开，相关的实践活动则总体上具有零星的、松散的和行政性的特点，相关的探索包括将区域旅游合作纳入跨省市经济的协调会、尝试建立区域性的旅游协作组织、联手推出专题旅游线路等。例如，长三角区域，关于华东区域旅游联合发展机制改革的建议、上海经济区旅游“树立合作观念”必要性、理念及构想的探索等；珠三角区域旅游合作则以引进外资投资旅游设施为主要合作形式，在客流上以吸引中国香港、澳门特区人员入境旅游为主，同时开始放开境内居民赴港澳旅游；国内跨区域旅游合作开始成为探讨课题，并有初步行动；环渤海地区通过召开旅游协作会议，成立环渤海五城市旅游协作会。这些合作组织及其旅游协作区域多半是按照行政区划的格局来组织的，一开始就体现了地方政府主导的特征。

3.2.2　国内旅游突起背景下的中国区域旅游合作（1993～2002 年）

邓小平南方谈话和党的十四大的召开，明确了建立社会主义市场经济体制的改革目标，加快了中国市场化的进程，进一步激活了社会财富涌流的源泉。随着经济社会的发展、人民收入水平的提高和消费结构的改变，国内旅游迅猛发展。20世纪90年代以来，国际旅游收入平均递增率为24.4%，国内旅游收入平均递增率则达到39.2%。截至2019年，全国旅游总收入在国民生产总值中所占比重已达6.70%[①]。如图3.2所示，除了受1997年亚洲金融危机、2003年非典疫情以及2008年国际金融危机影响之外，中国国内旅游收入在其他年份均现呈现出异军突起的态势。面对亚洲金融危机和国内旅游需求"井喷式"增长，中国旅游发展的战略思维也有了显著的创新，这就是"大旅游、大产业、大市场"与"新世纪、新产业、新增长"观念的提出和实践。"大旅游、大产业、大市场"要求依托区域大合作，开展区域性旅游，区域之间互为旅游目的地、互为旅游市场，这种区域性旅游不仅是一个行政区内的旅游，更多表现为跨越多个行政区之间的区域大旅游；同时还要应对新世纪的挑战和机遇，把旅游业作为国民经济的重要产业，现代服务业中的支柱产业来加以培育和发展，并改变其增长方式。

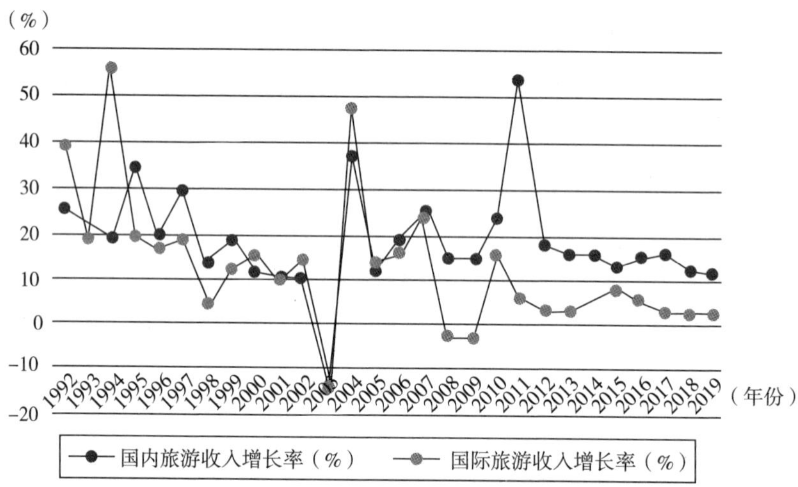

图3.2　1994～2019年国内旅游人数与收入变化趋势

资料来源：根据《中国旅游统计年鉴（2003－2009）》相关数据整理。

在国内旅游异军突起的背景下，中国的区域旅游合作迈出了较大的步伐，

① 资料来源：根据《世界旅游统计年表（2003～2019）》《中国旅游统计年鉴（2003～2019）》整理。

合作内容更加广泛，但是，囿于当时政府对区域合作认知依然停留在计划经济思维水平上，客观上快捷便利的旅游交通条件发育还不成熟，行政区经济格局的负面影响比较突出，导致旅游市场显性分割，因此，区域旅游合作局限于一种形式，运作水平低、组织松散、活动不经常。1992 年，上海、江苏、浙江三省市的旅游部门共同举办“苏浙沪旅游年”活动，标志着长三角区域旅游合作掀开了新的一页。珠三角地区、“粤港澳大三角”旅游界联欢洽谈会的召开，使粤、港、澳旅游合作开始进入实质性发展，随后的泰国—马来西亚—新加坡连线、菲律宾—中国香港游、印度尼西亚—中国香港线路、澳大利亚、新西兰等境外游线路的开辟使珠三角区域旅游正式走向了国际。同年，在环渤海地区，北京、天津、辽宁、山西、河北、山东和内蒙古已组成环渤海旅游协作区，共同探讨旅游产品和市场的开发，并拟接收河南、吉林、黑龙江三省加盟，形成中国北方旅游协作区。

1993 年，湖北省在原“三国古迹旅游线”的基础上，外联邻近五省，策划了专项的“三国古迹区域旅游线”。1996 年，北方 11 省区组建了北方旅游协作区，在加强区域联系、举办北方旅游交易会、合作开发旅游线路和产品、促进各地区旅游业发展等方面实现了新的突破。1997 年，陕西分别与江苏、安徽和北京签订了《旅游经济合作协议》，议定在旅游资源开发、旅游市场促销、旅游客源互补、旅游人才交流等多方面进行密切的配合。除了政府之间合作外，旅游企业之间跨区合作也开始崭露头角。1997 年，陕西与贵州合作，推出了由政府牵头、旅行社为主体的跨区域联合促销。2000 年，哈尔滨、长春、沈阳、大连等东北四个城市旅游局签署协议，共同构建区域旅游联合体。

随着中国加入世界贸易组织，中央政府和地方政府更加重视旅游业跨区域之间的合作。2001 年，国务院颁发文件指出，加强横向联合，大力发展区域旅游，各地在发展当地旅游的同时，要加强与周边地区协作配合，互通信息，客源共享，实现优势互补，形成跨地区的旅游联合；并强调研究和推广粤港澳地区旅游协作和一体化发展经验。在此背景下，同年，广西相关地市旅游局成立“北部湾旅游协作组织”，拟共创北部湾滨海游品牌；由中国旅游协会发起并组织的首届“中国环城市旅游度假带发展研讨会”成功举行，进一步深入贯彻落实国务院相关文件。2002 年，四川、云南、西藏三省区联合创建了“中国香格里拉生态旅游区”，从而有效整合了大香格里拉地区的旅游资源，避免了该地区旅游企业之间的恶性竞争。2002 年，广东、福建和江西三省的13 个城市达成旅游协议，承诺尽可能减少行政障碍、互相开放市场。

3.2.3 无障碍旅游区背景下的中国区域旅游合作（2003 年至今）

2003 年，中国突发非典疫情给国内区域旅游和入境旅游带来了沉重的负面影响；同时，也向世人诏示：对于跨界的公共安全和突发事件，单靠行政区为单元的地方政府作为是难以奏效的，必须加强政府间的合作和协调行动。在这样的背景条件下，由杭州市人民政府、国家旅游局政策法规司、国家发展和改革委员会国土开发与地区经济研究所主办，上海、浙江、江苏旅游局（委）支持，杭州市旅游委员会承办的“长江三角洲旅游城市‘15 +1’高峰论坛”于2003 年 7 月在杭州市隆重举行，来自长三角的上海、南京、苏州、无锡、常州、扬州、镇江、南通、杭州、宁波、绍兴、嘉兴、湖州、温州、舟山和安徽省黄山市的市领导、旅游主管部门负责人、旅游企业代表和新闻媒体记者共约 350 人参加会议。与会的 16 个城市经过广泛深入的研究和探讨，共同签署了《长江三角洲旅游城市合作（杭州）宣言》。杭州宣言具有重要的历史意义，它是长三角旅游合作史上的里程碑，首次提出建立中国第一个“无障碍旅游区”的战略行动，并确定论坛的制度化。

区域旅游竞争与合作是竞争性合作，在合作中竞争，其实质是达到区域旅游一体化，以优化区域内的所有资源，谋求区域整体最大利益。也即，区域旅游合作是区域旅游一体化的一个横截面，是区域旅游一体化的核心实践形式；而无障碍旅游区的构建则是在区域经济一体化发展背景下区域旅游一体化的产物，是区域旅游合作达到成熟化的重要标志，是区域旅游合作的高级表现形式。因此，区域旅游一体化是无障碍旅游区构建的基本依据，而无障碍旅游区则是区域旅游一体化的重要实现途径。自 2003 年夏，长江三角洲的 15 个城市及安徽省黄山市在浙江省杭州市签署的《长江三角洲旅游城市合作（杭州）宣言》中提出无障碍旅游区概念之后，构建无障碍旅游区的倡议就成为各区域旅游合作的中心议题，并迅速引起国内旅游学者对无障碍旅游区及其建设问题的研究。

与此同时，全球化和一体化日益成为世界经济发展中并行不悖的两股潮流。为应对全球竞争的挑战，中央政府明显加快了以长三角、珠三角和环渤海地区为代表的区域经济一体化进程，旨在通过区域合作与分工协作，有效避免恶性竞争，有序实现合作与共赢，进一步增强整体的竞争能力。正是在国家宏观指导和地方政府主导下，以构建“无障碍旅游区”为途经，以实现区域旅游一体化为最终目标，中国旅游业跨区域合作进入了一个史无前例的高潮期。2003年以来，中国各省、自治区、直辖市以及各省区内部地级市县之间以构建“无障碍旅游区”为目标的旅游业跨区域合作日渐增多。例如，2003年，广东、香港特区、澳门特区、湖南、江西等十地的地方政府部门在“泛珠三角经济圈”交通发展研讨会上协议取消省际旅游包车区域限制，以促进无障碍旅游区的构建；同年，国家旅游局、财政部等六部委与重庆、湖北、湖南、贵州、四川五省市评审通过了《长江三峡区域旅游发展规划》，希冀通过发展规划的形式，推动长江三峡旅游风景区无障碍旅游区的形成。2004年，泛珠三角“9+2”省区市政府签署通过《泛珠三角区域合作框架协议》，全面推进区域旅游合作；同年，广东和广西两省区签订旅游交流与合作协议书，确定泛珠三角区域内首个无障碍旅游区自2005年起正式成立。2004年，《内地与香港关于建立更紧密经贸关系的安排》正式实施，香港服务业进入内地的门槛降低，粤港澳地区之间各种旅游流更加自由畅达；“五一”之后，广东全省居民都可以开展个人赴港澳旅游，随即拓展到内地一些重要的客源城市和省区。此举是粤港澳地区旅游一体化进入成熟运作的重要标志。2005年，东北“4+1”城市（沈阳、长春、哈尔滨、大连、鞍山）区域旅游联合体宣布成立，并于2006年3月拟定无障碍旅游框架协议。2007年，皖北六市在合肥签署了旅游合作宣言，意图共同打造“新皖北无障碍旅游区”。2009年《环渤海区域旅游发展总体规划》正式启动，该规划将重点提升环渤海区域旅游形象，5省市通力合作，构建区域旅游合作机制和平台，针对环渤海各省市旅游资源开发和产品建设的差异，科学规划旅游产业布局，并编制出环渤海地区及各省区市的精品旅游线路，建设无障碍旅游区。2010年中国环洞庭湖旅游高峰论坛暨五湖牵手五岳旅游同盟大会在湖南举办，旨在探索旅游区域合作新模式，开辟华夏旅游的“黄金之旅”，打造中华山水“最美画卷”，塑造中国旅游整体形象，实现资源共享、利益共赢。2017年，泛珠三角各省区市旅游部门共同签署了《泛珠三角区域旅游大联盟合作协议》，并围绕共同打造泛珠旅游品牌和精品线路、联合开展旅游整体营销、促进内地与港澳旅游合作、共同提振入境旅游、共建良好旅游市场秩序、加强旅游人才培养和智库合作、完善合作机制等七大方面展开深入合作。2018 年长三角旅游合作会议总结了近年来长三角旅游一体化的工作，梳理研究了在旅游一体化方面的瓶颈问题，为进一步推进旅游一体化向纵深发展达成共识。

3.3 中国旅游业跨区域合作的发展现状

目前中国旅游业已经进入区域合作的阶段，区域旅游合作在全国各地呈现出前所未有的发展态势，特别是进入 20 世纪 90 年代后，旅游业“大旅游、大市场、大产业”的格局初步形成，地理位置邻近、旅游资源类型和结构相似且分布密集的旅游区域开始进行旅游合作；此外，随着国内区域经济合作的不断发展，区域旅游合作也不断深入拓展。经过 40 年的不断发展，中国旅游业跨区域合作已经取得了一定的成绩，空间结构愈加明显、合作层次日渐分明，合作形式更加多样、合作内容更加全面，合作范围逐渐扩大、对外合作空间结构更加合理，中外合作更加密切融合、旅游国际化程度迅速提高等。

3.3.1 区域旅游空间结构愈加明显，合作层次日渐分明

经过多年的发展，我国国内旅游产业要素向资源、资金、技术、基础设施和人才密集的优势区位集中，空间上逐步形成了许多旅游核心区域，而旅游空间结构分异的结果是出现多样化的旅游空间形态，主要有区域旅游圈、重点旅游区、重点旅游带、重要旅游线、重点旅游城市圈、重要旅游景区等形式。全国旅游空间结构和区域合作层次表现为若干等级层次的旅游合作区域同时存在，相互交织，圈层相套。中国区域旅游合作在空间上以点线扩张、板块结合为主要形式，截至目前，总体上形成了“沿海为主、内陆为辅、沿线拓展”的“四圈四块三带”的基本格局，其中，“四圈”是指珠三角区域旅游合作圈、长三角区域旅游合作圈、环渤海区域旅游合作圈、环北部湾区域旅游合作圈；“四块”是指西南区域旅游合作块、西北区域旅游合作块、东北区域旅游合作块和中部六省区域旅游合作块；“三带”是指丝绸之路区域旅游合作带、

长江三峡区域旅游合作带以及黄河区域旅游合作带。更进一步而言，旅游区域合作层次更加分明，大尺度的世界级旅游区可望形成，主要集中在长江三角洲地区、粤港澳地区、环渤海地区、西南云贵桂区域、东北区域等；中尺度的跨省级和省内跨地（市）的旅游区在国内具有区域性旅游集散和接待功能，如北部湾旅游圈、环太湖旅游圈、中原旅游区、关中平原旅游区等；小尺度的旅游区雨后春笋般出现，构成中国旅游空间系统的基本地域单元，包括跨地（市、县）旅游区、旅游景区、（环）城市旅游带等。大尺度的旅游区域包含了中小尺度的旅游区域；区域与区域之间形成过渡地带，并没有明显界线，相互交错分布。

3.3.2　区域旅游合作形式更加多样，合作内容更加全面

根据区域旅游合作的相关文献以及当前国内区域旅游合作的实践活动，目前中国国内区域旅游合作的形式主要表现为两个方面：一是行政区域之间的旅游合作占主导地位，由于旅游业的综合性特征以及中国实施的“政府主导型”区域旅游发展模式，行政区域之间的旅游业合作唱主角，区域合作的主体多是省域之间、地（市）之间、县（市）之间等行政区域之间；二是地理空间彼此连接的地区之间旅游业合作远远多于空间不相连的地区之间的合作，全国已有的各级各类旅游合作大部分都是在相邻的省区之间、地（市）之间、县（市）之间、乡镇之间开展的。近年来，随着区域旅游业资源和市场空间的扩大，邻近的区域合作越来越不能满足区域旅游发展的需要。在此背景下，寻求更大范围、更广阔领域的区域合作成为当前国内区域旅游合作的焦点领域，区域旅游形式也相应地更加丰富多样。邻近区域的合作、远距离区域的合作、行政区域之间的合作、旅游景区之间的合作、旅游城市之间的合作、流域内的旅游合作以及异质性区域（如旅游城市与旅游景区、省与地市）之间的合作等形式成为区域旅游合作的最新特色形式。不同区域之间的合作，其内容不完全相同。旅游业空间结构正经历着调整—优化—提升的演化过程。

3.3.3　区域旅游合作范围逐渐扩大，对外合作空间结构更加合理

依据本书对区域旅游合作内涵的界定，区域旅游合作不仅包括区域内的旅

游合作，也包括区域之间的旅游合作。将旅游业跨区域合作扩大到世界范围内进行考察，可将区域旅游合作的范围分为三个层次：第一层次，我国与相邻的国家和地区，通过国际性的河流、跨国陆上交通线路等旅游通道，建立起国际旅游合作区域，形成我国边境跨国旅游区域密集分布、密切联系的旅游业对外开放格局。空间相连的紧密型边境旅游区域是我国旅游业跨国（地区）合作空间的第一个层次，也是最重要的层次，是我国旅游业进一步向外拓展的基地和桥梁。这个层次的区域合作内容最为丰富、形式最为全面，包括旅游资源开发、旅游线路与产品推广、客源互动、企业合资合作经营、旅游基础设施共建、旅游环境改造和整治等。第二层次，我国与亚洲非相邻的主要客源国之间，形成空间不相连的跨区域合作格局，成为形式上的（非空间实体）旅游业合作区域。如中、日、韩三国组成的旅游区、中国与新加坡、马来西亚、印度尼西亚、泰国形成中国—东盟旅游圈、中国与上述国家和地区共同组成的大东亚旅游区等。这是我国旅游业跨国（地区）合作的第二层次，主要在投资开发资源、旅游企业经营、旅游产品推广、旅游客源互送等方面开展合作。这个层次的区域合作是第一层次的必要补充和重要支撑。第三层次，在更加广阔的范围内，中国与重要的旅游目的地国家（地区）和旅游客源国（地区），形成中国旅游业跨国（地区）合作的第三层次。这一层次的空间距离虽较远，但空间范围最为广阔。在这个外围层次，区域旅游合作的形式和内容主要在客源互送、旅游企业跨国经营管理、相互投资开发旅游资源等方面。这个层次的旅游业合作关系不够稳定，但它是中国旅游业跨国拓展的范围最广阔和潜力最大的空间。

3.3.4 区域旅游合作领域不断拓宽，中外旅游合作更加密切融合

随着世界经济一体化进程的加速以及中国加入世界贸易组织（WTO），我国的对外开放程度越来越高，而旅游业作为我国开放最早的行业，其开放领域也相应地越来越宽广。中国旅游业在国际层面的合作领域和合作内容均不断拓宽。在以旅游资源开发、线路推广、客源互动、企业经营为主要合作内容的基础上，旅游形象推广、旅游产品设计、旅游行业标准统一、旅游政策沟通、旅游环境整治与旅游文化塑造等方面的国际合作正逐步展开。旅游业国际合作的

领域也逐步形成由基本的旅游行业，到旅游发展的服务系统和旅游管理系统等众多行业和领域组成的合作体系。对外开放程度的进一步提高，促使中国与世界各国或地区在经济、政治、文化、社会、科技以及教育等方面的交流和合作日益频繁和紧密，而这些领域都与旅游业息息相关，因而也进一步促使中国与其他国家或地区之间的区域旅游合作在基本层面、技术性层次、功能性层次乃至制度性层次上展开更多的合作。

3.3.5　区域旅游合作层次不断提升，旅游业国际化程度迅速提高

在我国旅游业对外开放的领域不断扩大的进程中，旅游业国际合作的形式不断创新。一方面，国际旅游业以多种形式进入中国旅游市场，与国内旅游业开展越来越广泛而又密切的合作。包括世界著名旅游企业、世界性旅游合作组织、国际资本、国际著名旅游品牌、世界高级旅游人才（专家、学者、业界人士）、国际民间组织、各国政府等在内的旅游业主体与国内旅游业在旅游产业开发、旅游行业经营管理、旅游教育和人才培养、旅游科学研究、旅游政策和制度等方面开展多种形式的交流合作。另一方面，中国旅游业也逐步走出国门，与世界其他国家的旅游业开展全面的合作，中国旅游业国际化程度在逐步提高。奥运会的成功举办使得我国旅游业发展的国际空间更加广阔，旅游业在树立中国—世界旅游大国和旅游强国的地位与形象，促进中国经济走向世界经济舞台方面起着无可替代的作用。

3.4　中国旅游业跨区域合作中存在的问题

旅游业的跨区域合作不仅符合旅游业进步的规律，也是居民旅游活动和旅游业自身发展的需要。自 20 世纪 80 年代末，中国旅游业跨区域合作及大旅游思想产生以来，各地区旅游业合作就如火如荼般地迅猛发展并取得了一定的成绩，但是中国旅游业发展过程中仍存在着诸多较为突出的问题。例如，合作偏重于务虚，各自为政的局面尚未得到根本扭转；作为区域旅游合作重要主体的旅游企业的主动性未能充分发挥；地方保护主义倾向严重，旅游行政区经济现象普遍存在；旅游合作中缺乏有效的推进机制，尤其是缺乏利益协调机制。

3.4.1 合作偏重于务虚，行政区经济现象尚未根本扭转

尽管迄今为止许多地区都提出了加强区域旅游合作、打造无障碍旅游区的意愿和构想，但合作主要仍是重形式、重研讨、重宣言、重宣传，不少观念还停留在地区旅游行政管理层面上，缺乏具体的、可操作的、实实在在的政策、措施和手段。有些地方在旅游资源共享、旅游基础设施共享、旅游客源市场共享等方面，甚至出现了“伪合作”的倾向。与区域旅游合作普遍形成共识的情形相对照，实际运作中却缺乏具体的行动，相关各方往往都期望对方为自己提供更多的共享资源，让出更大的市场空间，而自己则借合作之名从中加以利用，实现本地利益的扩张。区域旅游合作务实不足的问题，与缺乏强有力的区域性协调机构及协调能力有关。有的区域旅游合作峰会，第一届的参与者为所有相关省市的一把手，到第三届时参会人员中旅游局的副局长已经不多，再到后来，连处长都已不参加而变成副处长。这类兼职轮值、定位游离、权威不强、约束无力的协调组织，通常是难以在区域旅游合作中切实发挥作用并取得实效的。

3.4.2 合作偏重于政府，旅游企业的主动性尚待发挥

随着我国社会主义市场经济体制的不断完善、市场化的程度不断提高、政府行政体制改革的深入、交通通信和信息科技的飞速发展，以及中国加入世界贸易组织所带来的机遇，中国将在更大范围、更广阔领域和更高层次上参与国际经济技术竞争与合作。在此背景下，中国的旅游“行政区经济”已经得到一定程度的淡化，“政府主导型”的旅游发展模式已经初步向“政府支持、市场主导、企业主体、社会参与”的发展模式转变。然而，总体而言，现阶段大部分地方的区域旅游合作仍然只注重政府的作用，对于旅游企业的积极性和主动性略显冷淡。实际上，区域旅游合作应该落实到企业身上，企业和政府的作用同样重要，顾此失彼，势必导致合作机制缺乏主动性和积极意义。区域旅游合作当然需要政府的努力，没有政府的介入和相关政策，合作就缺乏必要的基础和条件，但是区域旅游合作还需要落实到旅游企业的行为上，只有政府的积极性而没有企业的积极性，合作是难以深入持久的。目前，中国区域旅游合

作基本上都是政府主导型的，区域内旅游企业的反应远不如政府积极。许多旅游企业对区域合作采取一种观望的态度，有些旅游企业虽碍于情面或迫于压力参与区域合作活动，却往往缺乏自身的积极性、主动性和创造性。

3.4.3 合作受制于现行的体制与地方保护主义的影响

受现行体制、行政区划和地方利益的影响，一些地方采取行政区经济壁垒和地方保护主义政策，将统一的市场人为地进行条块分割，一方面缩小了竞争范围，弱化了竞争强度，损害了市场效率；另一方面也阻碍了区域旅游合作的发展。有的地方限制外地的旅游车辆进入本地的景区，限制外地旅行社在本地开展业务等，用对外歧视性的政策在竞争中偏袒保护本地的旅游企业。有的地方为争夺客源、争夺资源而相互进行恶性竞争。零团费、负团费等现象曾泛滥成灾，使得各地导游不断压缩必游的景点线路，增加非必游自费景点和进店购物活动，直接损害了游客利益，降低了旅游服务质量，往往导致了两败俱伤的局面。上述问题也反映在现行的旅游规划中。尽管许多省区市都制定了本行政区的专项旅游规划，但相互之间缺乏协调和衔接，未能从跨省市的范围、更广阔的空间尺度上，统一考虑和安排区域旅游经济的发展。由于缺乏区域性的总体规划和分工，各地对旅游资源的开发利用往往自成体系，各自为政，竞相追求“大而全、小而全”，导致功能性、结构性、低水平的重复建设，造成旅游资源的不合理配置、旅游设施的闲置浪费和旅游合作的低效。同时，区域性旅游资源的分割使用，也使得区域性资源、区域性产品的整体特色难以形成和发挥，直接影响了区域旅游合作的成效和整体的竞争力。

3.4.4 合作缺乏有效的推进机制，尤其是利益协调机制

在区域旅游合作中，各成员是平等的利益主体。优势的互补或优势的叠加，一般都会给各方带来较“单打独斗”所能获得的更大利益。但是，由于资源禀赋、区位分工等条件的差异，各方所能获得的利益不可能完全一样。这就导致了利益关系的错综复杂，而目前大部分区域旅游合作项目中，都是单纯地依靠行政机制力量予以解决，效果并不明显。因此，必须以多种机制来共同协调。如果利益不能合理分享或得不到合理补偿，利益矛盾和冲突无法缓解，

则合作必定是难以为继的。目前，中国区域旅游合作的推进机制，特别是利益协调机制缺损，对利益观念和利益关系缺乏有效的引导机制，对利益动机和利益行为缺乏有效的约束机制。反思改革开放以来中国区域旅游合作的艰苦努力和突出问题，我们得到的重要启示是，把握区域旅游合作的方向，理清区域旅游合作的思路，加快区域旅游合作的进程，必须从深层次上对区域旅游合作的主体、区域旅游合作的领域和区域旅游的合作机制做进一步分析。

第4章

中国旅游业跨区域合作中的政府行为分析

地方政府、旅游企业、行业协会是中国区域旅游合作中的三大行为主体，其在旅游业跨区域合作中各自扮演着不同的角色，拥有不同的利益价值诉求，承担着不同的任务目标。其中，地方政府是当前中国区域旅游合作的最重要的推动力量，其在区域旅游合作中居于主导地位。政府主导型旅游发展战略是世界各国发展旅游业的一条共同经验，自1997年中国国家旅游局实施该发展战略以来，经过多年发展，中国旅游业跨区域合作形成了“政府主导、企业主体、市场化运作”的区域旅游合作发展的主流趋势，而中国旅游业跨区域合作也逐步经历了以政府主导为主到市场和行政互动的演进历程。随着世界贸易组织规则的运用，政府行政管理体制的改革，中国地方政府职能领域正在发生重要转型，注重提升旅游服务质量和营造旅游体验环境，越来越关注跨行政区的合作，联手建设基础设施、提供公共服务、维护竞争秩序、治理生态环境等，从而提高区域整体的服务效率，改善区域整体的旅游发展环境。

4.1 中国旅游业跨区域合作的经济主体

根据区域旅游合作主体的不同，旅游业跨区域合作可分为三个层次：第一类是微观层次上旅游企业之间的合作；第二类是中观层次上行业协会之间的合作；第三类是宏观层次上地方政府之间的合作。其中，旅游企业通过资金、技术、人才、品牌等资源要素的区域性组合，实现自身利益的最大化；地方政府是规划、调控和规范层面上的合作主体，通过“协调、服务、监督、管理”，为区域旅游经济的发展营造良好的竞争秩序和发展环境；行业协会则往往是政府失灵和市场失灵层面上的合作主体，致力于用非强制力的和非营利性的方式，来破解区域旅游发展中一些市场和政府无力顾及，或难以解决的问题。

在中国特有的市场环境下，地方政府之间的合作是我国区域旅游合作的最初形式，也是最重要的合作形式，而旅游产业综合性的特点决定了地方政府在旅游业跨区域合作中的主导地位；按照市场经济的基本规律，旅游企业是区域旅游经济运行中的主体，通过不同地区的旅游企业的合作，具体推进旅游区域合作的进程；非政府组织，如旅行社协会、饭店协会、社团、基金会等，为不同区域间旅游企业的联系与合作牵线搭桥，发挥民间力量推动旅游区域合作。在旅游业跨区域合作的推进进程中，不同经济主体的有效活动领域往往有所差异。对市场经济条件下的区域旅游合作而言，至关重要的是实现地方政府、行业协会和旅游企业在各自有效活动领域内充分发挥各自的作用。

4.1.1 地方政府

中国的区域经济本质上是政府主导型的市场经济。地方政府对社会经济活动都渗透着强烈的政府行为，具有强烈的地方利益倾向，而促进旅游业快速健康发展是地方政府的一项基本经济职能。这项职能主要表现为五个方面：一是勘查、保护与配置旅游资源；二是编制旅游业发展规划，制定旅游发展政策；三是营销地方旅游形象，建设旅游体验环境，应对旅游突发事件，规范旅游市场秩序，保护旅游消费者权益；四是申报、管理旅游质量品牌，推行旅游企业、品牌的资格认证；五是促进旅游人才素质教育和培训，提高旅游机构能。

在此背景下，按照旅游产业自身的特点，在以市场为主配置资源的基础上，充分发挥地方政府的主导作用，争取旅游产业更大的发展，就成为正处于快速成长阶段的中国旅游业发展的必然战略，此战略称之为政府主导型旅游发展战略。中国旅游业之所以实施政府主导型发展战略，一是因为旅游产品是有形物质产品和无形服务产品的综合，涉及多个部门职能业务管理，需要有关部门支持与配合；二是因为旅游线路、景区景点、旅游饭店和旅行社等旅游产品营销也是地方营销的重要方面，而这些都需要政府牵头，形成政府主导的市场营销格局；三是因为旅游产品是一种跨地域的活动，必然要求一体化的市场，需要政府加强协调，积极培育市场，尤其针对跨越行政界限的旅游吸引物，其旅游利益协调更需要政府间的合作。

中国近30年旅游业跨区域合作发展的历程也表明，地方政府是目前推动中国区域旅游合作的最重要力量。不论是旅游资源开发、旅游交通建设、旅游市场促销方面的合作，还是旅游信息服务、旅游人才培育方面的合作，都不乏各级政府活跃的身影，许多合作其实就是通过地方政府间的安排来进行的。政府是地方整体利益的代表和相对独立的行为主体，政府层面的合作是实现区域共同利益最大化的基础和保障。特别是在现行"垂直控制、财政分权、地方问责"的制度框架中，在复杂的竞争形势和强大的外部压力下，各级政府通过增进相互间的合作来共享区域旅游发展的收益，已成为一种明智的选择。政府是区域经济中最有效的调控主体，政府的决策和调控不仅对本地旅游经济的发展具有重大影响，而且也直接关系跨行政区划、跨行政层级的利益协调。政府还是规范旅游市场和竞争秩序的主体，区域性制度障碍的清除、区域性旅游竞争行为的监管、区域性旅游发展环境的改善等均有赖于各地方政府的合作与联动。因此，作为区域公共事务管理的"父母官"，地方政府在推动区域旅游合作发展中承担着义不容辞的职责，是区域旅游合作的主要推动力量。

4.1.2　旅游企业

旅游业跨区域合作既是一种由政府协调、组织和引导的政府行为，也是一种由旅游企业的运作来实现经常性的具体合作的市场行为。在转型经济条件下，作为相对独立的地方利益代表，地方政府拥有营销地方与管理经济的双重角色身份，在经济职能方面扮演了决策人的角色，因而中国旅游企业存在着与地方政府的密切依存关系。在市场经济条件下，作为旅游市场经济活动的行为主体，旅游企业是旅游业市场最活跃的要素，是地方旅游产业的直接载体，是实现区域旅游产业发展目标与地区利益的主要实现者，也是地方旅游经济活力的窗口。因此，各地之间的旅游企业和行业合作，是旅游业跨区域合作的必要基础。旅游企业合作的基础是共同的利益，合作的目标是实现共赢，如果没有旅游企业的参与，或者旅游企业的积极性不高、对合作的反应迟缓，那么合作就仅仅停留在"宣言"和"协议"上，而不是共同制约的"合同"文本上，更不是有关方面的具体行动上。

旅游企业是旅游经济的运行主体，是旅游产品和服务的生产者与提供者，也是区域旅游合作中不可或缺的重要力量。旅游企业间的合作是区域旅游经济保持活力健康发展的关键，旅游企业参与区域旅游合作的能动性是决定旅游合作成败的关键因子。在市场经济条件下，面对不断变化的外部环境，为了在不确定的环境中求得生存和发展，旅游企业发展的一个重要战略取向就是减少和消除与其他相关产业组织的边界，顺应区域旅游合作带来的旅游一体化机会，通过资本扩张，跳出行政区域及行业准入的限制，实现其横向、纵向一体化经营战略，获得生存和发展。具体而言，一方面，大量旅游企业为适应竞争和追求效益，会不断优化配置自身的资源要素，在细化分工的基础上向专门化、专业化的方向演进；另一方面，一些已具规模的旅游企业，也会逐步在一定领域内形成系列化、集团化的扩张。这两种情况都要求旅游企业突破行政区划的界限而加强相互间的合作，从而在更大的空间范围内形成有机的旅游产业链。

4.1.3 行业协会

在现代市场经济体系中，旅游行业协会组织在协调相关市场主体的合法利益、提高市场配置资源效率以及维护市场经济运行秩序方面，具有不可或缺的作用，是影响区域旅游发展与合作的一种重要力量，它既不同于政府，也不同于企业，而是连接两者的桥梁与纽带，是沟通协调各方关系并提供相关服务的中介组织。在区域旅游合作中，旅游行业协会的作用主要有：加强对外交流合作，发挥桥梁纽带功能；沟通政府与企业，发挥政策渠道功能；规范企业经营行为，发挥行业自律功能；加强内部交流合作，发挥资源整合功能；组织市场推介，拓展行业销售渠道；加强信息和培训工作，提升行业基础资源；组织公益活动，树立行业良好形象；处理集体事务，发挥行业协调功能；加强组织工作，促进协会自身建设（宋子谦和宋建瑜，2005）。

目前，中国旅游行业协会组织的市场独立行为能力相对较弱，而对政府的依赖程度较高，多数情况下充当政府的辅助角色是政府职能的外延延伸；另外旅游行业协会之间分割较为严重，缺乏有效的沟通机制，例如旅行社协会、旅游酒店连锁、旅游运输协会、航空协会等相互之间独自专业服务能力强而相互沟通机制弱。随着中国政府职能转型和企业市场主体角色的确认，中国旅游行业协会组织逐步摆脱行政区归属建制，成为区域性旅游行业协会组织，通过引导企业社会责任与道德文化建设，监督企业自律，引导企业品牌建设和质量认证、维护企业权益等服务过程中，成为联系政府与旅游企业的桥梁和纽带，担负起行业服务、行业自律、行业代表和行业协调的职能，成为区域旅游合作的重要媒介和企业共同体平台。换言之，旅游业跨区域合作的重要前提是尊重市场规律、尊重市场对资源配置的主导基础性作用，虽然目前中国旅游业跨区域合作是以政府主导为主，但政府主导并不等于政府主宰。作为旅游企业联合体的非政府组织，旅游行业协会以服务旅游企业、监督旅游行业自律、协调旅游企业利益为主旨，应当在区域旅游合作中扮演重要作用。

4.2　中国旅游业跨区域合作的演进机制

旅游业的跨区域合作在统一国内旅游市场、平衡生产力布局、促进旅游资源的优化配置等方面具有不可替代的作用，并成为当前我国旅游经济深入发展的重要方向。然而，在旅游业发展的不同阶段，地方政府、旅游企业和行业协会等经济主体在推进旅游业跨区域合作中所承担的地位是不尽相同的。当潜在的区域旅游合作收益无法在现有的制度安排内实现时，地方政府主导推动的区域旅游合作是最为关键的；当潜在的区域旅游合作利益可以现有的制度安排内实现时，作为市场主体的旅游企业推动的旅游合作具有更为重要的意义。

4.2.1　中国区域旅游合作演进机制的分析框架

中国旅游业跨区域合作的演进是与中国经济体制改革的发展紧密地联系在一起的。改革开放之前，中国旅游业属于外事接待型非经济产业，当时的旅游管理体制体现出传统计划经济的诸多特点，高度集权，管理以行政手段为主。换言之，当时的旅游业跨区域合作是以中央政府为主导，即通过中央政府以单一的行政手段推进区域旅游合作，这种方式是与高度集中的计划经济体制相适应的。改革开放之后，随着中国经济体制改革的进行，推行对外开放战略，旅游业由接待入境旅游开始起步，“外事接待型”开始向“经济产业型”转变，这使得通过单一行政手段推进区域旅游合作逐步步入困境，尤其是中央的分权改革形成的以地方政府为代表的地方利益的强化更加剧了这一趋势。20 世纪 90 年代，社会主义市场经济体制改革目标的确立进一步为区域旅游合作的快速发展提供了新的契机。市场取代计划成为资源配置的主导机制，这对我国旅游经济的发展产生了深远的影响。在此背景下，旅游企业等经济实体市场独立主体地位的逐步确立逐渐影响着地方政府实现地方利益的方式，地方政府逐步摆脱了直接参与旅游经济运行、促进地方旅游经济发展而形成地区本位的困境，以市场的逻辑运行旅游经济达成共识。

中国旅游业跨区域合作的演进正是区域旅游合作制度变迁的过程。经历了区域旅游合作在单一行政逻辑下强制性变迁的缓慢发展，发展为在市场的逻辑下通过市场力量推进的地方主导的强制性制度变迁与市场推动的诱致性变迁相结合的区域旅游合作制度的变迁。在这一过程中，市场力量的引入改变了地方利益的获取方式，对单一的行政逻辑进行了再造，促使地方政府职能的转变。市场逻辑与行政逻辑通过区域旅游合作制度的演进逐步结合在一起，在区域旅游合作中共同发挥作用，促使区域旅游合作良性发展。

基于以上分析，本书认为在旅游市场发育不完全的情况下，区域旅游合作的开展只能通过政府单一行政力量来推动，对于不触动地方利益的合作基本能够进行；但是如果区域旅游合作损害到地方利益的最大化实现，区域旅游合作进程就会被打断，单一的行政逻辑在推动区域旅游合作发展中有其固有的缺陷。市场经济体制的确立以及市场规模的逐步扩大为区域旅游合作提供了新的动力。原有的单一行政逻辑在市场逻辑的影响下改变发挥作用方式，依照旅游市场的需求来发挥行政手段的作用。行政逻辑与市场逻辑相结合成为共同推动区域旅游经济合作实现的力量。区域旅游合作的演进机制或制度变迁正是在市场与行政两种力量的互动中通过两者明确分工，各自发挥自身的优势，相互配合逐步实现的。需要说明的是，在促进经济发展水平不同的地区之间区域合作的开展过程中，平衡市场与行政的关系以及充分发挥两种力量各自的优势形成二者的良性互动，将成为区域旅游合作能否顺利推进的重要因素。中国旅游业跨区域合作的演进机制及其特征如表 4.1 所示。在旅游产业发展的不同阶段，推进区域旅游合作的主要主体是不尽相同的。当潜在的区域旅游合作收益无法在现有的制度安排内实现时，地方政府主导推动的区域旅游合作是最为关键的；反之，作为市场主体的旅游企业推动的旅游合作具有更为重要的意义。

表 4.1　　　　中国旅游业跨区域合作的演进机制及其特征分析

合作阶段	旅游合作萌芽阶段	旅游合作发展阶段	旅游合作成熟阶段
合作特征	旅游企业自发状态	地方政府主导阶段	市场主导阶段
政府与市场	政府规制旅游市场；旅游政策差异性较大；旅游企业替代旅游市场	政府主导旅游市场；旅游政策差异性缩小；旅游市场初步形成；旅游企业一定程度上成为市场主体	政府调控旅游市场；旅游政策趋同；统一的区域旅游市场形成；旅游企业成为市场的主体
旅游合作范围	单边、双边区域旅游合作	多边小区域旅游合作	全区域旅游合作
旅游生产要素流动	限时性流动	指导性流动	自由性流动
旅游流流向和数量	流量很小，流向随机	流量逐步增长，流向以单向流动为主	流量稳定，流向以双向和多向流动为主

资料来源：在李伯文（2003）观点的基础上修改而得。李伯文．国际区域旅游一体化理论和实践探析——以澜沧江—湄公河次区域旅游为例［D］．昆明：云南大学，2003.

4.2.2　政府行政主导下中国旅游业跨区域合作

中国经济体制改革的过程就是在政府主导下由计划经济体制向市场经济体制转化的过程。政府主导下的经济体制转轨是一个通过政府力量进行市场建设，建立市场体系、培育市场机制、规范市场行为的过程。对于区域旅游业而言，在这个转化的过程中，政府一方面要承担起克服市场化过程中旅游市场所固有的内在缺陷的职能，例如保持旅游经济平衡和稳定协调发展、纠正旅游经济外部效应等；另一方面面对经济转型中旅游市场力量薄弱而不能充分有效实现旅游资源配置的问题，政府又要发挥特殊的职能，即在市场机制尚不能充分发挥作用的领域，由政府替代市场行使部分资源配置职能，采取措施为市场创造良好的环境和条件，拆除旅游市场发展所面临的各种障碍，建立能够促进旅游市场发展的机构和经济条件，推进中国旅游市场化改革。

中国的经济体制改革采取的是一种渐进式的改革，即“在传统体制框架内引入市场激励机制”与“体制外成长”两条路径逐步推进的，而这种渐进式的改革，使市场经济的引入与体制外成长的推进都要采取自下而上的路径选择，先由地方进行市场经济的试验，然后再加以总结向全国推广。因此，地方政府就在本辖区内承担起了经济转型的职能。同时，由于行政分权与经济分权的作用，地方政府不仅拥有进行本地区市场建设的能力，而且也具有进行市场建设的动力。由此，地方政府代替中央政府成为推动市场建设的主导力量。但是，由于我国实行以行政区域为基础的中央集权，平行行政区域的地方政府之间没有互辖的经济管理权，各地方政府在行政与经济分权中所获得的经济管理权限只适用于本辖区之内。对于区域旅游市场而言，地方政府所能发挥的经济管理权限及开展旅游经济建设的范围只限于本行政区域内，要促进本地区的旅游经济发展，就要从本地的需要出发考虑旅游业发展问题，以推动本行政区域内的旅游市场化进程。因此，地方政府推动旅游市场建设是在本行政区域内开展的，各个地方形成与本行政区域资源禀赋相适应的旅游经济。由此，在全国范围内就形成了以地方政府为主导的以行政区域为界限的地区性的旅游市场建设。

总体而言，中央政府实行“分灶吃饭”的财政大包干制，对地方政府进行了以下放财政权和税收权、投融资权和企业管辖权为核心的行政性分权，大幅度扩大了地方政府的经济权限，从而在市场竞争格局和市场利益主体方面形成了两个独特的层面——企业主体和地方政府。然而，改革开放初期，由于旅游市场刚刚发育、旅游企业尚未成为真正的旅游市场主体，为了有效地促进国家经济发展，只有强化地方政府的主体地位，以形成地方政府与地方政府的竞争格局，事实证明也确实如此，但地方政府利益主体地位强化的后果是，政府千方百计地利用行政强权来间接或直接干预、控制地方的经济活动，尤其是地方市场和国有企业，企图最大可能地扩大本地财源，这种行为必然导致市场分割以及区域旅游产业趋同等问题。此时，由于旅游市场体系尚未建立和健全，旅游产业要素难以实现有效组合。旅游企业之间或旅游行业协会的合作，取决于行政性力量的推动，它需要政府之间合作来清除这些制度性的障碍，改善区域旅游合作的政策和制度环境；同时，在旅游市场尚未发育成熟的情况下，政府对区域旅游合作需要保持多方面的积极干预，甚至直接替代部分市场决策，直接支配部分旅游要素资源，直接参与部分基础设施与相关服务设施的建设，这些都凸显并强化了政府在区域旅游一体化中的地位和作用。显然，在这一发展阶段，地方政府的行为对区域旅游合作的发展有着举足轻重的影响。

4.2.3 市场机制嵌入下中国旅游业跨区域合作

中国的经济体制改革是一个不断市场化的过程，是市场在经济中逐步产生、发展、成长和成熟，市场的作用由表及里、由浅入深的动态演进过程。在经济体制改革初期，实际上是一个市场发育的过程，在这一阶段，市场机制在经济中对资源配置发挥作用持续增大，经济对市场机制的依赖程度不断加深和增强，从而逐步确立市场对资源配置的基础性作用。以政府强制性计划指令与单一行政力量推进区域旅游合作的方式也逐渐受到冲击。市场的力量逐渐在区域旅游合作的进程中显现出来，市场逻辑成为区域旅游合作演进的一个新契机，并且对单一的行政逻辑造成了深刻的影响（樊安群，2005）。

20 世纪 90 年代，中国确立社会主义市场经济体制改革的目标。在此背景下，经过改革前期旅游经济的迅速增长，各地方的旅游经济发展由地方政府直接的强制行政干预逐渐转变为以市场为主导的旅游经济发展。在这一转变下，基于利益整合的区域旅游合作动力不断增加。从市场的分工与合作角度来看，旅游区域内各地方政府以市场经济为导向发展地方旅游经济的取向有利于逐步实现地区旅游产业分工。在改革开放前期，各地方政府连续进行调整和发展国际旅游，各地区旅游产业素质得到显著提高，同时地区间的旅游经济差异不断扩大，提高了各地区旅游经济的差异化程度；另外，在市场驱动的作用下，各地方不断发展地区特色优势旅游，明确旅游经济发展与产业定位，从而逐渐形成具有各自特点的发展道路及具有比较优势的特色旅游景区。

此时，地方政府出于发展地方利益的考虑，逐步对推进区域旅游合作加大工作力度。由于对旅游经济发展所需旅游资源的竞争日趋激烈，将有限的旅游资源投入产出更高的区域成为旅游企业的必然选择，因而地方政府越来越认识到，通过发展本地区的优势旅游项目并将其纳入整体区域的旅游产业链条，相较发展劣势旅游项目更能使有限的旅游资源得到最大化的利用，对于地方旅游经济的发展更为有利。基于产业合作分工的地方政府的获益手段就更多体现为对于旅游资源吸引力能力的增加，而不是像改革前期通过不断增加旅游投资领域、完备旅游经济体系来获得收益。通过旅游合作能创造超出自身发展的额外价值，使地方政府具有了推进区域旅游合作的动力。这就使得区域旅游合作发展问题日益突出，在各地的旅游发展战略规划中，加快区域旅游经济一体化进程已逐步成为旅游区域内各级政府的共识。地方政府通过推动区域旅游合作，可以建立一个区域旅游共同市场，以及可以逐步形成协调地方发展的经济政策，推动区域旅游共同市场内部经济活动的协调发展，持续平衡的经济增长及在区域旅游共同市场联合基础上建立地区之间的高度合作的密切关系。统一的区域旅游共同市场能够更好地发挥地方的旅游产业及经济优势，提高本地区的旅游竞争力，获取更大的地方利益。

最后，基于增强区域整体竞争力的要求也使区域旅游合作成为可能。随着对外开放的不断深化，国际间的旅游竞争越来越趋向于具有区域优势的地区间的竞争，而区域优势的取得需要在整个区域内各地区间进行旅游资源的优化配置，以实现区域旅游整体竞争力的提高。因此，地区的竞争不是局限于区域内，而是更多地表现为区域整体的国际竞争力。区域整体旅游国际竞争力的增强要求通过区域旅游合作增强地区间资源优化配置的能力，以推动地区经济持续健康稳定发展来迎接全球化的挑战。旅游资源优化配置能力的提升正是以地区旅游优势为基础形成的地区间旅游产业分工与合作来获得的。各地方政府意识到，只有顺应经济全球化和区域旅游一体化的发展趋势，积极推进区域旅游合作，消除行政壁垒，加快区域旅游经济一体化进程，充分发挥区域旅游整体优势，才能保持高速增长的旅游发展态势，从而在世界旅游产业竞争中形成整体旅游竞争力，达到互惠共赢的局面。

综上所述，当区域内旅游产业发展到一定阶段，旅游市场的框架基本形成，由政府主导区域旅游合作的矛盾和风险也逐步累积和反映出来。如果政府直接替代部分市场功能，那么政府集决策、执行、监督权于一身，既做裁判员又做运动员，妨碍了区域公平竞争市场环境的形成。虽然政府在推动区域旅游合作方面是最积极的，但是政府造成的体制障碍正是区域旅游合作难以深入的主要原因之一。因此，当区域内旅游产业发展到一定阶段，旅游市场在旅游资源要素配置中已经发挥作用时，旅游企业就应取代政府而成为推进区域旅游合作的主导力量。当然，这并不意味着从此政府在区域旅游一体化中就无所作为了，而是需要政府进一步转变职能，切实在规划、调控和规范层面上发挥积极的作用，通过“协调、服务、监督、管理”，不断为区域内旅游产业发展和区域旅游合作营造良好的竞争秩序和发展环境。

4.3 地方政府行为与中国旅游业跨区域合作

中国区域旅游经济在地理空间上是由若干个行政区划组合而成的，按照行政区划相应设立的地方政府与区域旅游经济发展有着密切的关系。作为行政区域决策主体、管理主体和利益主体的地方政府，对旅游业跨区域合作快速健康发展具有重要的推动作用。地方政府可以以旅游业跨区域协调发展为目标，制定合理的旅游经济发展战略和规划，通过经济区域各地方之间的分工和协作，发挥各自的比较优势，优化组合、配置经济区域内的有限旅游资源，实现经济区域内各自经济利益的最大化。因此，促进旅游业跨区域协调发展，发挥地方政府的重要作用具有一定的必要性和可能性。

4.3.1　地方政府介入旅游业跨区域合作的必要性

中国目前尚处于向社会主义市场经济转轨的过程之中，旅游市场体制仍不完善，旅游市场体系尚未最终形成，而培育旅游业市场体系、弥补市场的缺陷和不足、促进旅游业跨区域合作、组织经济活动等经济社会活动，均需依靠地方政府的力量才能完成。从另一个角度来讲，在成熟的旅游业市场运作中，市场机制也有其自身难以克服的缺陷，比如旅游市场的信息不对称可能会造成旅行社欺诈游客的行为；由于公共资源的非排他性与竞争性所造成的“公地悲剧”可能会导致资源过度开发、环境污染等问题；企业垂涎于先行者的市场营利，不做市场可行性分析便盲目效仿，导致许多景点景区低水平的重复建设等问题，均表明旅游市场存在固有的“市场失灵”，因而区域旅游合作的快速健康发展需要地方政府的恰当介入。

1. 区域旅游业发展的自身需求

旅游资源具有跨地域性的显著特征，例如自然禀赋的海滨风景和山川秀色等旅游资源均是以其内在特质为纽带联系在一起的，而不是以行政区域为单位进行分布的。因此，对旅游资源的开发利用，首先，客观上要求地方政府把握好资源的自然性和整体性，共同挖掘旅游资源的审美、文化和历史深变。其次，旅游市场运作经营具有跨区域、跨部门、跨行业的明显特点，要求地方政府统一协调，在互利互惠、互相依赖的前提下，打破行政界线，实现区域联合，形成资源合力，以适应经营和发展的需要（吴莹，2008）。最后，在市场经济条件下，旅游业跨区域合作应当遵循市场经济的基本规律，但是市场并不是万能的，在区域旅游合作发展的某些领域，单靠旅游市场的运作是缺乏效率甚至无效率的，例如，在旅游公共产品和服务方面必须依靠政府这只“有形的手”才能实现有效率的供给。具体而言，一是旅游业跨区域合作过程中需要各地方政府大力进行旅游交通运输为重点的基础设施建设，建立起良好的交通运输网络，以保证和促进旅游经济区域内经济联系的紧密性和畅通性；二是在某些经济相对比较落后地区的旅游景区开发需要依靠地方政府的支持，因为单纯依靠落后地区的自身积累和市场力量显然是难以高效开发该地区的旅游资源的，这就需要地方政府能够建立一种机制，以促使资金向落后地区流动；三是旅游服务设施排放的废水、废气、废渣等对环境造成的不同程度的污染等，单纯依靠市场的力量是难以达到有效控制的，这就需要地方政府的积极有效介入。

2. 区域旅游业发展的阶段性要求

在区域旅游产业发展的早期，由于旅游市场体系尚未建立和健全，旅游产业要素难以实现有效组合。旅游企业之间或旅游行业协会的合作，取决于行政性力量的推动，它需要政府之间合作来清除这些制度性的障碍，改善区域旅游合作的政策和制度环境；同时，在旅游市场尚未发育成熟的情况下，政府对区域旅游合作需要保持多方面的积极干预，甚至直接替代部分市场决策，直接支配部分旅游要素资源，直接参与部分基础设施与相关服务设施的建设，这些都凸显并强化了政府在区域旅游一体化中的地位和作用。显然，在这一发展阶段，地方政府的行为对区域旅游合作的发展有着举足轻重的影响。中国区域旅游业目前尚处于快速发展阶段，甚至部分地区尚处于起步阶段，加之中国社会主义市场经济体制尚不够健全，这就要求地方政府在健全市场机制方面必然要有所作为，即要求地方政府在区域旅游合作中发挥积极作用。一方面，健全和完善市场经济体制，从根本上而言就是要建立包括旅游市场在内的全国统一开放竞争有序的市场经济体系，而全国统一旅游市场的形成，有赖于各地方旅游市场经济的进一步健全和完善，这就要求地方政府清除阻碍旅游业跨区域合作的各种制度性和非制度性因素；另一方面，当旅游业发展到一定阶段，旅游市场在旅游资源要素配置中已经发挥作用时，旅游企业将取代政府而成为推进区域旅游合作的主导力量，此时政府需要进一步转变职能，切实在规划、调控和规范层面上发挥积极作用，通过“协调、服务、监督、管理”，不断为区域内旅游产业发展和区域旅游合作营造良好的竞争秩序和发展环境。

3. 区域利益和地方利益的一致性要求

区域旅游经济的开放性以及区域旅游业发展的内在张力，决定了旅游区域内各地方政府的利益在一定程度上是紧密地联系在一起的，而且随着区域旅游合作的不断深入发展，这种利益相关性将会更将明显，以至于将旅游区域内各地方政府的利益捆绑成共同体。因此，在全球化和市场化双重背景下，各地方利益的实现已经被融入旅游业跨区域合作的进程中，旅游区域共同利益的实现在很大程度上是地方旅游利益得以实现的充分必要条件。这一方面是因为市场经济的张力要求旅游生产要素能够突破行政区域的束缚，实现在旅游区域内全方位的自由流动，从而强化了地方旅游经济利益的实现对于旅游业跨区域合作的依赖性；另一方面是因为一个行政区域内旅游自然资源、人力资源、旅游资本等旅游经济发展要素总是有限的，行政区旅游经济的发展必须依赖于整个旅游经济区域内各种旅游资源的优化配置和组合。如果地方政府只顾自身利益的最大化，而对区域旅游合作置若罔闻，那么必然导致旅游业跨区域合作发展过程中地方保护主义盛行和旅游市场分割现象严重，最终将导致区域整体利益和地方利益的“双输”。因此，可以说旅游经济区域的整体利益和行政区地方利益两者之间是“一荣俱荣，一损俱损”的关系。基于此，区域利益和地方利益的一致性，使得各地方政府为满足各自地方利益而进行区域旅游业的合作成为必然。

4. 地方政府是区域旅游合作的重要推动者

伴随着我国计划经济体制向社会主义市场经济体制的转变，中央与地方的管理权限也经历了多次从中央集权到地方分权的变革，地方政府获得了较大的自主权力。在旅游经济方面，这不仅调动了地方政府发展旅游经济的积极性，而且使得其与地方经济发展的利益关系捆绑在一起，地方政府成为地方旅游利益代表的主体。由于其理性“经济人”的本性，地方政府的行为特征是追求效用最大化，而当自身效用最大化的实现，必须有赖于区域经济的整体发展时，它就会寻求横向合作的动机，这就为旅游经济区域内部的合作发展提供了可能。特别是在现行“垂直控制、财政分权、地方问责”的制度框架中，在复杂的竞争形势和强大的外部压力下，各级政府通过推动区域旅游合作进程来共享区域旅游发展的收益，已成为一种理性的选择（何小东，2008）。实质上，地方政府具有开展区域旅游合作的内在需求。旅游的本质是旅游者跨区域的体验性消费活动，具有巨大的消费经济效益。相互吸引区域间旅游者的互动，是区域间共同获取消费收益的重要举措。所谓“互为旅游目的地、互为旅游市场”，实际上是通过营造统一的区域旅游大环境，促进区域旅游合作各方实现旅游收益的区域间共赢。从旅游流集聚的空间态势看，旅游流具有在毗邻的一定尺度空间内集聚的规律，这就是“区域旅游的内聚性”。地方政府热衷于区域旅游合作，也是为进一步做大做强自身旅游产业规模的一种区域战略。

4.3.2 地方政府推动旅游业跨区域合作的可能性

旅游业跨区域合作归根结底就是旅游区域内各行政区旅游经济的协调共同发展，从而推进旅游区域整体的和谐共同发展。作为区域旅游合作重要主体的地方政府，其经济利益和旅游经济区域的整体利益之间是相辅相成的，因此，地方政府推动旅游业跨区域合作快速健康发展就不仅是必要的，而且是可能的。从地方政府介入旅游业跨区域合作发展中的必要性分析可知，地方政府不仅是区域旅游经济发展的重要推动力量，而且将在促进区域旅游经济协调发展中大有作为。总体而言，地方政府在推动旅游业跨区域合作中的作用主要体现为以下两个方面：一是自我协调，就是充分发挥地方政府在旅游经济职能方面的作用，逐步促进地方旅游经济发展或缩小与其他地区旅游经济发展的差距，为旅游业跨区域合作发展乃至区域旅游一体化发展创造良好的条件；二是通过地方政府之间的密切合作，共同促进区域旅游合作的协调发展。

1. 实施旅游产业布局政策，形成合理产业分工和布局

地域产业分工和合作理论是旅游业跨区域合作的重要理论基础之一。区域旅游合作发展可以说是在各地旅游资源比较优势的基础上，形成合力的旅游产业分工和布局，各地旅游资源之间相互配合、相互促进，从而共同合作发展。因此，合理的旅游产业分工和布局，是旅游业跨区域合作顺利开展的前提和基础。然而，在市场经济体制下，旅游经济区域内各地旅游经济之间的相互竞争是必然的，那么如何避免旅游区域中目前存在的恶性竞争、产业结构趋同等现象的再次发生，实现区域内各地旅游经济的合作发展，从我国的现状出发，这关键要靠旅游区域内各地方政府实施的旅游产业布局政策。

依靠地方政府实施旅游产业布局政策的主要原因如下：其一，如果旅游区域内产业分工完全依靠市场力量来进行，那么旅游区域形成一定的分工格局需要相对比较长的时间。针对当前我国区域旅游合作的实际情况，上述对策并不可行，因为如果旅游业跨区域合作进展不顺，势必会影响我国旅游业的整体发展，进而延缓我国国民经济的发展。其二，区域旅游产业分工是在一定的旅游资源禀赋差异基础上进行的，而同一个旅游经济区域内，往往旅游资源情况具有趋同性，如果完全由市场来进行区域分工，那势必会造成新一轮的由于“同构化”带来的恶性竞争大战。其三，任何一个旅游经济区域内，总有比较发达和比较落后的旅游地区之分，对于旅游产业比较发展的地区而言，按照市场原则，肯定能够吸引更多的资本、人力等经济资源入驻，从而进一步推动该地区旅游经济发展，而旅游产业相对落后的地区则会更加处于劣势地位，从而造成旅游区域内各地区旅游经济差距的进一步扩大，影响区域旅游合作的健康开展。综上所述，各地方政府应根据旅游区域内旅游市场乃至国内外旅游市场的变化，从各地旅游资源特点和自身优势出发，利用旅游产业布局政策，发挥各地比较优势，发展有市场前景的特色旅游和优势旅游项目，从而形成区域合理的旅游产业分工与布局，促进旅游业跨区域合作的顺利开展。

2. 充分发挥经济职能作用，促进旅游统一市场的形成

旅游业跨区域合作的顺利开展，有赖于市场机制的不断完善和提高。只有形成区域旅游统一市场，乃至全国统一市场，才能实现资源的有效合理配置，生产要素才能按照市场规律在旅游区域内乃至全国范围内自由流通，这是旅游业能否跨区域顺利发展的前提条件。对处于经济体制转轨时期的中国而言，要想尽快形成区域旅游统一市场乃至全国旅游统一市场，必须发挥旅游区域内各级地方政府的作用，即经济职能的作用。我国的现实情况决定了地方政府不仅要履行基本的经济职能，面对我国目前存在的市场残缺、发育不足、力量薄弱、市场分割、机制不健全等问题，还要发挥以下三个方面的特殊职能作用，以加快实现旅游区域统一市场的形成。

第一，特殊的替代职能作用，是指在旅游市场机制尚不能充分发挥作用的领域，由政府代替市场行使部分配置旅游资源的功能，以适应旅游经济发展的需要。在我国现阶段，旅游业跨区域合作发展所需的各种旅游资源相对都很有限，特别是旅游行业内具有现代经营意识和能力的企业家的人数还较少，素质

也还不高，尚没有成为一支重要的旅游经济发展力量，这成为阻碍旅游企业跨区域规模化经营的重要因素之一。因此，单靠市场机制来引导具备现代经营能力的旅游企业家出现以促进区域旅游合作的快速发展，不仅力度不够，而且持续的时间势必较长，稳定性也较差。这就要求地方政府替代市场行使部分配置资源的功能，以推动现代化经济的发展。

第二，培育市场的职能作用，是指地方政府采取种种措施，为旅游市场发育创造良好的发展环境。在社会主义市场经济体制中，要充分发挥市场机制在社会资源配置中的基础作用，就必须有一个完善的市场体系，但在旅游业跨区域合作过程中，市场体系如果自发形成，那将是很缓慢的，而且具有盲目性。因此，要加快旅游市场体系的发展，单靠旅游企业的力量是远远不够的，政府应该承担起培育和完善市场体系的任务。具体而言，旅游区域内的各地方政府应当根据本区域的旅游市场化进程，共同制定有效的区域旅游市场交易规则、竞争秩序制度等，以建立健全市场经济法律体系；建立有权威的旅游市场执法和监督机构，加强对区域内旅游市场的管理，发挥社会舆论的监督作用。

第三，推进市场化改革的职能作用。西方发达国家旅游经济的形成和成熟是一个长期的内蕴自发和循序渐进的过程，中国如果要在短时间内实现从根深蒂固的传统经济体制向市场经济体制的根本性转变，必须发挥地方政府的推进作用。我国是一个发展中国家，要发挥后发展国家的优势，加快旅游经济发展，就必须借鉴国际上后发展国家实行政府主导型旅游发展战略。实行政府主导型的旅游经济，是后发展国家实施赶超战略的成功经验。这种推进作用体现为：地方政府不仅要自身增强市场经济观念，而且要向旅游企业灌输市场经济观念，在社会普遍推行市场经济原则，使之逐步合法化和法制化，解决市场原则和传统伦理原则的冲突；地方政府要尽可能地减少经济体制转轨时期社会的无序状况，缓解矛盾冲突，缩短转轨过程，并保证平稳地实现市场化改革的目标。

3. 地方政府要共同发展文化，积极推动区域旅游合作

旅游业跨区域合作发展不仅需要政策、法律以及物质利益等有形的理性调节和规范，而且需要精神纽带、道德纽带、情感纽带等无形的文化调节。事实上，实现旅游业跨区域合作的有序、健康快速发展，离不开先进文化的指导，离不开文化力的支撑。因此，地方政府要积极大力推进地区合作和共同发展文

化，这是因为文化是吸引旅游消费者的重要因素，文化对旅游经济发展具有先导作用。旅游区域内各地方政府合作开发共通的旅游文化可以为旅游业跨区域合作指明方向，提供一定的价值导向和精神动力；文化环境决定着旅游经济运行的效率和速度。任何经济规律都是在一定的社会环境中发挥作用的，尽快形成旅游区域合作的共同文化，才能避免区域中旅游业的恶性竞争、地方保护等狭隘文化观念，加快区域旅游合作和一体化的步伐，从而提高旅游经济运行的效率和速度；区域旅游合作文化中的一些价值标准、合作理念等可以约束那些不符合区域旅游合作要求的利益主体的不良经济行为，协调其关系，促进旅游业跨区域合作的顺利发展。地方政府是文化发展的重要推动力，在积极推进区域旅游共同发展文化的过程中，政府要以区域旅游合作和一体化趋势为基础，顺应文化发展规律，积极引导新闻出版、广播、电视以及互联网络等媒体，宣传地区合作和共同发展文化，摒弃以往狭隘的地方竞争文化，灌输合作理念，提高合作意识，从思想上认识到合作的重要性，为区域合作文化的发展创造有利条件，使地区合作文化成为区域经济协调发展的内在动力。

4. 创造良好的旅游市场环境，促进要素收益率平衡

由要素流动的经济学规律可知，任何要素都要追逐它的最大利益。在旅游经济区域内，由于旅游经济比较发达地区的旅游资源和管理水平比较高，又有较为优越的基础设施和市场条件，使得旅游生产要素的边际生产率远远高于旅游区域内旅游经济相对落后的地区，生产要素在发达地区会获得更高的价格和收益，从而导致资金、企业家队伍等稀缺旅游要素向旅游相对发达地区积聚。这将导致旅游经济发达地区愈加发达，而旅游经济落后地区愈加落后，进而导致落后地区的地方政府采取地方保护主义措施分割区域旅游市场，破坏旅游区域内良好的旅游市场环境。若想缩小由市场机制造成的区域内旅游经济差距的不恰当拉大，促进区域旅游合作的稳定健康发展，地方政府就必须创造良好的旅游市场环境，促进要素收益率平衡。

地方政府创造良好的旅游市场环境，促进旅游要素收益率平衡的主要措施有：一是允许落后地区的地方政府通过相关税收优惠政策提高落后地区的要素收益率。政府对投资和旅游企业税收上的优惠，使得投资和经营者收益率提高，而资金收益率的提高相应地又会带动人才、技术等收益率的提高，从而实现旅游生产要素向旅游落后地区流动。二是通过旅游资源租赁制度的创新，如

旅游景点的长期租赁权，吸引旅游生产要素的流入。许多旅游投资者可能会为长期的投资收益而平衡短期资金要素收益较低的缺陷。三是通过旅游基础设施的建设，创造良好的市场环境，从而提高要素收益率。国内外的情况均表明，往往市场化程度比较高、经济比较发达的地区，如交通运输、通信等基础设施建设一般都走在前面。这是因为方便快捷的交通运输和现代化的网络通信方式使得运输成本和交易成本大大降低，从而导致要素收益率的提高。由于旅游基础设施投资大、回收周期长等性质，所以只有发挥政府基础建设的职能作用，才能创造良好的市场环境，吸引生产要素的流入。

5. 加强地方政府之间合作，促进区域旅游合作发展

作为旅游区域的经济利益共同体，区域旅游合作各地区不仅要有各自比较利益基础上的产业布局与分工，更重要的是要实现各地方之间的相互配合、相互促进，才能更好地促进区域旅游合作。如何协调各地方利益，实现相互配合与促进，则需要旅游企业内各地方政府的共同努力，积极进行彼此间的合作。这是因为在现代开放的市场经济条件下，各地旅游经济发展仅仅依靠自身内部旅游资源与生产要素是远远不够的，必须通过和其他地区的相互协调和互补来实现共同发展。因此，作为地方经济利益主体的各地方政府就需要积极寻求政府间合作。其具体原因如下：第一，旅游区域内各地方之间在旅游自然资源、人力资源、资金等发展旅游经济的基本要素上存在着不同程度的差异，在这种基础上形成了相当程度的区域分工，而建立在分工基础上的旅游合作是获得更大收益的必由之路。因此，区域旅游产业分工的存在，构成了地方政府间横向合作的基础和前提。第二，现代开放的市场经济要求旅游生产要素的自由流动，这就需要地方政府打破行政的藩篱，冲破分散的、封闭的经济格局，在更大范围内寻求合作。第三，由于同一旅游区域内往往共同享有一种或多种旅游资源，那么资源的有效利用、开发和保护，需要地方政府间的合作和联合。第四，在经济快速发展的今天，技术的更新速度和空间推移速度大大加快，大大加深了各地方之间的旅游经济协作与依赖程度，这促使了地方政府间的合作。这种以旅游经济合作为基础的地方政府间合作，不仅有利于地方旅游经济的发展，而且有利于旅游区域内部经济协调发展，为地方政府在区域旅游合作中发挥协调作用提供了前提与基础。

4.3.3 地方政府行为对旅游业跨区域合作的影响

在我国，地方政府具有三重身份：中央政府的下级单位、管辖区公共利益的代表、本级政府利益的代表，每一重身份都会有不同的目标。地方政府的种种目标不仅仅是多元的，有时候甚至是相互冲突和矛盾的，地方政府有时要努力追求经济增长，但有时又要不停地为经济效率的提高制造障碍。对同一个目标的追逐在长期和短期内也会相互冲突，在不同时期这些目标之间的权重也是不同的。地方政府培育统一市场、推动区域经济合作的动机是地方经济的增长目标和本届政府的政绩目标。当统一市场的发育、区域经济合作的发展有利于这些目标实现时，地方政府会不遗余力地推动区域经济合作发展，当然也就对区域经济合作产生了积极影响。相反，当市场发育、区域经济合作的某些后果会在短期内一定程度地影响这些目标的实现时，地方政府又会阻隔资源的空间配置，加重地方保护主义，当然也就对区域经济合作产生了消极影响。

1. 地方政府行为对旅游业跨区域合作的正面影响

中国市场化改革和区域旅游合作制度变迁始终是在政府的积极推动下进行的，从实际情况看，无论在市场化改革，还是在促进区际旅游资源优化组合、推动区域旅游合作方面都起到了不可替代的作用，对区域旅游合作发展产生了积极影响。概况而言，主要有以下三个方面：

（1）弥补市场不足，维护区域旅游合作的良好秩序。由于现实旅游经济中不存在完全竞争的市场条件，市场机制必然存在失灵现象，因而在充分发挥市场机制作用时，又要以政府的宏观调控对旅游市场失灵、缺陷加以弥补、规范和调节。在区域旅游合作过程中，旅行社、旅游饭店、旅游景区等各类旅游市场主体为了谋求自身利益的最大化，产生利益矛盾和冲突是不可避免的，而当事人之间以及市场本身并不具备划分产权边界和利益界限的机制，更不具备化解冲突的能力。以社会公共权力为基础的地方政府可以充当仲裁人，设定区域旅游合作发展的体制和保障市场运行的游戏规则，即以政策和法律的形式明确界定和保护产权关系。

（2）制定政策措施，促进区际旅游要素的合理流动。在区域旅游合作中，长三角和珠三角等区域政府通过制定一系列政策措施，逐步引导了区域旅游合作的健康发展。积极编制区域旅游合作规划，以解决区域性共同问题为着眼点，大力加强区域性交通、通信等方面的旅游基础设施建设，积极推动区域旅游产业组织建设和旅游产业结构调整。建立了旅游合作制度和机构，组织合作区域内不同地区开展了双向交流和学习，定期召开领导人联席会议，正式建立协作区的常设机构，负责协作区内日常组织的协调工作。设立了稳定的信息交流渠道和网络，在加强对区域旅游合作理论和实践的宣传、探讨、总结方面，以创办刊物和组织研讨会的形式予以固定。共同制定和实施了一些区域性的优惠政策和措施，逐步消除地区性旅游体制性壁垒，推动旅游生产要素的区域性自由流动。

（3）突破行政区划，建立区域旅游合作的共同规则。区域统一旅游市场或建立共同旅游市场的基本要求是统一旅游市场规则。相互开放市场，推动人力、资本等旅游要素在区域内自由流动；统一旅游标准，旅游人员在地区间自由流动和就业；统一创业和企业经营的法规，为旅游企业在地区间合作提供良好的基础。在地方政府的经济推动、协调和合作下，可以在旅游区域内统一旅游产业政策、降低要素流动的高门槛，消除行政壁垒，实现旅游产品互相准入、资本自由流动、要素自由流动、旅游企业跨区域运作的统一旅游市场，扩大旅游企业的市场配置空间，更大范围获得规模经济和范围经济。目前，长三角和珠三角区域政府下大决心、花大力气突破现有的行政区划束缚，高起点、高水平地制定并实施了统一的区域旅游发展规划，推动建立了统一的区域旅游市场，使行政协调更加合乎市场经济要求。

2. 地方政府行为对旅游业跨区域合作的负面影响

改革开放以来，我国区域旅游经济的发展态势总体上是健康和良好的，但随着经济发展的不断深入，各区域之间的竞争不断加剧，区域旅游经济关系出现了一些问题。在分权化的制度安排下，地方政府在区域旅游合作中的市场功能过强，产生了政府失效行为，不适应新时期区域旅游合作发展的新要求，从而对区域旅游合作发展造成了一些负面影响。主要表现在以下几个方面：

（1）地方政府各自为政，旅游资源重复建设严重。改革开放以来，中央政府开始实行“分灶吃饭”的财政大包干制，对地方政府进行了以下放财政权和税收权、投融资权和企业管辖权为核心的行政性分权（张晏，2005）。“分灶吃饭”的实行，一方面使得地方政府拥有了更多的经济自主权，有效地调动了地方政府经济建设的积极性，从而有利于地方旅游经济的迅速发展；另一方面分权化使得地方政府以及利益主体的地位得到承认，地方政府为了实现自身利益的最大化，往往会置其他地方利益于不顾，为了追求财政收入增长，各地区竞相向见效快、价高利大的项目投资，旅游资源重复建设现象严重。重复建设的显著特征往往是旅游企业规模小、旅游产业结构趋同、旅游产业层次不高、旅游产业效益低下，也就是经济学意义上的“规模不经济”，甚至导致旅游企业间的恶性竞争和各种短缺资源的严重浪费。

（2）区域之间缺乏合作，旅游产业趋同现象严重。区域旅游产业结构趋同是指发展水平不同且旅游资源与要素禀赋差异大的各区域趋于形成大致相同的旅游产业结构，各区域优势产业不突出，区域旅游产业分工不明确。区域旅游合作的实质是通过各种途径解除区域之间在市场及产业等方面的分割状态，使无障碍的旅游资源配置所涉及的区域变得更大，最高目标是区域旅游一体化。换句话说，区域旅游合作就是在配置旅游资源，只不过所涉及的范围更大。行政性分割是约束区域旅游合作的最突出表现，各地区不协调的旅游产业发展规划来源于行政性干预与行政性分割。在现实中，由于地方政府对经济发展的关注更多地表现为对本辖区经济指标的关注，因而地方政府往往对旅游饭店、旅游景点等旅游热点具有强烈的投资冲动，而忽视宏观的经济效益。只顾眼前的盲目投资带来的是区域内旅游产业结构的严重趋同，从而使得区域旅游合作优势变为空谈。

（3）地方保护主义盛行，旅游统一市场分割严重。在市场经济中，各地区在旅游经济上存在一定的竞争关系。在中国市场机制不完善、政府行为不规范的条件下，旅游企业为求得自身的生存和发展，求助于地方政府，请求保证辖区范围内一定的市场份额；而一些地方政府出于自身利益的考虑，也有保护地方旅游企业占领地方市场的意愿，于是对本区旅游企业积极扶持和鼓励其发展，而对外地旅游企业则通过各种非市场甚至非法手段进行打压和抑制，从而使其在与本地旅游企业竞争中处于不利地位。同时，对于那些有可能对本区造成竞争的旅游资源要素，限制其流入；而那些对本区有利的旅游资源要素则限制其流出，人为地造成旅游市场的分割。目前，我国的地方保护主义在保护内容、保护手段、保护范围方面都呈现出新的特点，成为阻碍中国区域旅游统一市场形成和区域旅游合作发展的重要障碍。总之，由于政府的行政性介入，由此产生的地区旅游市场封锁和地方保护主义加大了地方间的交易成本，严重阻碍了区域旅游合作的进程，成为阻碍中国旅游统一市场形成和区域旅游合作的重大问题。

（4）政府主导区域合作，相互缺乏有效协调机制。总体而言，目前地方政府在我国区域旅游合作过程中仍起主导作用。这种政府主导型区域旅游合作存在诸多问题。第一，区域旅游合作的推动主体单一。无论是以政府为主导的旅游合作，还是以政府牵线搭桥的旅游企业合作，旅游合作的倡导者和推动者主要是当地政府，旅游企业的主体作用没有得到发挥。第二，区域旅游合作内容相对单一。基本围绕区域间提供物力和财力的支持，而更为重要的交通运输、旅游文化、环境保护、资源补偿等方面的合作还处于萌芽状态。第三，区域旅游合作管理机构缺位。目前，我国还没有分工合理、职能明确的区域旅游管理机构。同时，相应的利益补偿、资源协调和人力资源等协调机制也没有建立起来，影响了区域旅游合作的进程。

此外，区域旅游合作法律法规制度缺失，到目前为止，我国还没有与区域旅游合作相关的法律法规。特别是在制约地方保护主义和打破区域市场分割、规范政府行为方面，由于没有法律法规强有力的制度支持，不能对地方政府的失职渎职、以权谋私、变相保护、恶性竞争等违法行为做出相应的处罚，也不能为实现各地方旅游企业之间的公平竞争和合作提供法律保障，致使区域旅游合作领域存在着一系列的问题，包括政府不作为、乱作为、过度行政干预的问题，一定程度上影响了区域旅游合作进程。

3. 地方政府行为对区域旅游合作负面影响的深层原因

当前地方政府在区域旅游合作中存在的问题，无论是地方保护主义、产业结构趋同，还是重复建设、缺乏协调机制，根本原因在于地方政府在本位主义的影响下，为谋求自身利益最大化而采取的“理性经济人”行为造成了整体的“不理性”。具体而言，有以下几个主要原因：

（1）中央政府行政性分权带来了地方政府利益分化。改革开放以来，中央政府实行“分灶吃饭”的财政大包干制，对地方政府进行了以下放财政权和税收权、投融资权和企业管辖权为核心的行政性分权，大幅度地扩大了地方政府的经济权限，从而在市场竞争格局和市场利益主体方面形成了两个独特的层面——企业主体和地方政府（蒋劲松，2006）。但在改革开放初期，由于市场刚刚发育、企业尚未成为真正的市场主体，为了有效地促进国家经济发展，只有强化地方政府的主体地位，以形成地方政府与地方政府的竞争格局，事实证明也确实如此，但地方政府利益主体地位强化的后果是，政府千方百计地利用行政强权来间接或直接干预、控制地方的经济活动，尤其是地方市场和国有企业，企图最大可能地扩大本地财源，这种行为必然导致市场分割、过度竞争，以及区域产业趋同等问题（黄新华，2008）。

地方政府利益主体地位的加强，使得各地方政府参与区域旅游合作与否在相当程度上取决于其能否通过依靠自身的比较优势参与区域旅游合作从而获得额外的比较利益。参与区域旅游合作从而得到额外的比较利益是解决区域旅游合作中地方政府间关系不协调的最重要手段，就是让所有参与区域旅游合作中的地区均能获得利益报酬。然而，这只是一种理想状态罢了。在现实的区域经济中，不同地区间的不平等交换和发展机会的不均等，导致这种因分工形成的经济利益在部门和地区之间的分配往往是不均等的。落后地区由于其自身在投资环境和旅游资源上的先天劣势，在资金和人才的争夺中不占优势。发达地区则依靠自身的先天优势，产业升级快。这些因利益分配不平等引起的区域间矛盾，是导致区域旅游合作发展滞后的重要原因。

（2）地方政府利益的存在使其具有经济人的本性。作为公共利益的代表，地方政府的行为目标与社会公共利益是一致的。然而，公共选择理论告诉我们，政府本身又是由各种机构与政府官员所组成的，无论政府机构还是其官员，都有自己的既得利益与行为目标。作为理性的经济人，地方政府一方面不断利用权力加强对旅游资源的控制；另一方面又与私营部门的利益结合十分紧密，在市场经济中为追求效用的最大化而行动（黄新华，2008）。地方政府通过对本地旅游企业的保护，能够得到更多的可支配旅游资源，共享他们分配给这些生产者的利润。作为地方社会经济活动的组织者和管理者，地方政府负有必要的政府行政管理职能，必须考虑地方社会经济利益，并以维护这种利益为己任。政府官员也是“经济人”，他们在制定政策时，如果没有适当的约束机制，必然会向有利于自己或本集团利益的方向倾斜。

当政府以地区利益主体的身份参与区域旅游合作时，政府就会以一个“经济人”的身份与区外政府或利益集团竞争，此时政府关注的是地区行政边界内利益最大化或成本最小化，即对区域旅游合作的利益与成本进行比较与计较，尽量地防止区内利益外溢和尽可能由区外承担发展成本。在市场经济中，各地区都有自己的经济利益，存在一定的竞争关系，他们之间的利益角逐实际上是一种博弈的关系。在互相的博弈过程中，如果没有中央政府的有效干预，地方政府很容易陷入博弈论中经常提到的“囚徒困境”，即对各地方政府自身而言是最优的策略选择，而对整体而言，却是最差的选择，从而带来区域旅游产业结构的趋同和低度化、地方旅游经济发展的短期性和盲目性。

（3）现行地方政府官员政绩考核制度不合理。由于地方政府实际上是公共管理机构，因此政府行为并不完全由经济绩效所决定，上级政府的政绩考核机制成为另一个决定性的因素。中国现行体制对地方政府的考核机制，实际上成了一种“政治锦标赛”，即对政府绩效的考核主要依据同级政府之间的相对比较位次，而不是相比于自身的实际发展成效，其奖励方式是头名获得奖励，其余参与者则所得甚少。因此，地方政府更关注如何在与同级其他政府的竞争中处于比较优势，而不是获得区域整体的经济绩效最优化。在区域旅游合作过程中，具体表现为：一旦遇到有损本地经济发展的情况，不管是否存在区域整体利益的最优化或本区域长远利益的最大化，都会采取消极策略。因为，任期内最快地发展本地经济才能使他们得到升迁机会。显然，地方政府政绩考核制度的不科学性已成为阻碍区域旅游合作顺利发展的制度性障碍。区域之间在招商引资方面的恶性竞争、基础设施的重复建设、产业结构的高度趋同等不符合经济绩效理性的政府行为而由此产生。

（4）地方政府在区域旅游合作中的市场功能过强。在分权化的制度安排下，地方政府在区域旅游合作中的市场功能过强，引起了一系列的政府失效行为，严重影响了区域经济合作发展的进程。第一，在区域旅游合作中，政府行政干预带来了外部负效应。当政府行政力量与其市场功能结合在一起的时候，政府一方面要防止区内利益外溢；另一方面区内发展成本最好由区外承担。这种因行政力量扭曲了的市场竞争形成的外部性问题，加剧了旅游资源配置的失效性及旅游利益非均衡性。第二，在区域旅游合作中，地方政府忽视了市场规则的制定。旅游企业之间联系的广泛化，要求政府制定市场规则以约束参与市场竞争的旅游企业行为，使市场竞争参与者在具有法律约束力的市场规则框架内公平地进行交易。然而，当政府代替本地旅游企业主体进行决策时，市场规则的制定往往不被重视。不受市场规则约束的市场竞争往往就不可能实现公正，而不公正的市场竞争也不可能实现资源配置的有效性。

第5章

国内旅游业跨区域合作的典型模式分析

依据区域旅游合作的经济主体及其在区域旅游合作中地位和作用，可以将旅游业跨区域合作的模式分为三种：政府推动为主模式、政府市场互动的模式及合作较成熟的市场主导模式。根据珠三角、长三角和京津冀地区旅游合作的实际情况，本书将珠三角地区旅游合作模式界定为以市场为主导的模式；将长三角地区旅游合作模式界定为政府和市场互动的模式，但长三角区域旅游合作的模式已向市场主导模式转换；而区域旅游合作相对较为迟缓的京津冀地区则应该选择以政府推动为主的模式。

5.1 珠三角旅游业跨区域合作：市场导向为主

珠三角区域是世界上唯一的“一国、两制、三地、四种文化、五个特区、六个地区荟萃”的旅游合作区域，其横跨东、中、西三大地带，既有经济高度发达的港澳地区，也有经济较为发达的广东省，还有经济发展处于一般水平的广西、福建、湖南、四川、重庆，更有经济欠发达的贵州、云南、海南、江西等。无论是从自然地理特征、资源禀赋、产业结构、经济基础、区域分工、技术水平，还是从历史背景、文化传承、开放观念、人口素质等来看，珠三角各区域之间的差异性都很突出，而这也正是其开展区域旅游合作的最根本动力之一。具有典型异质性的珠三角地区开展区域旅游合作和发展是一种全新的模式，政府虽然在其中起着重要的推动作用，但是旅游企业是旅游合作的运作主体，因而珠三角区域的旅游合作模式是市场导向为主的模式。

5.1.1 珠三角区域旅游合作的现实基础

珠三角地区的范畴是随着经济的发展而不断变化的，从最初只包括广州、深圳和珠海的“小珠三角”，扩大到包括广州、深圳、珠海、东莞、中山、佛山、江门、惠州、肇庆等广东省九个地级市以及香港和澳门两个特别行政区的“大珠三角”，最后扩大到包括沿珠江流域的广东、福建、江西、广西、海南、湖南、四川、云南、贵州等九个省区以及香港和澳门两个特别行政区的“泛珠三角”。泛珠三角区域各省区均直接或间接地与珠江流域的经济流向和文化发展有着密切的联系，并且在资源、产业、市场等方面有较强的互补性，合作具有极大的发展潜力。需要说明的是，本书范围内的珠三角区域涵盖上述三个范畴。

1. 珠三角区域经济合作进程的加速

纵观三十年的粤港澳区域经济合作，经济处于起飞阶段的广东居于主动角色，而出于保持本地产业优势的考虑，香港特区无疑是处于较为保守的合作局面。然而，随着《珠江三角洲地区改革发展规划纲要》（2008～2020年）的出台及其对大珠三角都市圈和经济融合的长远规划，特别是内地强劲的经济增长，以及出于对香港被边缘化的担忧，香港社会各界已经达成共识，香港与内地尤其毗邻的广东珠三角加强合作，甚至走向经济一体化，将会是双赢的局面，而且是无可避免的历史大趋势。《珠江三角洲地区改革发展规划纲要》（2008～2020年）出台后，粤港合作被确认为未来大珠三角合作最重要的领域，特别是国际金融危机爆发之后，拓展合作空间和合作模式成为粤港两地共识，而香港也变得较以往更为主动，继政务司司长唐英年访问珠三角九市后，香港更与珠三角九市代表签署合作协议，显示香港参与珠三角合作的强烈愿望。

在粤港澳大珠三角区域经济合作进程日渐加快的背景下，泛珠三角区域经济合作的步伐也逐步加快。泛珠三角区域合作是按照“一国两制”方针，遵守中华人民共和国香港、澳门两个特别行政区的基本法和全国统一的相关法律、法规，在《内地与香港关于建立更紧密经贸关系的安排》和《内地与澳门关于建立更紧密经贸关系的安排》（以下简称“CEPA”）框架内，内地九个省区和港澳两个特别行政区展开的合作。自 2004 年成功举办以来，泛珠三角区域合作与发展论坛和泛珠三角区域经贸合作洽谈会每年召开一次，截至 2018 年已经连续举办 12 次。根据国民经济和社会发展规划的总体要求，泛珠三角省区坚持区域协调发展和可持续发展，充分发挥各方的优势和特色，互相尊重，自愿互利，按照市场原则推进区域合作，拓宽合作领域，提高合作水平，形成合作互动、优势互补、互利共赢、共同发展的格局，拓展区域发展空间。

2. 珠三角区域旅游合作的资源禀赋

泛珠三角地区横跨粤港澳三个经济最为发达的地区以及中南、东南和西南其他八个内地省区，既具有优越的地缘优势，又具有丰富的旅游资源，乃至多样的文化制度。其中，香港特区以其自由港和亚太地区国际旅游中心、购物天堂的地位成为该旅游区的前沿阵地，中英文化交融的特色浓郁；澳门特区以其荟萃四百年的中葡文化以及在国际上颇负盛名的博彩旅游特色，成为该旅游区前沿一翼；深圳、珠海为沿海经济特区、改革开放的风向标、新型现代化都市；广州则为中国南方政治经济文化重心、国际化大都市。广东省境内拥有国家 5A 级旅游景区 13 个，国家级 4A 旅游风景名胜区 60 处，森林公园 18 处，历史文化名城 6 个，2 个国家级和 8 个省级旅游度假区，成为港澳广阔的腹地，其多样化的旅游资源、丰富的客源市场和巨大的发展潜力，构成了大珠三角的基础后座。此外，川滇藏香格里拉生态旅游区、滇黔桂喀斯特地貌生态旅游区，以及渝川黔金三角旅游区等西南区域内的区域旅游合作已经日渐成熟。

总体而言，泛珠三角各省区旅游资源的分布特征为：四川与云南两省属于资源高度富集区，福建、湖南次之，但这些资源富集区与其旅游外汇收入的状况并不相配，这种不一致表明区域内旅游业仍有较大的发展潜力。资源富集但旅游业欠发达，说明旅游资源与市场尚有很大的开发与发展空间；资源欠富集但旅游业较发达，说明该地区非自然资源吸引类旅游产品开发较成熟，具有较好的经济实力，往往既是客源地又是目的地。这种资源富集程度与旅游业发达程度的不一致表明区域内旅游业发展要素互补性强，各方合作的基础比较好。再者，泛珠三角区域旅游资源具有明显的差异性和互补性，从闽、粤、琼、桂及港澳的滨海和海洋旅游，到云、贵、川的高山峡谷旅游；从粤港澳的都市观光游，到西部山村小寨的寻幽探奇，区域性主体旅游资源互补性很强。整个区域旅游资源的上述差异，导致开发利用方面存在着很大的互补性，成为区域旅游合作最根本的条件。

3. 珠三角区域内旅游业的快速发展

珠三角地区是我国旅游业最发达的地区之一。区域内的香港和澳门特区均是我国旅游业最发达的地区之一。2017 年，香港特区接待入境旅游人数高达 5847.2 万人次，同比增长 3.2%；澳门特区接待入境旅游人数高达 3940.6 万人次，同比增长 9.8%。泛珠三角地区包括的内地九个省区，总体上来看也是内地旅游业比较发达的地区。2018 年，九个省区旅游收入合计高达 64889.2 亿元。其中，广东省旅游收入高达 13610.66 亿元，同比增长 13.5%，已连续多年位居内地旅游收入第 1 位；福建省旅游外汇收入达 601.63 亿元，位居旅游外汇收入第 2 位；云南省旅游外汇收入位居全国第 5 位①；四川、重庆、湖南、海南、江西等省份的旅游资源十分丰富，当地政府发展旅游业的积极性很高，旅游业发展势头十分强劲。珠三角地区主要城市的旅游统计如表 5.1 所示。此外，统计数据显示，内地九个省区与港澳之间的互为旅游客源地的趋势日渐增强。区域旅游市场的这种流动，主要是由于区域西部向往东部的海洋生态游和商务购物游；区域东部向往西部的山水森林游、冰川峡谷民族风情游等。区域东西部旅游动机的互补性很高，所以泛珠三角区域完全可以实现区域内旅游客源互流互送，进而最终实现旅游市场的共享。

表 5.1　　2018 年珠三角地区主要城市旅游统计

城市	国际旅游			国内旅游		
	入境人数（万人次）	外汇收入（万美元）	比 2017 年增长（%）	游客（万人次）	旅游收入（亿元）	比 2017 年增长（%）
广州	900.63	648214.18	2.7	5631.93	3579.24	12.3
深圳	1217.09	512093.94	2.7	5187.90	1270.44	10.6
珠海	325.97	146829.97	21.3	2126.65	368.99	29.0
汕头	33.78	19874.12	24.8	2130.65	521.32	20.0
佛山	156.89	161095.78	6.4	1538.42	702.53	15.4
江门	238.14	135315.47	4.9	2471.48	497.29	22.7
湛江	42.57	11724.29	9.0	2596.84	503.13	21.5

① 资料来源：根据《中国旅游统计年鉴（2017～2018）》整理。

续表

城市	国际旅游			国内旅游		
	入境人数（万人次）	外汇收入（万美元）	比 2017 年增长（%）	游客（万人次）	旅游收入（亿元）	比 2017 年增长（%）
东莞	250.72	163011.64	2.2	1935.75	421.5	10.6
福州	162.00	180638.00	20.4	—	—	—
厦门	359.60	389671.00	16.4	—	—	—
泉州	178.00	178411.00	32.0	—	—	—
南昌	29.12	12680.93	27.2	8545.70	1061.94	20.5
南宁	64.40	288892.00	8.9	13094.60	1368.42	23.3
海口	26.13	—	—	1639.21	—	—
重庆	388.02	218989.00	12.4	—	—	—
成都	340.61	144660.88	6.0	24017.29	3616.87	22.8
昆明	142.20	68400.00	28.6	15911.23	2135.21	35.7

注：—表示统计年鉴中该数据缺失。
资料来源：根据《中国旅游统计年鉴（2019）》的相关数据整理。

4. 珠三角优越的区位与便利的交通

推进区域旅游合作需要基础设施支撑，其中最主要的是交通基础设施，而珠三角区域在交通基础设施方面则拥有较好的优势。公路方面，泛珠三角公路通车里程为 71.5 万千米，占全国的 40%；公路网密度是全国平均水平的 2 倍；高速公路总规模近 1 万千米；区域内有 8 条国道主干线，规划里程近 1.2 万千米，已经建成 75%，日均交通量超过 1.3 万辆。此外，国家还规划为泛珠三角地区安排 22 条路线，规模大约为 3 万千米。内河方面，泛珠三角九个省区通航里程 1.8 万千米，占全国的 13.5%；今后还将加快红水河复航，建成云南、贵州、广西等西南地区通畅的出海通道。铁路方面，泛珠三角地区的国家铁路营业里程近 1.5 万千米，约占国家铁路总营业里程的 1/4①；铁道部规划到 2020 年，泛珠三角区域铁路营业里程达到 2.9 万千米，此外，根据 2012 年《珠三角城际轨道交通规划实施方案》，珠三角地区将规划广州—珠海、广州—佛山等 15 条城际轨道交通线路，合计里程约 1430 千米，规划建成后珠三角将形成“三环八射”城际轨道交通网络构架，最终形成以广州、深圳、珠

① 资料来源：根据互联网相关资料整理。

海为主要枢纽，覆盖区内主要城镇，便捷、快速、安全、高效的城际轨道交通网络，实现以广州为中心、主要城市间 1 小时互通，以及珠三角中部、东部和西部三大都市区内部更为紧密的交通联系。按照现有的规划，到 2020 年将建成 21 个城轨项目；到 2030 年，珠三角地区将进一步基本实现县级以上城镇的轨道交通全覆盖，城镇覆盖率达 66% 以上。此外，珠三角地区的城际轨道线网还将预留与粤西、粤东、粤东北地区的接口，其轨道密度将达到世界先进水平。

5.1.2 珠三角区域旅游合作的演进历程

珠三角区域旅游合作的发展历程中，存在四个标志性的事件：一是 1997 年香港回归祖国和亚洲金融危机的爆发，促使粤港加强合作应对危机，标志着两地区域旅游合作的实质性进展；二是 2003 年《内地与香港关于建立更紧密经贸关系的安排》和《内地与澳门关于建立更紧密经贸关系的安排》的 CEPA（Closer Economic Partnership Arrangement）文件签署，标志着粤港澳经济合作步入更高的发展阶段；三是珠港澳大桥以及珠港澳大湾区的建造和规划，使得粤港文旅业交流更加便捷；四是《泛珠三角区域深化合作共同宣言（2015 ~ 2025 年）》标志着合作进入深化发展阶段。依据上述标志性事件，本书将珠三角区域旅游合作的演进历程分为四个阶段。

1. 珠三角区域旅游合作的起步阶段（1978 – 1997 年）

改革开放之后，依托良好的引资环境和经济特区的政策优势，广东省尤其是深圳市成为吸引香港特区和澳门特区资金最多的省份，而且相互之间展开了多种多样的合作方式，比如来料加工、来件装配以及前场后店、三资企业等，促进了粤港澳三地之间的频繁商贸往来，进而带动了三地之间巨大的客流互动。1984 年，澳门特区旅游司提出了澳门旅游业是以广东为后盾的观点。1987 年，广东省旅游局提出了“粤港澳大三角国际旅游区”的战略构思。1988 年，粤港澳大三角旅游发展研讨会在广东省中山市召开，会上广东省旅游局形成了粤港澳区域旅游合作的理论雏形，并得到了粤、港、澳及国际旅游界的普遍重视和支持。

1993 年，广东省旅游局、香港特区旅游协会、澳门特区旅游司在香港联合成立了粤港澳珠江三角洲旅游推广机构，这是粤港澳大珠三角旅游合作机制的正式启动，是粤、港、澳旅游合作从理论构想进入到实质运作阶段的标志性事件。粤、港、澳的旅游合作从联合推广旅游产品，到共同打造“一江珠水，三颗明珠”的国际旅游品牌，再到资源共享、市场共享、信息共享、优势互补，共同建造粤港澳旅游信息平台。在此背景下，港澳在广东省积极投资兴建星级旅游饭店，例如白天鹅酒店、石景山旅游度假中心等一批高等级饭店；粤港澳合资建设旅游景点，例如中国香港旅游社与深圳华侨城经济发展总公司共同投资建造深圳市首座主题公园——锦绣中华等。1997 年，粤港澳旅游部门首次在广州联合召开“粤港澳旅游合作联席会议”，提出三方应在联合推广旅游形象、旅游线路基础上，更深入地在资源开发、景区和酒店规划建设、人才培训、交通共建、信息交流等方面实施全面合作，进一步推进合作进程的深入。

2. 珠三角区域旅游合作的发展阶段（1997 ~ 2003 年）

1997 年 7 月，香港正式回归祖国，成为中国的特别行政区，这极大地推动了粤、港旅游合作的进展。同年，亚洲金融危机爆发，给香港经济造成极大的影响。在此背景下，为了帮助香港恢复经济，将金融危机的影响降低到最低，同时推动香港与内地的经济合作，粤、港开展了积极的旅游合作，推动了内地香港旅游热。在这一特定的历史阶段，粤港澳区域旅游合作既有共同应对外部金融危机挑战的合作意愿，又有共同应对港澳游升温的合作需求。因而，区域旅游合作进入空前活跃的阶段。1998 年底，粤港澳召开第一次粤港合作联席会议，推动粤港澳区域旅游合作由部门行业协作上升到政府主导的整体旅游业合作层面。1999 年，粤港澳旅游发展第二次研讨会在澳门特区举行，会议总结了珠江三角洲旅游推广机构成立六年来所取得的成果，进一步就合理协调和配置三地旅游资源，粤港澳旅游产品的互补，区内旅游的良性循环和区内、国内、国外全方位的市场开拓，区域旅游交通，区域旅游形象和宣传，生态旅游等问题展开深层次研讨，将粤港澳旅游业联合推向更新、更高、更深的层次。

2000 年，粤、港、澳旅游部门合作开发建设的全球首个介绍大珠江三角洲旅游资源的网站开通，这意味着粤港澳区域旅游合作的网络信息平台搭建工作开始启动，开始了粤、港、澳旅游共同营销的合作进程，也是粤、港、澳区域旅游一体化进程的重要标志性事件。同年9月，粤港合作联席第三次会议召开，重点讨论了环境保护问题，并成立了可持续发展合作小组。同年11月，广州、深圳、珠海、东莞、中山、佛山、江门、惠州、肇庆等广东省9个地级市与香港特区和澳门特区实现6天24小时便利签证，使得粤港澳区域互为客源市场与目的地发展进入实质阶段。2001年7月，广东中旅股份有限公司成立，这是中国首家粤港澳旅游企业；粤港合作第四次联席会议召开，会上双方就口岸合作、东江水质等流向合作议题达成协议，为落实有关协议，香港特区政府专门设立了粤港合作统筹小组。2002年9月，粤港澳旅游信息平台启动，这标志着跨区域的粤港澳旅游形象宣传和信息化公众网络服务的正式建立，促进了旅游行业沟通交流和以粤港澳为基础延伸至全国乃至国外的全方位的宣传营销体系。

2002年9月，粤港澳旅游工作会议顺利召开，并达成多项共识：粤、港、澳旅游合作列入当地政府高层会晤的主要议题，成立粤港澳旅游协作机构，政府高层决策，旅游部门具体操作，粤、港、澳将积极实施与完善“珠三角六天便利措施”；同时，实施了入境港澳外国人144小时便利签证政策，中国大地取消内地居民赴港澳旅游的配额限制，放开经营内地居民港澳游的旅行社数量。同年10月，面对粤港澳进一步开放与合作的态势，广州、深圳、珠海旅游局长共同签署《广州、深圳、珠海旅游合作备忘录》，联手推出“活力广东，精彩广深珠”的区域旅游品牌营销，以对接港澳旅游热的历时性机遇。自此，深圳—香港和珠海—澳门的点—轴结构形态，演变为“广州—深圳—香港—澳门—珠海—广州”的环状结构形态，旅游合作进入空间多极化、产业一体化、形式多元化、操作规范化与制度化的中兴阶段。

3. 珠三角区域旅游合作的提升阶段（2003～2013年）

2003年6月，《内地与香港关于建立更紧密经贸关系的安排》和《内地与澳门关于建立更紧密经贸关系的安排》签署之后，香港特区服务业进入内地的门槛降低，粤港澳之间各种旅游流更加自由畅达；同年“五一”之后，广东全省居民都可以开展个人赴港澳旅游，随即拓展到内地一些重要的客源城市和省区市。这是粤港澳旅游一体化进入成熟运作的重要标志。同年8月，粤港合作第六次联席会议召开，双方本着“前瞻、全局、务实、互利”的指导原则，确立了粤港合作的新架构和新机制，明确了粤港今后合作发展的总体思路，确立了近期重点加强合作的 12 个方面内容，并将原来的“双首长制”升格为双方行政首脑出面主持的粤港合作联席会议制度，双方增设粤港发展策略协调小组。同年 10 月，粤港澳三地签署《粤港澳文艺合作协议书》，内容涉及演艺人才交流、剧节目合作、售票网络合建、文化咨询交流共享、文博考古合作、图书馆数字化联网、联合申报粤剧为“人类口述和非物质遗产代表作”等五大合作项目，加速了粤港澳一体化进程。2003 年，建设部和广东省政府联合组织《珠江三角洲城市群规划》编制工作，对珠三角各城市的环境、交通、水资源、行政区划调整、产业创新整合、城镇发展等方面进行详细调研、讨论、规划，为珠江三角洲的旅游业合作与一体化发展指明了方向和架构，加快粤港澳和珠江三角洲的一体化进程。

2004 年 1 月，《内地与香港关于建立更紧密经贸关系的安排》正式实施，对以广深珠港澳为核心的粤港澳旅游一体产生了极大的区域影响。粤东地区率先响应，梅州与粤东潮州、汕头、揭阳、汕尾等地合作，成立“粤东旅游协作圈”，围绕旅游线路组织、客源互送及旅游发展经验交流开展合作；粤北地区跟进，韶关各县共同打造“粤北生态旅游区域”；粤西不甘落后，于 2004 年 8 月与桂东两地八市（即广东的茂名市、湛江市、云浮市、阳江市，广西的北海市、玉林市、贵港市、防城港市）开展合作，就互为区域市场、旅游精品线路整合、联合促销、创立区域旅游品牌等项目，启动了两地八市区域旅游合作机制。

2004 年 6 月，首届泛珠三角区域合作与发展论坛在香港开幕，泛珠三角“9 +2”省区政府领导共同签署《泛珠三角区域合作框架协议》，标志着泛珠三角区域合作机制的正式启动，这是我国为适应经济全球化和区域经济一体化发展趋势而采取的一项重大举措。协议中，旅游业被确定为落实泛珠三角区域合作的十大领域之一，合作涉及包括旅游在内的十大领域，并明确指出各方支持全面推进区域旅游合作，共同研究制定区域旅游发展战略和市场开发策略；建立区域旅游信息库；构建区域旅游网络营销系统，创建旅游电子商务服务平台；共同策划和推广区域精品旅游线路，树立区域旅游形象，打造区域旅游品牌。时任国家旅游局副局长的孙钢在首届泛珠三角区域合作与发展论坛上，发表了题为《大力推进“泛珠三角”的旅游合作发展》的演讲，提出国家旅游局将全力推进“泛珠三角”的旅游合作与发展，并希望即将建立的“9 +2”

最高行政首长会议制度、政府秘书长协调制度和政府部门协调制度，能够把推进发展“9+2”区域旅游合作作为一项重要议事日程，推进“9+2”区域旅游合作不断向广度和深度进军。

为贯彻落实《泛珠三角区域合作框架协议》，以旅游业一体化为先导，实现泛珠三角区域各城市旅游业的共同繁荣和发展，推进泛珠三角经济一体化，2004年7月，泛珠三角区域福州、厦门、九江、长沙、张家界、广州、深圳、珠海、桂林、海口、三亚、成都、贵阳、昆明等14个城市签署《泛珠三角区域（部分）城市旅游合作协议》。协议通过之后，东部沿海城市在旅游资源开发中以都市旅游业、会展旅游业、商务旅游业为主，西部省区着重生态旅游资源、民俗旅游资源、历史文化旅游资源的开发；各方还将共同建立区域旅游信息库，创建旅游电子商务服务平台；共同建设无障碍的泛珠三角大旅游区，逐步取消泛珠三角九省区国内旅游地陪制及其他旅游壁垒和进入障碍。

无障碍旅游区的构建是区域旅游合作达到成熟化的重要标志，是区域旅游合作的高级表现形式。2004年9月，广州、佛山、肇庆、桂林、梧州、贺州六市签署了《无障碍旅游区共同守则》，标志着泛珠三角首个无障碍旅游区正式启动，是打造泛珠三角经济区无障碍旅游区的试点和开端，这也是国内无障碍旅游区首次真正开始运行。按照该守则，六市取消由当地旅行社接待游客的习惯做法。2005年1月1日起，广西、广东两省区旅游局正式启动两广无障碍旅游区建设，由两省区旅游、交通、公安交警部门联合制定的《启动两广旅游交通无障碍规范经营的实施意见》同时发布实施，允许双方旅行社不需经地接社和配备地陪对旅游团队操作实行组团、接待一条龙服务；互相开放旅游市场，支持旅行社通过参股、并购直接设立品牌输出等形式跨省区设立法人资格分支机构，允许具备《旅行社管理条例》规定条件的旅行社跨省区设立非法人分支社；双方共同协调和管理跨省区的旅游市场，维护两地正常的旅游市场秩序，建立和完善关于两地旅游突发事件的应对处理机制，建立双方旅游投诉和应急事件处理热线电话，建立“黄金周”期间预测预报及重大事件通报制度。

与此同时，2004年9月30日，闽粤赣十三市签订了旅游交流与合作协议。协议规定，从2005年1月起，闽粤赣十三市设立无障碍旅游区，拓宽闽粤赣十三市旅游走廊。2005年11月，作为广东国际旅游文化节的一项重要内容，泛珠三角城市旅游发展高峰论坛召开了高层研讨会，会议达成了《泛珠三角城市旅游发展（广州）共识》，共识包括泛珠三角区域旅游合作、区域旅游品牌的塑造、旅游资源和产品的整合和保护、旅游信息的交流与一体化、区域旅游的便利措施等多方面内容；明确提出近期的合作重点是：互为市场、互为腹地、互送客源，提高区域内旅游的效益水平；共同开发旅游市场、共同策划和推广区域精品旅游线路，打造泛珠三角旅游的整体品牌；开放市场和优化服务，推出旅游便利化服务措施，把泛珠三角旅游区建成中国最大的跨省市的无障碍旅游区。2007 年 5 月，赣州、龙岩、漳州、三明、广州、梅州、惠州、汕尾等赣闽粤三省八市旅游局代表签订了《红色旅游合作协议书》。按照协议书，八个城市将正式设立闽粤赣区域无障碍红色旅游区，允许旅行社无需经地接社和配备地方导游对“红色之旅”旅游团队实行组团、接待一条龙服务。

2008 年 11 月，两广十市区域旅游合作第九届联席会议在贵港举行，签订《两广十市深化区域旅游合作协议书》，就进一步深化“两广无障碍旅游区”合作达成四项共识。一是区域旅游合作将从行政层面转向企业运作，在两广十市区域旅游城市在目标制定、机制建立等行政管理工作基本完成的基础上，运用市场化手段将两广十市旅行社、旅游景区、旅游饭店等之间的经营合作关系建立起来。二是区域旅游合作将从固定性转向多形式化。两广十市之间的区域旅游合作将在范围上、内容上有所突破，打破常规向多形式化发展，在遵守框架性合作协议的前提下，根据需要建立小范围、多形式的合作关系。三是区域旅游合作要真正形成宣传促销联盟，通过城市之间线路互推、客源互送、信息互通、资金互用等手段构成协作关系，最终形成合作联盟的整体优势。四是区域旅游合作要充分发挥协调与服务作用，两广十市之间的领导机构要充分发挥协调与服务作用。

2009 年 6 月，第五届泛珠三角区域合作与发展论坛暨洽谈会旅游合作磋商会在广西南宁举行，“9 +2” 各方旅游主管部门参加了磋商会。磋商会就加强旅游合作、应对金融危机、共同推动泛珠三角区域旅游业发展达成系列共识，并签署了《泛珠三角区域旅游合作框架协议》。

2012 年 11 月，第八届泛珠三角区域合作与发展论坛暨经贸洽谈会在海南举办，大会的主题为“合作共赢，共创未来”下，突出“绿色发展，合作共赢”。会议的焦点集中在如何扩大区域合作领域、完善区域合作机制、提升泛珠区域整体国际竞争力等。会议在海洋经济、综合交通、战略性新兴产业等10个方面达成共识。经过多年的探索，泛珠区域合作已成为我国区域合作的典范之一。

4. 珠三角区域旅游合作的成熟阶段（2014年至今）

2014年10月，泛珠三角区域合作行政首长联席会议在广州召开，“9+2”各方行政首长共同签署《2014年泛珠三角区域合作行政首长联席会议纪要》《泛珠三角区域深化合作共同宣言（2015～2025年）》。会议确定了未来的十项工作重点：一是争取将泛珠合作纳入国家国民经济和社会发展“十三五”规划纲要；二是加强交通基础设施建设合作；三是加强能源水利等重大基础设施建设合作；四是合作推进“一带一路”建设；五是加强城镇化发展的交流合作；六是加强商贸金融合作；七是加强产业合作；八是加强生态建设和环境保护工作；九是深化旅游合作；十是深化社会事业合作。会议还明确，泛珠大会每两年在广州举办一次，将扩大参与范围，适当引入市场化资源进行运作。

2017年9月，泛珠行政首长联席会议在湖南长沙举行，泛珠合作各方旅游部门负责人共同签订《泛珠区域旅游大联盟合作协议》，协同推进区域内各省区互为旅游客源地和旅游目的地。根据联盟协议，泛珠各方将在共同打造泛珠旅游品牌和精品线路、联合开展旅游整体营销、促进内地与港澳旅游合作、共同提振入境旅游、共建良好旅游市场秩序、加强旅游人才培养和智库合作、完善合作机制等七个方面深入开展合作，将泛珠区域丰富的旅游资源转化为经济发展的新动力。

2018年，泛珠三角区域合作行政首长联席会议在广东省广州市召开。此次会议泛珠区域合作已站在新的历史起点上，会议围绕“把握粤港澳大湾区机遇，辐射带动泛珠区域发展；推动泛珠区域高铁经济带建设；加强泛珠区域生态环保合作”等议题进行了讨论。泛珠合作各方共同确定了七项年度重点工作：一是把握粤港澳大湾区机遇，辐射带动泛珠区域发展；二是构建区域协同的现代产业和创新体系；三是大力推进统一市场建设；四是健全互联互通的基础设施网络；五是推进区域生态文明共建；六是共同深化对外开放；七是推动社会事业领域协作。

5.1.3 珠三角区域旅游合作的模式分析：市场导向为主

在国内各旅游合作区域中，以广东省、香港特区和澳门特区为主体的粤港澳大珠江三角洲旅游区是目前中国旅游业区域合作开展得最为成功的地区。港澳旅游区域位于我国华南地区，地处中国和东南亚及南亚的过渡地带，处于极为重要的战略位置。该区域以广东省、香港特区和澳门特区三省区为核心区域，辐射到周边的海南、广西东南部、湖南和江西南部、福建西部，形成我国目前范围最大、旅游经济最发达的泛珠三角跨省区旅游合作区域。珠三角区域在合作之初就确立了“自愿参与、市场主导、开放公平、优势互补、互利共赢”五大原则，其中“市场主导”按照“市场运作、政府推动”的方式推进区域旅游合作。也就是说，较为清晰地界定政府和市场作用的相关领域，其中将政府的作用集中在撤除区域行政壁垒、提供区域无差异的公共产品、创造区域旅游合作的良好发展环境；同时，充分利用市场机制的作用，发挥旅游企业作为旅游合作主体的作用，将旅游企业推上促进区域旅游一体化的前台，依法自主决策投资经营，达到旅游企业发展、地域发展和旅游一体化的多赢目标。由此可见，珠三角区域旅游合作模式是以企业为主体，由市场为主导的宽领域、多形式、全方位区域旅游合作模式，也就是通常所说的“政府搭台，企业唱戏”。

一般情况下，旅游业跨区域合作初期政府处于主导地位并扮演主角，也即应该选择以政府推动为主的区域旅游合作模式。回顾珠三角区域旅游合作的演进历程，可以发现，珠三角区域旅游合作初期就是以政府推动为主的旅游业合作模式。例如，1984 年，澳门特区旅游司提出了澳门特区旅游业是以广东为后盾的观点。1987 年，广东省旅游局提出了“粤港澳大三角国际旅游区”的战略构思。1988 年，粤港澳大三角旅游发展研讨会在广东省中山市召开，会上广东省旅游局形成了粤港澳区域旅游合作的理论雏形，并得到了粤、港、澳及国际旅游界的普遍重视和支持。2000 年，粤、港、澳旅游部门合作开发建设的全球首个介绍大珠江三角洲旅游资源的网站开通，这意味着粤港澳区域旅游合作的网络信息平台搭建工作开始启动，开始了粤、港、澳旅游共同营销的合作进程，也是粤、港、澳区域旅游一体化进程的重要标志性事件。由此可见，珠三角旅游业跨区域合作初期均是由珠三角相关政府旅游部门提出并推动发展的。

在珠三角区域旅游合作初期，政府主导型的旅游合作模式特点比较明显，这是不容否认的事实，而且也有其客观存在的道理。首先，政府引领旅游企业参与省际的经济合作，促成相关旅游合作项目。例如，广东省经贸旅游部门先后组织了4批560多人的经贸旅游考察团到6省进行“相亲”，而四川、广西、云南、江西的政府部门也纷纷南下寻找商业合作伙伴。其次，政府签署各项区域经济合作协议，为区域旅游合作提供可靠的制度保障。例如，政府签署了如《泛珠三角区域合作框架协议》《泛珠三角区域（部分）城市旅游合作协议》和《粤港澳文艺合作协议书》等多项与区域旅游合作相关的协议。最后，推动地区交通、通信等基础设施的建设，为区域旅游合作提供保障。例如，广东提出加强泛珠三角基础设施建设，把泛珠三角建设成以珠三角为中心的一个经济圈。政府主导型合作模式的优势在珠三角经济合作初期完全展现出来，充分体现了在合作初期政府主导型的经济合作的高效率。

然而，政府主导型的区域旅游合作只是权宜之计，不是长远之策。政府主导型的合作模式向市场主导型的区域经济合作模式过渡是必然的趋势。随着市场经济的不断深化和发展环境的逐步改变，为了增强企业自身的竞争力和获取更多的利润，珠三角区域内的旅游企业在充分借助政府推动作用减少跨区域扩张障碍的同时，不断进行资源的整合和扩张，并有意识地逐步实现旅游企业的跨区域联盟，实现从自发合作向自觉合作的有效转变。例如，2001年，由粤港澳中旅共同发起联合三地6家知名企业投资成立了中国首家粤港澳旅游企业——广东中旅股份有限公司。2002年，香港特区、澳门特区、广州、深圳、珠海5个机场共同组织了“AS”机场组织，首次向国际推介珠三角五大机场融合的概念，寻求与世界各大航空公司的合作。自1985年“广之旅”成立以来，在珠三角区域迅速实现品牌扩张。这些旅游企业是区域旅游合作进程中更为活跃的经济主体，在区域合作组织搭建的平台以及城市政府所布局的新市场环境中，通过联合、扩张、资源整合以及品牌创新等获取新的竞争力，吸引更多的区域内外游客，从企业层面进一步促进区域旅游一体化进程。

5.1.4 珠三角区域旅游合作的运行机制

珠三角地区是我国旅游业跨区域合作最成功的地区之一。从本质上而言，珠三角区域旅游一体化进程的成功推动，应当归功于珠三角区域旅游合作的有效运作机制。与欧盟区域旅游合作和大湄公河次区域旅游合作横跨多个国家或地区不同，珠三角区域旅游合作是在一个国家之内进行的，但其又涉及不同的政治制度和文化环境，针对上述运作前提，珠三角地区旅游业跨区域合作过程中建立了高效的区域旅游合作协调机制，充分发挥旅游企业在旅游合作中的主体地位，并积极构建区域旅游合作的公共信息平台。

1. 建立高效的区域旅游合作协调机制

区域旅游合作组织及其立法地位与机构行动能力是区域旅游合作成功的最重要因素。为了保证有效地开展区域旅游合作，拓展合作渠道，珠三角区域各省区建立了高效的区域旅游合作协调机制。具体而言，珠三角区域旅游合作协调机制包括三个层次：第一层次是内地省长、自治区主席和港澳行政首长联席会议制度，每年举行一次会议，研究决定区域合作规划，协调推进区域合作的重大事宜；第二层次是内地省区旅游主管部门负责人和港澳行政旅游负责人参加的协调制度，组织相关旅游部门联合编制推进旅游合作发展的专题计划，并向年度最高行政首长联席会议提交区域旅游合作进展情况报告和建议；第三层次是建立内地省区和港澳特区旅游部门衔接落实制度，协议各方责成有关旅游主管部门加强相互间的协商与衔接落实，对具体合作项目及相关事宜提出工作措施，制订详细的合作协议、计划，落实本协议提出的合作事项。本质上，珠三角区域旅游一体化进程的推动，应当归功于这种成熟的合作联谊会议机制。这种常设性的会议机制面对的问题虽然不仅局限在旅游领域，而是涵盖经济社会的方方面面，但旅游合作问题置于合作联席会议机制中予以政策协调，保障了合作运行的正确方向和轨迹。此外，鉴于珠三角区域跨越不同社会制度空间，粤港澳旅游主管部门之间建构了合作共同体——粤港澳珠江三角洲旅游推广机构，形成了粤港澳旅游发展研讨会的会议机制，共同探讨三地旅游合作面临的共同命题。

2. 发挥旅游企业在合作中的主体地位

地方政府、旅游企业和行业协会等都是区域旅游合作的参与主体。然而，从理论上来说，推动区域合作的主导力量是市场，主体是企业。即旅游企业才是区域旅游合作的直接主体，旅游企业联盟是提高区域旅游竞争力的核心所在。珠三角旅游业跨区域合作过程中，一方面，积极支持旅游企业的联合和扩张，例如，“广之旅”在珠三角区域的品牌扩张；以白云机场和香港机场分别联合不同旅行社形成的“经广飞”“经港飞”；广东国旅股份有限公司、广东中旅股份有限公司和中青旅广州国际旅行社有限公司联合组成的“国中青”

共同体，佛山禅之旅、佛山国旅以及佛山中旅联合成立的“佛联假期”联合体中心；东莞青旅和深圳国旅联手打造的“东青旅游”。另一方面，珠三角重视旅游企业对资源配置的创新，如广深珠港澳旅行社联合旅游景区对区域旅游线路的设计、营销和整合；深圳22家旅行社签订的《联合抵制香港游“零负团费”不正当竞争公约》，承诺提供优质诚信服务，实施以来，深圳访港旅客投诉总体下降了70%。

3. 构建区域旅游合作的公共信息平台

在信息经济时代，信息是影响策略行为的一个重要因素。信息经济学认为，达到帕累托效率最优状态的条件是拥有完全信息，而且完全信息也有利于参与方的决策更趋理性，增强合作行为的稳定性。珠三角区域旅游合作不仅局限于推广旅游产品，共同打造珠三角国际旅游品牌，而且还涉及资源共享、市场共享和优势互补。实现共享和互补的前提就是信息共享，为此珠三角区域旅游合作过程中积极构建区域旅游合作公共信息平台。例如，2000年，粤、港、澳旅游部门合作开发建设的全球首个介绍大珠江三角洲旅游资源的网站开通，这意味着粤、港、澳区域旅游合作的网络信息平台搭建工作开始启动，开始了粤、港、澳旅游共同营销的合作进程，也是粤、港、澳区域旅游一体化进程的重要标志性事件。

5.2 长三角旅游业跨区域合作：政府市场互动

转型经济时期，如何打破地区之间的行政壁垒，促进旅游产品和要素的流动，推进区域旅游经济合作，是长三角地区旅游产业改革和发展的重要课题。长三角旅游业跨区域合作并非简单地依靠行政、计划和政府间的协调手段，而是较为清晰地界定政府和市场作用的相关领域，其中将政府的作用集中在撤除区域行政壁垒，提供区域无差异的公共产品；同时，充分利用市场机制的作用，将旅游企业推上促进区域旅游一体化的前台，达到旅游企业发展、地域发展和旅游一体化的多赢目标。因此，长三角旅游业跨区域合作模式是一种政府和市场互动的模式。

5.2.1 长三角区域旅游合作的现实基础

长三角地区是指以上海为中心的大都市经济圈，包括上海市、江苏的苏南地区以及浙江的东北地区，其中苏南地区包括南京、苏州、无锡、常州、扬州、镇江、南通、泰州八个城市；浙东北地区包括杭州、宁波、湖州、嘉兴、绍兴、舟山、台州七个城市。长三角地区是我国经济最为发达的地区之一，被公认为中国目前经济发展速度最快、总量规模最大、内在潜质最佳、发展前景最好的经济区。长三角区域经济一体化进程的加速、区域内丰富的旅游资源、区域内旅游业的快速发展，以及长三角优越的区位和便利的交通、共通的文化背景等，为长三角区域旅游合作发展奠定了坚实的基础条件。

1. 长三角区域经济合作进程的加速

长三角地区，地缘相邻、文化相近、人缘相亲。在长期的历史发展中，形成了特殊的地缘关系和紧密的社会联系；尤其是近代以来，伴随着商品经济的发展，苏南地区成为我国民族工业的重要发祥地，浙江则形成了较具规模的商业贸易，而上海作为江浙的经济中心，则成为两地的产品和原料的重要集散地。改革开放以来，在政策导向和体制创新等多重因素的推动下，长三角区域间的联动发展被激活，企业组织间的跨行政区划互动空前发展，尤其是近年来，苏浙沪三地的城市间、地区间以及企业间往来更加频繁。围绕长三角一体化，苏浙沪三地高层频繁互访，协调共商，对自己在一体化发展中的作用重新定位。其中，上海已经明确将“建设长江三角洲大都市圈”作为其基本战略之一，提出“服务长三角、服务全国”的联动发展新思路；而江浙等周边省市也均在有意识地着力打破原有的“诸侯经济”，从全球化的角度来考虑经济发展战略，以主动接轨上海。例如，2004 年，长三角城市经济协调会第五次会议决定将协调会的范围由原来的长三角地区 15 个城市扩展为现在的长三角地区城市以及周边地区其他城市；并将会议由每两年召开一次改为每年召开一次。此外，由国家发展和改革委员会牵头编制的《长江三角洲地区区域规划》经过两年多的努力已于2006 年 11 月完成草稿，这标志着长三角区域经济一体化进入加快推进阶段。

2. 长三角区域旅游合作的资源禀赋

长三角地区优越的地理环境和悠久的历史文化孕育了丰富的自然和人文旅游资源，其类型俱全、种类丰富（如表 5. 2 所示）。自然旅游资源以水域风光类为主，其最具特色的是江、湖、河、海等水体将长三角的各个城市有机地串联起来，长江、太湖、运河和东海是整个地区的旅游精华资源。人文旅游资源则以“古都名城、名园古镇、吴越风韵”为代表，长三角地区是中国著名的水乡，至今还保留了诸多依水而建、风貌独具的古村落和古城镇。总体而言，长三角地区集中了一批品位高、吸引力强的旅游精品，其中上海以都市风光、海派文化和会展旅游为特征；江苏的旅游资源特征为历史文化，以水为主、山水组合见胜，属岭南园林的典范；浙江以秀美的自然风光、多彩的民间艺术和丰富的文化底蕴为特征。截至2018年，国家4A级及以上旅游景区点676个，占全国总数的19.2%；世界文化遗址6处；国家重点风景名胜区39处。

表5.2　　长三角三省一市主要旅游资源分布统计

旅游资源类型	上海（个）	江苏（个）	浙江（个）	安徽（个）	合计（个）	全国（个）	占全国比重（%）
国家5A景区	3	24	18	11	56	280	20.0
世界文化遗产	0	2	4	3	7	55	12.7
国家历史文化名城	1	13	10	5	29	135	21.5
中国传统古村落	5	33	636	400	1074	6820	15.8
国家湿地公园	2	27	13	29	71	901	7.9
国家一级博物馆	3	5	1	1	10	80	12.5
中国优秀旅游城市	1	27	27	11	66	337	19.6
国家地质公园	1	2	3	14	20	220	9.1
国家森林公园	4	20	42	35	101	897	11.3
国家全域旅游示范区	2	3	3	2	10	71	14.1

资料来源：根据互联网相关搜索资料整理而得。

3. 长三角区域内旅游业的快速发展

改革开放之后，经过40多年的持续快速发展，除了受非典、2008年金融危机等重大危机事件的冲击影响之外，长三角地区的旅游业无论是在入境旅游还是在出境旅游方面，均保持了持续快速发展的态势，且江浙沪三地旅游统计均在全国名列前茅。2018年，上海市实现国际旅游外汇收入737100万美元，位居全国第3位；江苏省实现国际旅游外汇收入464836万美元，位居全国第5位；浙江省实现国际旅游外汇收入259579万美元，位居全国第10位[①]。此外，

① 资料来源：根据《中国旅游统计年鉴（2018）》相关数据整理。

长三角地区 15 个旅游城市大多数均将旅游业作为地区支柱产业来培育，其中上海、南京、杭州、苏州、无锡、宁波、扬州、绍兴、镇江、常州等城市都明确定位为具有一定或较强国际知名度的城市旅游目的地；这些城市的游客人数和旅游收入均呈现出快速增长的态势（如表 5.3 所示）。2018 年，长三角地区主要城市的旅游收入在其国民生产总值中所占比重大约为 15.3%。

表 5.3　　2018 年长三角地区主要城市旅游统计

城市	国际旅游			国内旅游		
	入境人数（万人次）	外汇收入（万美元）	比 2006 年增长（%）	游客（万人次）	旅游收入（亿元）	比 2006 年增长（%）
上海	893.7	737100	8.2	33977.00	4546.10	12.9
南京	81.6	88281	11.4	12185.94	2279.42	12.8
无锡	58.6	49514	16.6	9817.68	1906.02	12.0
常州	20.4	17725	14.6	7224.54	1070.25	14.3
苏州	182.8	252200	9.4	12847.67	2416.48	11.8
南通	19.5	13743	9.2	4766.93	693.33	15.3
扬州	7.6	8341	11.1	7036.59	904.76	15.2
合肥	—	—	—	5961.10	1721.60	17.3

注：—表示统计年鉴中该数据缺失。
资料来源：根据《中国旅游统计年鉴（2019）》的相关数据整理。

4. 长三角优越的区位与便利的交通

长三角地处我国沿海中部，扼长江入海口，集黄金海岸与黄金水道于一身，区位条件十分优越，交通非常便利。目前，长三角地区已形成以上海为中心，以网络状为特征的公路、铁路、水路立体交通体系；已经逐步构建起以上海为中心的交通圈（如表 5.4 所示），这主要体现在区域高速公路网和高速铁路网的快速建设上。2020 年 5 月，国家发展改革委和交通运输部联合印发《长江三角洲地区交通运输更高质量一体化发展规划》，指出要以上海为核心，南京、杭州、合肥、宁波为中心，强化沪宁合、沪杭、合杭甬、宁杭、沪甬、合安等城际运输通道功能。加快高速铁路连接线、城际铁路建设，利用干线铁路富余运力开行城际列车，构建以轨道交通为骨干的城际交通网，实现中心城市间 1 ~1.5 小时快速联通。其中干线铁路方面，加快沪通铁路一期、宣城至绩溪铁路、黄山至池州铁路、沪通铁路二期、上海经苏州至湖州铁路、商合杭铁路等项目建设；高速公路方面，继续推进 G0321 德上高速安徽段，G4012 溧宁高速江苏溧阳至安徽广德段、浙江淳安段、景宁至泰顺段、安徽歙县至浙江建德段，G25 长深高速建德至金华段等国家高速公路待贯通路段建设。推进 G2、G15、G25 等国家高速公路以及国省干线公路低等级路段、拥挤路段扩容改造；城际铁路方面，规划建设上海至杭州铁路、南京至淮安铁路、南京至宣城铁路、杭州至丽水铁路义乌至缙云段、合肥至池州铁路、宁波至舟山铁路、衢州至丽水铁路、扬州经镇江南京至马鞍山铁路（镇江至马鞍山段）、巢湖至马鞍山铁路、义乌至金华铁路、盐城经泰州无锡常州宜兴至湖州铁路等城际铁路，积极审慎开展磁浮高铁项目规划研究。这些项目的建设，将有效实现长三角地区交通网络一体化，而完善快捷的交通体系将极大地加强长三角各城市之间的联系，为长三角区域旅游合作构筑起坚实的支撑基础。

表 5.4　　长三角地区主要交通基础设施

交通方式	线路名称	营运时间	连接城市
高速铁路	沪杭高铁	2010 年 10 月 26 日	上海、嘉兴、杭州
	京沪高铁	2011 年 6 月 30 日	上海、苏州、无锡、常州、镇江、南京、滁州、徐州、苏州、蚌埠
	合蚌高铁	2012 年 10 月 16 日	合肥、淮南、蚌埠
	宁杭高铁	2013 年 7 月 1 日	南京、无锡、湖州、杭州
	杭甬高铁	2013 年 7 月 1 日	杭州、绍兴、宁波
	北沿江高铁	2014 年 7 月 1 日	上海、苏州、无锡、常州、镇江、南京、合肥、六安
	宁安高铁	2015 年 12 月 6 日	南京、马鞍山、芜湖、铜陵、黄山
	合福高铁	2015 年 6 月 28 日	合肥、芜湖、铜陵、黄山
	沪昆高铁	2016 年 12 月 28 日	上海、嘉兴、杭州、金华、衢州
	郑合高铁	2019 年 12 月 1 日	阜阳、淮南、合肥
	商合杭高铁	2019 年 12 月 1 日	亳州、阜阳、淮南、合肥、芜湖、宣城、湖州、杭州
	徐盐高铁	2019 年 12 月 16 日	徐州，宿迁、淮安、盐城
	沪渝高铁	2010 年 1 月 18 日	上海、苏州、湖州、宣城、芜湖、铜陵、池州、安庆

续表

交通方式	线路名称	营运时间	连接城市
高速公路	沪京高速	2010 年 11 月 1 日	徐州、宿州、蚌埠、南京、镇江、宿州、上海
	沪昆高速	2011 年 9 月 8 日	上海、杭州、金华、衢州
	沪峡高速	2012 年 8 月 14 日	上海、南通、泰州、扬州、南京、滁州、合肥、六安
	常合高速	2013 年 12 月 1 日	宿州、常州、南京、马鞍山、合肥
	沪蓉高速	2014 年 12 月 27 日	上海、苏州、无锡、南京、滁州、合肥、六安
	杭瑞高速	2018 年 2 月 1 日	杭州、黄山
	京台高速	已通车（除台湾海峡段）	徐州、淮北、宿州、蚌埠、合肥、铜陵、池州、黄山、衢州
民用航空	上海虹桥国际机场、上海浦东国际机场、南京禄口国际机场、杭州萧山国际机场、合肥新桥国际机场、苏南硕放国际机场、徐州观音国际机场、宁波栎社国际机场、温州龙湾国际机场、黄山屯溪国际机场		

资料来源：根据互联网相关搜索资料整理而得。

5. 长三角区域旅游合作的文化背景

塞缪尔·亨廷顿（2004）通过对区域合作的经验研究指出：在形形色色的国家之间或地区之间的区域合作中，拥有共同市场和经济联盟众多因素的欧洲联盟在一体化道路上走得最远，这是因为欧盟区域内文化的认同和共同的人文基础；相比之下，南亚区域合作联盟等多文化的区域组织几乎都在市场的合作上走得步履蹒跚，这是因其存在包括了印度教、伊斯兰教和佛教等多文化因素，缺少文化的认同基础。正是历史沉淀下来的文化认同，才使欧洲从低层次的自由贸易区逐步发展到更高层次的机制协调，并上升到货币联盟。事实上，相融的文化有助于降低风险成本和磨合成本，增强区域凝聚力，从而推动区域经济合作。长三角地区同属吴越文化，地缘相近、人缘相亲、同气共俗，这种区域认同感推进并巩固了区内强大的旅游互动。统计显示，上海地区的客源 56.5% 来自长三角地区的主要旅游城市，江苏省有 66.6% 的客源来自长三角地区，浙江省有 79.8% 的客源来自长三角地区①。即来自长三角地区的游客是长三角各主要旅游城市的重要客源。从一定程度上而言，这是长三角区域旅游

① 资料来源：根据《中国旅游统计年鉴（2003～2019）》相关数据整理。

合作的内部动因。

5.2.2 长三角区域旅游合作的演进历程

长三角区域旅游合作的历史可以追溯到改革开放初期。著名的华东旅游线（南京—无锡—苏州—杭州—上海，又称锦绣江南线或江南旅游线），可以说是江浙沪三地旅游合作的最早尝试。纵观长三角区域旅游合作的发展历程，其中有三个标志性事件：一是 1992 年举办的“江浙沪旅游年”，开创中国旅游产业区域合作的先河，标志着长三角区域旅游合作实践探索的开始；二是 2003 年召开的长江三角洲旅游城市“15 +1”高峰论坛，此次论坛是长三角旅游合作史上的里程碑，在国内首次提出建立“无障碍旅游区”的战略行动，并且确定了长三角旅游城市合作论坛的制度化运作。三是 2011 年长三角地区旅游合作联席会议的成立，标志着长三角旅游合作由城市间的合作上升为省级层面的合作。本书将长三角区域旅游合作的发展历程分为四个阶段。

1. 长三角区域旅游合作的萌芽阶段（1985 ~ 1992 年）

改革开放之后，中国旅游业从以前的“政治接待型”逐步转向“经济产业型”性质。然而，从计划经济时代沿袭下来的旅游管理体制并没有相应地做出转型，高度集中、以行政手段管理为主，只注重纵向联系而忽视横向联合的体制弊端，使中国旅游业形成了条块分割的局面，进而导致旅游接待能力与客流组织常出现失衡现象。1985 年，针对华东区域旅游发展中存在的问题，有些学者提出“区域旅游联合发展的机制改革”建议。1986 年，有些学者提出上海经济区旅游行业树立合作观念，加强区域合作的必要性。同年年底，上海经济区旅游发展战略研讨会在上海召开，并提出上海旅游业在发展过程中应树立“大旅游”观念。1987 年，结合上海以及上海周边省市的实际情况，有些学者提出将上海旅游业构建成一个全方位、开放式的大旅游网络。上述观念均成为改革开放初期对长三角区域旅游一体化实践的有益探索。总体而言，此阶段的长三角区域旅游合作大多是按照行政区划的范围来组织。例如，1987 年成立的华东六省旅游协会。

2. 长三角区域旅游合作的探索阶段（1992 ~ 2003 年）

1992 年，借“江南六镇”申报世界文化遗产之际，江浙沪三地旅游主管部门共同举办了“江浙沪旅游年”活动，该活动开创了我国旅游产业区域合作的先河，标志着长三角区域旅游一体化实质性运作开始得到有益的探索。1997 年，长三角城市经济协调会第一次会议在上海召开，该次会议主要研讨了两个专题，其中之一便是旅游产业发展的问题。该次会议对发展长三角区域旅游合作达成共识，从而拉开了长三角地区在政府层面上的旅游合作序幕。2000 年，杭州旅游局组织召开长三角区域旅游合作研讨会，试图探寻长三角区域旅游合作的有效运转方式，这次研讨会充分表明了政府主动寻求旅游合作的意愿。2001 年，长三角 15 个城市旅游经济合作会议在浙江省绍兴市召开，这次会议是长三角 15 个城市经济合作会议中第一次以旅游为主题的会议，再次表明了政府层面上旅游合作的观念已经较为深入。

2002 年，环太湖地区的 9 个城市联合召开旅游市场开发联席会议，研究新世纪区域旅游合作的新途径，并于同年联合开展以旅游市场集中整治为主要内容的“曙光行动”，打造诚信的旅游市场；同年，上海大众旅行社、大世界旅行社等 7 家旅行社联合进行了江浙沪自驾车“神州之旅”。2003 年，江浙沪三地再次共同举办“江浙沪旅游年”活动，以一系列大型旅游节庆活动为载体，共同宣传、联合促销。与之前的合作相比，该次合作更加深入，合作范围也更加广泛。这几次成功的旅游联合行动，表明长三角区域旅游合作已进入实质性发展阶段。总体而言，这一时期长三角区域旅游合作的特点主要有：发展进程相对缓慢，各城市之间旅游要素的流动因受行政区划的限制，在利益驱动下，各自为政、互相干扰，地方保护成为区域旅游一体化发展的壁垒；政策保障机制缺乏；主题狭窄，仅就旅游联合发展的总体思路提出粗略的设想。

3. 长三角区域旅游合作的提升阶段（2003 ~ 2010 年）

2003 年 7 月，长江三角洲旅游城市“15 + 1”高峰论坛在杭州市举行，共同签署了《长江三角洲旅游城市合作（杭州）宣言》。《杭州宣言》具有重要的历史意义，它是长三角旅游合作史上的里程碑，首次提出建立中国第一个“无障碍旅游区”的战略行动，并确定论坛的制度化，标志着长三角区域旅游合作机制的正式形成。

长江三角洲旅游城市高峰论坛自 2003 年在杭州成立，每年举办一次高峰论坛。从发起时的 15 + 1 共 16 个成员城市，发展到现在的 25 个成员城市，跨上海、浙江、江苏、安徽、江西一市四省。根据长三角旅游城市第一次高峰论坛确立的章程，长三角旅游城市于2004年和2005年分别在安徽省黄山市和江苏省无锡市召开了第二次和第三次高峰论坛，进一步落实“无障碍旅游区”建设、打造“中国长三角区域旅游”品牌，倡议建设“旅游强市”和“旅游强区”，合作机制得到初步发展。2006年，长三角旅游城市第四次高峰论坛在浙江省金华市召开，举办了长三角旅游交易会，并围绕“诚信·合作·发展”为主旨的“世博经济与长三角旅游”进行了深入探讨，系统回顾总结了长三角旅游城市高峰论坛三年来取得的成就和存在的问题，将合作目标锁定为打造“长三角国际旅游圈”。2007年，长三角旅游城市第五次高峰论坛在江苏省南京市举行，就推进无障碍旅游区展开了进一步的研讨，并发表了《南京宣言》。2008年，长三角旅游城市第六次高峰论坛在浙江省宁波市举行，就“同城时代与对接上海世博会”主题展开对话，共迎长三角城市群旅游“同城时代”的到来。2009年，长三角旅游城市合作组织25个成员相聚江苏省扬州市，共商长三角的合作发展之路，就“抓住世博契机，构建和传播长三角旅游城市新形象”主题展开对话，并达成《扬州共识》（见表5.5）。

表5.5　2003～2010年长三角旅游城市历届高峰论坛进展一览

名称	时间	参加城市	会议成果
杭州峰会	2003年7月	长三角15市、黄山市	签署《杭州宣言》，在长江三角洲区域旅游合作、区域旅游品牌的塑造、旅游资源和产品的整合与保护、旅游信息的交流与一体化、区域旅游的便利措施等方面达成共识
黄山峰会	2004年1月	增加池州、金华、上饶、景德镇市	通过《黄山共识》，提出了旅游交通系统建设、旅游信息网络化、旅游经营市场开放、旅游服务障碍消除、旅游投诉处理一体化等诸多共识
无锡峰会	2005年9月	增加宣城、滁州、台州、泰州市	发表《无锡倡议》，共同承诺深化长三角区域旅游合作，打造中国区域旅游合作典范；拓展长三角区域旅游合作广度与深度，开创国内外区域旅游合作新局面；抢抓机遇，率先建设旅游强市
金华峰会	2006年1月	24市	通过《金华纲要》，达成了在未来五年要从完善长三角旅游城市合作组织的工作平台和工作机制、建立旅游产品开发的联动机制、建立旅游宣传促销的联动机制、建立旅游信息发布的联动机制、建立长三角区域旅游目的地环境营造联动机制五个方面加强合作
南京峰会	2007年9月	25市	发表《南京宣言》，就深化无障碍旅游区建设、推进区域旅游合作营销等多方面形成共识

续表

名称	时间	参加城市	会议成果
宁波峰会	2008 年 9 月	25 市	签署《宁波宣言》，就打破长三角旅游经济圈地域界限、合理培育“长三角黄金旅游圈”达成共识
扬州峰会	2009 年 9 月	25 市	发表《扬州共识》，达成五点共识：建立具有可操作性的旅游合作机制，推进长三角区域合作的深入发展；搭建统一的区域旅游信息平台是当前长三角的重要合作项目；进一步整合区域旅游资源，推进长三角旅游产品体系的转型；长三角要树立面向世博整体营销理念，全面创新区域旅游营销模式；从政策上推动无障碍旅游区建设，迎接同城时代的到来
温州峰会	2010 年	25 市	签署《温州协议》，促进长三角城市旅游信息一体化

资料来源：根据互联网相关搜索资料整理而得。

4. 长三角区域旅游合作的高质量发展阶段（2011 年至今）

2011 年，长三角地区旅游合作联席会议成立，长三角旅游合作由城市间的合作上升为省级层面的合作。2011 ~ 2015 年，长三角地区旅游合作联席会议先后签署《苏浙皖沪旅游一体化合作框架协议》《共同推进长三角休闲度假旅游发展合作协议》和《长三角旅游发展合作苏州共识》等文件，长三角区域旅游一体化发展更加显著。此阶段，长三角旅游合作区域逐步扩大，旅游一体化得到快速发展，区域旅游网络基本形成。2015 ~ 2017 年，长三角地区旅游合作第 5 次、第 6 次、第 7 次联席会议分别在苏州市、杭州市和黄山市召开，江浙沪皖三省一市政府联合签署了《长三角旅游发展合作苏州共识》《2016 年长三角区域旅游一体化发展杭州方案》和《推进长三角区域旅游一体化发展 2018 年行动计划》等文件，提出共同开拓长三角入境旅游市场、发现和解决区域内旅游发展不平衡问题、力争把长三角建设成为具有世界竞争力和影响力的旅游目的地。至 2019 年，长三角城市经济协调会又经过两次扩容，将安徽省全域融入长三角。至此，江浙沪皖三省一市 41 个地级以上城市全部加入长三角城市经济协调会，长三角一体化发展开始上升到国家战略。

5.2.3 长三角区域旅游合作的模式分析：政府市场互动

长三角地区的合作前期是属于政府主导型的旅游合作，政府率先出台相关政策，逐步取消区域内国内旅游地陪制，取消外地旅游车入城、入景区的限制措施，允许其他城市的旅行社按有关法规在本市开办分支机构等方面入手，逐步取消旅游壁垒和进入障碍，为主体市场的合作创造了条件。由于在市场经济体制下，市场主体是企业，区域旅游合作最终使命的担负者还是在市场上活跃的企业，市场主导型是区域合作发展战略的归宿。因此，随着合作的深入，苏浙沪旅游部门积极鼓励有实力的旅行社进入上海、江苏和浙江市场开设分支机构和新办旅行社，如上海锦江国旅、上海春秋国旅已在杭州和温州开设了旅行社，上海锦江集团已在浙江管理部分酒店。与此同时，浙江省的开元旅业集团、浙江饭店管理公司、能源集团等分别在上海松江、江苏南京、镇江、徐州等地进行酒店收购和管理，旅游合作慢慢向市场主导型演进。目前，长三角旅游业跨区域合作已经实现从政府推动为主导的合作模式向政府和市场双向推动为主的合作模式的成功转型，但是距离以市场导向为主的旅游业合作模式尚有一定差距。长三角旅游业跨区域合作以政府和市场双向推动为主的模式具体表现为：

1. 政府旅游主管部门之间主动合作

1992 年的“江浙沪旅游年”活动，开启了长三角区域旅游一体化实质性运作的探索，然而，随着国内旅游热的兴起，以行政区为单元的旅游项目开发与建设进入了空前激烈的竞争阶段，三地旅游合作在区域经济合作平台上也呈现若即若离的态势，总体停留在一个较低的层次水平上。直到 2000 年，杭州旅游局组织召开长三角区域旅游合作研讨会，试图探寻长三角区域旅游合作的有效运转方式，这次研讨会充分表明了政府主动寻求旅游合作的意愿。

2003 年首届长江三角洲旅游城市“15 + 1”高峰论坛的举行，再次表明了政府层面上旅游合作的观念已经较为深入，标志着长三角区域旅游合作机制的正式形成。自此，长三角旅游城市合作组织每年召开一次预备会议和一次论坛大会，既积极有效地推进了合作组织的发展和壮大，也为成员单位构建了良好的交流互动平台。2007 年南京峰会提出了在建立富有实质性的旅游合作机制、构建特色鲜明的长三角旅游产品体系、深化无障碍旅游区建设、推进区域旅游合作营销、创新区域旅游信息联动平台等方面深化合作的方向。

为了进一步加快长三角区域一体化合作进程，2011 年，江苏省、浙江省、安徽省副省长和上海市副市长出席会议，并共同签署《苏浙皖沪旅游一体化合作框架协议》。根据协议，苏浙皖沪将共同建立资源共享的旅游信息库，开展区域旅游咨询服务中心联盟建设，多载体、多语种、全天候为游客提供咨询服务。三省一市还将建立旅游警示信息发布制度，共同加强对旅游质量投诉的联合处置力度。自此，长三角旅游合作由城市政府主管部门之间主动合作上升为省级主管部门之间主动的合作。

2. 长三角区域内旅游企业不断扩张

企业是旅游经济的运行主体，是旅游产品和服务的生产者与提供者，也是区域旅游合作中不可或缺的重要力量。中国在由计划经济向市场经济转轨过程中，由于体制转换的不彻底，企业对政府的依赖关系未能根本打破。政府通过行政权力干预经济竞争的行为就会发生，甚至政府还扮演着“企业经理人”角色。作为旅游经济的运行主体，地区间旅游企业的合作是区域旅游合作的基础，跨区域旅游合作是区域内旅游企业通过市场交换和市场竞争来实现的。一方面，旅游企业有自己的区域旅游市场追求，不断拓展自身的活动空间；另一方面，旅游企业对于政府搭建的区域旅游合作平台也表现出明显的兴趣，因为政府会在这个平台上提供给企业更好的营运条件，以降低企业营运的成本。因此，在区域旅游合作条件较好的区域，企业会充分利用合作机制和平台，构筑其网络状的空间营运结构。

长三角地区的旅游企业通过集团化纵向型网络结构建立起了跨区域旅游集团，然后围绕旅游集团，通过市场化横向型的网络结构扩大了旅游集团的经营网络规模。因此，长三角旅游企业规模扩张的冲动是长三角区域旅游合作微观主体层面的基本动力。例如，锦江国际集团是一家综合性旅游企业集团，以酒店、餐饮服务、旅游客运业为核心产业，设有酒店、客运、旅游、地产、食品、金融、商贸、教育 8 个事业部，注册资本为 20 亿元，总资产为 150 亿元，是长三角旅游区域一体化进程中崛起的品牌企业，拥有锦江国际酒店管理公司及华东、北方、华中、南方、西北、西南 6 个区域性公司，专业从事星级酒店和“锦江之星”连锁经济型旅馆以及餐饮业的投资与经营管理。在华东地区，锦江集团拥有锦江旅游、华亭海外、上海旅行社等 5 家国际、国内旅行社，在上海拥有营业网点 41 个，组织出入境游客量居上海第一位，是长三角区域旅游合作平台上最具活力的经济体之一。

5.2.4 长三角区域旅游合作的运行机制

经过近30年的探索与努力，长三角区域旅游合作从舆论引导到达成共识，从项目合作到市场整治，从无障碍旅游区的提出和各方自动衔接，再到迈向区域旅游一体化，目前长三角区域旅游的发展目标日益清晰，政府层面的旅游合作机制、市场层面的旅游合作机制、旅游产品运作层面的合作机制以及长三角区域旅游人力资源管理机制初步形成。

1. 政府间区域旅游合作机制初步形成

目前，长三角地区政府层面的区域旅游协调机制主要分为三个层次：第一层次为江浙沪经济合作与发展座谈会，该座谈会为副省级座谈会。第二层次为长三角城市经济协调会，该协调会由长三角地区16个城市组成，为市长级协调会。例如，1997年，长三角城市经济协调会第一次会议在上海召开，该次会议主要研讨了两个专题，其中之一便是旅游产业发展的问题；该次会议对发展长三角区域旅游合作达成共识，从而拉开了长三角地区在政府层面上的旅游合作序幕。第三层次为长三角旅游城市高峰论坛，该论坛由长三角地区25个城市组成，为副市长级论坛。例如，截至2018年9月，长三角旅游城市高峰论坛自2003年7月在杭州首次成功举办以来，已经连续举行了多次；随着论坛的不断举行和共识的逐步达成，长三角无障碍旅游区的政策保障措施正在逐步实施，合作目标已经明显趋向于区域旅游一体化。此外，还有一个苏浙沪旅游联席会议作为补充。由此可见，长三角地区政府之间旅游合作机制已经初步形成。

2. 区域旅游市场运作机制逐步规范化

为了应对加入世界贸易组织的挑战，规范区域旅游企业之间的竞争，沪苏浙三地旅游主管部门于2002年以“曙光行动”为代号，首次联合集中整治旅游市场，制定并实施《三地整顿规范旅游市场秩序区域联动实施计划》。通过建立公开合理的企业间佣金授受制度、联动执法、舆论监督、设立统一的投诉热线、导游智能卡管理等，打造诚信的旅游市场。这是长三角区域旅游市场规范化的第一步，也是极其重要的一步。2003年，长三角旅游城市第一次高峰会议上签署的《杭州宣言》首次提出建立中国第一个“无障碍旅游区”的战略行动，并确定论坛的制度化，标志着长三角区域旅游合作机制的正式形成。2004 年，长三角旅游城市第二次高峰论坛通过的《黄山共识》则清楚地明确了长三角旅游市场一体化的具体框架内容，例如，取消地陪制；开放旅游市场，允许有条件的旅行社在异地开设分社或门市部；对长三角其他城市的旅行社和导游实行同城待遇，享受相同的优惠政策；导游培训要强化长三角内容，允许导游等旅游从业人员的异地无障碍流动；江、浙、沪三地共同推进旅游交通和旅游产业一体化。

2004 年 11 月，在杭州召开的第二届长三角旅游集散中心（企业）合作会议上，正式启动旅游客运网络；南京、上海、杭州、苏州、温州、无锡、丽水、舟山等各地集散中心和长三角 150 余家景点景区、宾馆饭店、汽车公司签订了 2005 年合作协议，各地旅游企业根据约定将着力实现线路对接、游客中转和客源护送，实现了资源共享、统一采购、联网售票。2007 年，《长三角旅游景点道路交通指引标志设置细则》实施三年来，已经初步实现长江三角洲地区主要旅游景点道路交通指引标志的一体化。2008 年，长三角旅游城市第六次高峰论坛在宁波举行，通过并签署的《宁波宣言》以国家对长江三角洲区域的战略提升、上海世博会和“同城时代”的来临等积极有利的宏观背景为基础，明确强调鼓励区域内的旅游企业开展多层次的合作，推动各地的集散中心、景区景点、旅行社、旅游饭店之间的合作，组织城市间旅游大巴车，实施旅游资源共享、各项政策互惠，构建网络平台，实现旅游信息共享。

3. 旅游产品区域产业链运作日益完善

1992 年，沪苏浙首次携手推出“江浙沪游”的概念，掀起了一股江南游旋风，成为当时中国旅游的精品，是全国第一个区域性的旅游产品。2003 年 9 月，长三角首次区域性旅游交易会——长三角及周边地区旅游交易会在无锡开幕，这是长三角地区首次打出长三角品牌的旅游节庆活动，集中展示了长三角的旅游发展成果，推进了区域旅游合作；同年 11 月，苏浙沪三地在“同游苏浙沪，阳光新感受”的共同主题下，携手参加在昆明举办的中国国际旅游交易会，打破地域观念，统一旅游促销。2004 年，江、浙、沪组织跨省市联动的私家车旅游，开辟出两条旅游专线，一条是无锡—上海—杭州—金华—衢州，以三清山为终点；另一条为无锡—上海—杭州—温州，以雁荡山为终点。此外，还对传统华东旅游线进行优化，将温州、宁波作为新的“华东游”起讫点，并融入了绍兴、台州、南京。同年 9 月，徽杭高速公路通车，使上海到黄山的单程时间缩短为 4 小时，上海—杭州—黄山这一“名城、名水、名山”黄金旅游线逐渐开始形成。2005 年，江、浙、沪旅行社在“五一”黄金周期间首次携手推出高端国际自驾车休闲旅游项目。2009 年 12 月，上海市旅游局及其下属企业会同江浙两省旅游管理部门及其相关旅游企业，召开世博旅游合作与市场联动推进会，以长三角区域 25 个城市为重点，加强合作，共同规范市场，为上海世博会打造诚信、优质、规范的旅游环境，提升长三角城市群旅游产业能级，扩大长三角城市群旅游整体影响力。

4. 区域旅游人力资源管理机制一体化

无论是长三角无障碍旅游区的建立，还是长三角区域旅游一体化的推进，均必须实施旅游人力资源管理战略。为此，江、沪、浙旅游主管部门于 2004 年 5 月联合签订了《江浙沪三地开展旅游教育培训合作的协议》。根据协议，今后江、沪、浙将进一步加强各级旅游教育培训部门的交流合作，合作开展旅游业务培训，逐步形成江、浙、沪相一致的职业培训内容和标准，建立区域旅游师资信息库，不定期举办旅游从业人员职业技能大赛和高层旅游论坛，实现该地区的旅游人才无障碍流动，加强旅游人才信息交流。此外，江、沪、浙共同编辑出版了《长三角精华旅游景点导读》一书，就江浙沪概况、精华景点介绍、重要景点目录、主要节庆活动等进行了详细介绍，并将此书作为江、沪、浙对旅游人才进行年审培训和日常培训的必备教材；江、沪、浙积极创造条件，促进区域内旅游专业人才的柔性流动，导游人员年审培训和考核成绩，旅行社、饭店管理人员以及出国领队人员、饭店员工等获得的省（市）级等级证书，两省一市予以资质相互认可，及时换发相关证书。目前，浙江省旅游团到江苏省或上海市，已经不需要当地的地陪，而江苏省或上海市的导游带团到浙江省旅游，也可以一带到底。

5.3 京津冀旅游业跨区域合作：政府推动为主

与旅游业跨区域合作较为成功的珠三角地区和长三角地区相比，京津冀区域旅游合作目前取得的成果不尽如人意，总体上发展还过于缓慢，没有实质性的发展，还停留在形式单一、规模有限、参与不足、随意性强的较低层次上。换言之，京津冀区域旅游合作中，政府合作停留在口号上，没有出台实质性的政策，没有发挥政策的引导作用，没有为企业合作创造更好的环境，在某些方面甚至可能起到负面作用。因此，依据京津冀区域旅游合作的现状以及存在的问题，京津冀旅游业跨区域合作应该选择政府推动为主的模式。

5.3.1　京津冀区域旅游合作的现实基础

京津冀地区是指由环渤海地区的北京市、天津市和河北省所构成的京津冀都市圈，主要包括北京和天津两个直辖市，以及石家庄、唐山、承德、张家口、保定、廊坊、秦皇岛、沧州、邯郸、邢台、衡水 11 个地级市。京津冀地区是继珠三角地区和长三角地区之后，极具增长潜力的中国第三大区域经济板块；尤其是天津滨海新区被纳入国家经济发展战略和天津市被确定为北方经济中心之后，愈加引起中国乃至世界各国和地区的关注。京津冀区域经济合作进程的加速、区域内丰富的旅游资源以及优越的区位和便利的交通等，均为京津冀区域旅游合作发展奠定了坚实的基础。

1. 京津冀区域经济合作进程的加速

20 世纪 80 年代，国家首次提出环渤海经济圈规划，但此后基本处于停滞阶段。"九五"时期，河北省提出了"两环开放带动战略"（环京津、环渤海），但是基本上停留在战略概念层面上，在具体合作的内涵、方式等方面没有实质性进展。2001 年，国家建设部组织评审并通过了"京津冀北城乡空间发展规划研究"，即吴良镛院士的大北京规划。2004 年，国家发改委召集北京市、天津市、河北省发展和改革部门的负责人召开了京津冀地区经济发展战略研讨会，共同分析了面临的形势和存在的主要问题，商讨加快发展的对策和建议。同年，国家发改委组织编制《京津冀都市圈区域规划》，至此京津冀区域经济一体化的呼声日益提高。2005 年，天津滨海新区被纳入国家发展战略之后，京津冀区域经济合作的进程明显加快。例如，河北省省长和北京市市长向天津市市长做出相同的表示：一定要抓住天津滨海新区建设机遇，与天津进一步密切联系，不断加强软硬环境建设，建立定期的信息沟通机制，共同推进京津冀环渤海地区经济发展。2007 年，两市一省规划部门在河北省廊坊市签署

《关于建立京津冀两市一省城乡规划协调机制框架协议》；随后，《京津冀交通一体化合作备忘录》也于同年签署。这标志着酝酿多时的京津冀区域规划一体化构想终于取得实质性进展。2013 年 4 月第一次京津冀旅游协同发展工作会议召开以来，京津冀旅游协同发展进入高速阶段。随着三地旅游合作的不断完善和深化，《京津冀旅游一体化协同发展规划》等文件的发布，京津冀旅游交通建设等都推进了京津冀旅游协同发展的进程。在三方政府合作意愿方面，河北、天津政府的合作积极性一直都保持较高水平，且承接北京非首都功能的意愿居高不下。

2. 京津冀区域旅游合作的资源禀赋

京津冀地区内各城市处于同一个自然地带和文化区域，而内部又存在显著的自然地域分异，这使得区域内的旅游资源既存在一定的同一性，又存在差异性。旅游资源的同一性与差异性为京津冀区域旅游合作提供了坚实的基础。事实上，各城市旅游产业发展的快速扩张、相互融合渗透，也要求通过区域旅游合作，有效整合资源，实现资源和产业要素的优势互补。总体而言，京津冀地区旅游资源类型包括都市文化与民俗旅游资源、山地和草原生态旅游资源、滨海旅游资源、乡村景观与乡土文化旅游资源等四大区域类型。其中，都市文化和遗产旅游是京津冀地区最为丰富的旅游资源。截至 2018 年 1 月，京津冀地区有 8 个国家级历史文化名城；7 处世界文化遗址，占全国 31 处世界遗产总量的 1/5 以上；143 处国家级文物保护单位，上千处省市级文物保护单位。京津冀地区是中国北方海滨休闲度假旅游的主要区域，区域内可供开发为海水浴场的沙质岸线长达数十公里。京津冀地区是中国都市型郊区休闲农业发展较早的区域，其中京津两市郊区休闲农业旅游的开发起步较早，已经成为京津两大都市农业的新业态。此外，京津冀地区拥有丰富的山地自然景观与生态旅游资源。山地自然景观与生态旅游资源区主要分布在都市圈的边缘地区，包括北部的坝上草原区和燕山山地、西部的太行山脉山地、东南部的滨海湿地地带。

3. 京津冀区域内旅游业的快速发展

经过 40 年的持续快速发展，京津冀地区的旅游业无论是在入境旅游还是在出境旅游方面，均保持了持续快速发展的态势，其中北京市旅游人次和旅游收入均居全国前列。2018 年，北京市实现国际旅游外汇收入 552000 万美元，居全国第 4 位；天津市实现国际旅游外汇收入 110985 万美元，居全国第 17

位；河北省实现国际旅游外汇收入 84932 万美元，居全国第 18 位。表 5.6 显示了 2018 年北京、天津的相关统计数据。

表 5.6　　2018 年北京、天津旅游统计

城市	国际旅游			国内旅游		
	入境人数（万人次）	外汇收入（万美元）	比 2017 年增长（%）	游客（万人次）	旅游收入（亿元）	比 2017 年增长（%）
北京	400.4	552000	7.6	30693	5556.20	8.5
天津	198.3	110985	－70.4	22651	3840.89	16.7

资料来源：根据《中国旅游统计年鉴（2019）》的相关数据整理。

4. 京津冀优越的区位与便利的交通

交通一体化是区域旅游一体化的重要保障。在交通方面，京津冀两市一省在交通基础设施建设方面的合作已有良好开端。随着两市一省之间基础设施建设的加速，“十一五”期间，北京市与天津市、河北省协调行动，共同推进跨省市交通体系建设，京津城市轨道及京津第二条高速公路，已陆续竣工投入使用；京承高速二期项目已于 2009 年 10 月全线建成通车。类似京承高速二期连接北京和河北地区间的公路，目前在建和正在规划的共有 8 条。尤其重要的是，连接北京与天津的全国第一条城际高速铁路——京津城际轨道交通工程于 2007 年 12 月顺利实现轨道全面铺通，并于奥运会之前正式开通运营，至此京津两地实现 30 分钟直达，这是我国最早建成的设计时速为 350 公里的高标准高速铁路客运专线。此外，天津到秦皇岛的城际高速铁路正在建设之中。在 500 公里范围内的重要城市之间，实现 3 小时通达，是京津冀未来交通一体化的方向。2015 年，京津冀城市群的城市化水平由 1990 年的 21% 提高到 61%，截至 2019 年，京津冀地区城镇化率为 66.7%，比上年提高 0.8 个百分点。其中北京、天津、河北城镇化率分别为 86.6%、83.5% 和 57.6%，分别比上年提高 0.1 个、0.4 个和 1.2 个百分点。多中心城市群格局初步形成，逐步形成与国家公路干线和环渤海地区公路干线有机衔接的高速公路网；到 2020 年，形成覆盖区域主要城市的“两小时交通圈”，城镇化水平接近发达国家和地

区，达到68%左右①。

5.3.2 京津冀区域旅游合作的演进历程

京津冀三地山水相连、文化相近、交通便利、经济文化交流频繁。区域经济合作、共谋区域旅游发展的理念蓄势已久。京津冀地区早在1985年就成立了京东旅游区，致力于京东地区两市一省旅游资源的开发和景区的合作，并创造了一些行之有效地联合开发、联合营销的合作方式，但是后来由于多种因素未能够坚持下去。纵观京津冀区域旅游合作的发展历程，其中有三个标志性时间：一是2004年在廊坊召开的中国三大旅游圈论坛，该论坛上京津冀地区初步达成了“京津冀无障碍旅游共识”，这标志着京津冀区域旅游合作发展快速时期的到来；二是2008年在北京举行的国际奥林匹克运动会，促使两市一省加强区域旅游合作，进一步拓展京津冀区域旅游合作的空间；三是2014年习近平总书记提出京津冀协同发展战略，标志着京津冀区域旅游进入了高速发展阶段。

1. 京津冀区域旅游合作的起步阶段（1984～2004年）

京津冀地区是国内最早提出区域旅游合作的地区之一。早在1984年，河北省旅游局就提出了要“立足本省，依托北京，突出重点，带活全局”的发展思路，旅游资源开发也率先在环京津区域展开，目的是面向北京的客源市场，发挥环京津的区位优势。从那时起，京津冀地区在旅游产品设计方面就已出现了一体化运作的雏形，1985年成立的京东旅游区致力于京东地区两市一省旅游资源的开发和景区的合作。这个区域包括北京平谷的金海湖，天津的盘山、黄崖关、蓟县和河北省的清东陵等，创造了一些行之有效的联合开发、联合营销的合作方式。1987年，由北京旅游学会发起，联合天津旅游学会、河北旅游学会，在北京密云白龙潭召开了第一次“京津冀区域旅游合作研讨会”，与会代表表达了区域旅游合作的愿望，从此成为例会，每年大家聚首探讨区域合作问题，并在后来发展成为北方十省市旅游联谊会。此后，京津冀三地旅游交往日益密切，但给人的感觉是合作的力度还不够。1996年和1997年

---

① 资料来源：根据互联网相关资料整理。

河北省旅游局相继与北京市、天津市旅游局签署了合作协议，巩固并扩大了京津冀旅游业的合作。

2003年，京津冀三地旅游局在北京中华世纪坛广场举办了“京津冀旅游宣传周”活动。2004年4月9日，北方旅游联合体正式成立。在烟台举行的北方旅游交易会上，北京市、天津市、黑龙江省、吉林省、辽宁省、内蒙古自治区、河北省、山西省、河南省、山东省联合签署了《北方十省、市、自治区区域旅游合作（烟台）宣言》。联合体宣布将打破行政界限，消除旅游市场壁垒：包括逐步取消区域内旅游车辆的入城、入景区限制，车辆可互相调配；逐步取消区域内旅游地陪制度，协调解决区域内旅行社的投诉、车辆扣押、交通事故等问题，对旅行社开办分支机构及设立分社提供当地旅行社享有的同等待遇；联合推出专项旅游产品，建立统一的旅游信息服务体系，各城市旅游咨询中心、旅游集散中心之间实行信息互通，并免费提供其他城市的旅游信息资料。

2. 京津冀区域旅游合作的发展阶段（2004～2008年）

京津冀区域旅游合作已提出多年，但一直没有实质性的进展，其合作主要是重形式、重研讨，许多观念仍停留在地区旅游行政管理层面上，缺乏具体的、可操作性的政策、措施和手段。京津冀各地区旅游发展仍存在着较大的差距，形成区域内北京旅游独大的现象，究其原因，主要是京津冀地区旅游合作速度发展缓慢，京津冀三方各自为政，优势无法互补，劣势无法克服，使整个区域内旅游资源严重浪费，无法从整体上形成合力。这一情况直到2004年5月在河北省廊坊市召开的中国三大旅游圈合作论坛才有所改观。来自全国10个省市、21个城市的100多位业界人士对不同地区的旅游合作发展等问题各抒己见，并签订《区域旅游合作廊坊共识》，共识承诺打破地区间旅游的界限，为大旅游的发展奠定基础。尤其重要的是，在这次论坛上，京津冀地区初步达成“京津冀无障碍旅游共识”，共识的内容包括：在区域间、政府间、企业间建立无障碍旅游合作机制，力求资源共享；为发挥各自优势，不断加强合作，建立旅游磋商机制，每年定期或不定期就大家共同关注的旅游发展问题进行磋商；逐步打破旅游市场中的种种壁垒等。这标志着京津冀区域旅游合作发展快速时期的到来。

2005年4月，“环渤海区域旅游合作发展问题研究”专题会议在京召开，北京、天津、河北、辽宁四省市旅游局和发改委的主管领导出席会议。各省市参会单位达成了以下共识：北京、天津、河北、山东、辽宁旅游资源丰富多样、互补性强，联合开展环渤海区域旅游合作发展问题研究十分必要；各省市应分别尽快组建课题组，由旅游局牵头，发改委、经协办等相关单位为成员单位；按照课题调研工作方案，各省市要抓紧组织本省市旅游资源、旅游市场的调研工作。2005 年 8 月，京津冀 + 港澳台（3 + 3）旅游合作大会在河北省廊坊市举行，以“友谊、合作、发展”为主题，为六地增进了解和友谊开拓渠道，为旅游业界交流与洽谈搭建平台。同年 12 月，中国北方环渤海旅游区域合作论坛在河北承德召开，北京、天津、大连、沈阳、鞍山、秦皇岛、承德等 11 个城市共同签署了《环渤海旅游区域合作框架协议》。2006 年 10 月，环渤海 16 个港口城市旅游合作组织第二届年会在大连市举行。2007 年 4 月，京津冀旅游主管部门在天津召开京津冀旅游合作会议，与会的京津冀三地旅游局代表的共同感受是“纸上谈兵多，开展落实少”，为此三方签署通过《京、津、冀旅游合作协议》。三方表示要迈出整合资源、谋求区域协同发展，打造“大旅游”品牌的扎实步伐，从而使三地合作从口号合作转移到实质性的探讨和操作阶段。2008 年 2 月，为加强北京与环渤海地区、北京周边地区及中国主要旅游热点城市的交流与合作，促进区域旅游产业和经济、社会的繁荣与发展，形成环渤海旅游圈和北京周边省市以及国内 10 个热点旅游城市间的旅游合作架构，“9 + 10”区域旅游合作会议在北京召开，与会代表签署了《环渤海旅游合作框架协议》《中国主要热点旅游城市合作框架协议》《北京市与山西、陕西、内蒙古、河南四个双边旅游合作协议》。

3. 京津冀区域旅游合作的提升阶段（2008 ~ 2013 年）

2008 年 8 月，北京奥运会成功举办，不仅向世界各国和地区展示了中国经济取得的巨大成就，而且进一步树立了北京良好的旅游形象。奥运会前后，无论是国内旅游人数还是入境旅游人数，均呈现出快速增长的态势，其中国内游客对于来北京感受奥运气氛表现出了浓厚兴趣，包括鸟巢、水立方等奥运场馆和新北京景观游等旅游线路的推出，使得国内游市场异常火爆。奥运旅游为京津冀区域旅游的进一步合作拓展了空间，也提供了重要的平台。2008 年年末，金融危机席卷全球。为应对突如其来的金融危机，京津冀三地再次联手。在金融危机下，京津冀旅游合作更加具有现实意义和紧迫性。2009 年 1 月，京津冀“名胜风景文化休闲年票合作启动仪式”在北京举行。由中国旅游出版社发起的“北京名胜风景文化休闲年票（或京津冀旅游一卡通）”，得到京津冀三地旅游部门的认可与重视。北京市 35 家、天津市 15 家、廊坊市 8 家，共 58 家文化旅游景区第一时间响应，并进入实际操作阶段。“京津冀旅游一卡通”的发行是京津冀区域旅游合作迈出的实质性的步伐。

2009 年 5 月，京津冀旅游合作恳谈会在河北省廊坊市召开，北京市、天津市、河北省旅游局联合签署了《京津冀旅游合作协议》，推动区域内旅游资源、产品、市场、信息、客源和利益共享。为推动京津冀旅游规划衔接，在共同参与编制的“环渤海区域旅游发展总体规划”和“京杭大运河国家旅游线路总体规划”工作中，三地旅游部门将突出各自资源优势，充分体现特色发展。按照合作协议，京津冀旅游部门将联合推动旅游规划衔接，加快《泛金海湖京津冀金三角旅游规划》《北京—河北雾灵山旅游发展规划》《北京—河北永定河流域旅游发展规划》《张家口—北京西部休闲旅游发展规划》等编制。加强旅游招商项目合作，建立三省（市）共享的重点旅游招商项目库。同时，三省（市）旅游部门将共同推广相关旅游线路。当前，重点推广京津冀皇家胜地游、京津冀长城精华游、京津冀休闲养生游、京津冀民俗风情游、津秦唐海滨休闲度假游，推动旅游线路内景区联票建设。2011 年 5 月，首届京津冀区域合作高端会议在河北廊坊召开。本次高端会议的主题为“首都经济圈发展新商机”，会议上，国家发改委和京津冀三地的领导、专家，与来自美国、韩国、新加坡等地的专家就首都经济圈和京津冀一体化进行了深入的交流和探讨。

4. 京津冀区域旅游合作的成熟阶段（2014 年至今）

京津冀地区是我国旅游资源最丰富的地区之一，长城、故宫、天坛、颐和园、避暑山庄等世界文化遗产，占全国世界文化遗产总数的近 1/5；拥有国家 AAAA 级以上景区 200 余处，占全国总数的 1/10，深化区域合作具有雄厚的资源基础。

京津冀在市场推广、监管合作等方面以任务分解方式逐渐推进旅游大格局建设。从 2014 年开始，三地便着手建立旅游协同发展工作会议工作机制，打破“一亩三分地”的思维定式，共塑区域旅游品牌，标志着京津冀区域合作开启了一个新的纪元。同时，覆盖京津冀区域的旅游投融资服务平台正式启动运营，促进三地旅游资源与社会资本有效对接，推动京津冀旅游产业转型升级。2016 年 7 月，京津冀三地旅游部门明确提出携手共建五大旅游协同发展示范区，并成立联盟平台，推出各类旅游指南和惠民一卡通产品。2019 年京津冀文化和旅游协同发展交流活动在北京举办，三地新成立了京津冀文化和旅游协同发展领导小组，研究部署了《京津冀文化和旅游协同发展 2019～2020 年工作要点》，从加强京津冀文化和旅游组织一体化建设、市场一体化建设、管理一体化建设、协调一体化建设 4 个方面确定了 20 项重点任务，并签署了《京津冀文化和旅游协同发展战略合作框架协议》，将京津冀区域旅游合作推向高潮。

5.3.3 京津冀区域旅游合作的模式选择：政府推动为主

20 多年来，京津冀区域旅游合作发展未曾离开人们的视野，业界和学界对于发展京津冀区域旅游的研讨和建言也日渐增多。然而，与旅游业跨区域合作较为成功的珠三角地区和长三角地区相比，京津冀区域旅游合作目前取得的成果不尽如人意，总体上发展还过于缓慢，没有实质性的发展，还停留在形式单一、规模有限、参与不足、随意性强的较低层次上。从区域旅游合作的主体以及驱动机理来看，京津冀区域旅游合作主要是市场推进为主；也就是说，京津冀区域旅游合作主要是企业间的交易行为，仍是主要依赖企业间的经济纽带联系自发形成的一种合作关系，政府还没有起到实质性的推动作用。例如，河北省提出的京津冀合作以及天津市提出的环渤海合作，虽然得到周边省市的积极响应，但是并没有落实到实际行动上，因而均没有最终实现。换言之，京津冀区域旅游合作中，政府合作停留在口号上，没有出台实质性的政策，没有发挥政策的引导作用，没有为企业合作创造更好的环境，在某些方面甚至可能起到负面作用。因此，依据京津冀区域旅游合作的现状以及存在的问题，京津冀旅游业跨区域合作应该选择政府推动为主的模式。当前京津冀区域旅游合作中政府推动的欠缺主要表现为以下几个方面：

1. 区域旅游合作尚未进入政策协调阶段

虽然京津冀地区是我国开展区域旅游合作最好的地区之一，而且两市一省政府也积极参加京津冀区域旅游合作的相关论坛和协调会，但是从三地政府的实际旅游管理活动来看，政策法规在旅游业跨区域合作中存在着诸多不协调的现象，执法力度、对突发事件的反映处置以及对游客投诉的处理标准均存在差异，各地旅游标识也不统一；从三地旅游主管部门的行业服务来看，统一的服务质量标准和行为规范仍没有确立，这直接影响了京津冀旅游业竞争力的发挥。

2. 区域旅游合作尚未形成统一产业规划

区域旅游产业规划是指导和推动旅游产业合理布局，实现协调、持续、健康发展的重要文件，但环渤海地区乃至京津冀地区至今尚未形成统一的旅游产业规划。因为缺乏统一的区域旅游产业规划，就带来一个突出的问题：旅游资源分割、旅游基础设施或旅游景点重复建设。铺摊子、抢项目等问题严重，不利于特色旅游的发育。京津冀区域内部不良竞争致使旅游资源丰富和互补优势弱化，区域旅游发展壮大的基础被削弱，出现一定的旅游产品同质化现象。

3. 区域旅游合作在相关部门还缺乏协调

京津冀区域旅游合作相关部门缺乏协调，主要表现在交通运输、通信信息等部门。在公路交通方面，京津冀地区还存在关卡林立、互设障碍的现象，在海上交通、机场等方面还缺乏相互协作，没有形成流畅的区域交通格局。在通信网络、旅游信息设施建设等方面，仍存在“画地为牢”的现象，没有真正成为一个整体。在中国旅游业信息化发展的过程中，政府主导、企业参与的模式始终是主要的建设模式。由于旅游资源条块分割、旅游电子商务发展不平衡以及旅游信息缺乏共享等现象较为严重，京津冀地区在旅游业合作过程中企业虽然处于求利心态寻求合作，但是参与程度往往不足，且意识相对较为淡薄。

4. 区域旅游合作共赢的观念尚没有形成

京津冀地方政府没有充分意识到区域旅游合作的意义，没有形成区域旅游合作互利互惠的观念，没有意识到区域旅游合作最终可以形成“共赢”局面。人为制造的区域旅游发展障碍与京津冀地区合作共识背道而驰。在政府层面，限制外部企业进入本地市场，变相为本地企业发展提供庇护的政策法规条款和行为没有完全消除；在市场层面，不同行政区域企业间的相互排斥、不正当竞争依然存在，地方行业组织职能弱化，缺乏呼吁和解决问题的主动性。目前，京津冀地区旅游产品的联合促销、形象包装、共同推介、整体宣传远达不到区域旅游发展的要求，企业设计和开拓的旅游线路多以省市内为主，省市间的旅游线路以点对点为主，没有形成点、线、环有机联结。面向全地区的旅游咨询服务不足，没有建立起统一的旅游信息平台，未能对游客在京津冀地区内的流动开展有效引导。

5. 区域旅游合作仍然缺乏利益协调机制

改革开放以来，京津冀三地为了获取地方利益，长期实行自愿垄断、贸易保护、市场分割、自成体系的封闭政策，从而诱发地区旅游系统建设中的重复布局和旅游产业结构趋同，形成区际内部某种程度的“大而全”“小而全”旅游体系，技术上不了档次，专业化仅仅停留在旅游产品的专业化上。由于三省市存在着特殊的经济关系以及区位因素的影响，三地区特别是河北省与京津并不能获得同等的发展机遇，这就意味着三地区在相同的主观努力下并不能获得同等的发展机遇和经济收益，从而驱使三省市各地区在一个不公平的环境中相互竞争，导致区域经济畸形发展，而且还影响区域经济结构的优化程度以及区域经济宏观效益整体水平的发挥，从而延缓区域旅游一体化的发展进程。

5.3.4 京津冀区域旅游合作的运行机制

相对于珠三角和长三角较为成功的区域旅游合作，京津冀地区旅游业跨区域合作的进程相对较为迟缓。与之相对应，京津冀区域旅游合作的运行机制也相对不够完善。例如，旅游业跨区域合作的协调制度初步形成，旅游业跨区域合作的保障措施初步制定，旅游业跨区域合作的区域规划初步制定。

1. 旅游业跨区域合作的协调制度初步形成

作为区域经济合作与协调发展的重要组成部分，京津冀区域旅游合作在2005年取得实质性成果，北京、承德、秦皇岛等环渤海11个城市签署了《旅游合作框架协议》，标志着以北京为中心的环渤海旅游区合作机制的正式启动；京津冀区域发展合作研究联席会议在廊坊市举行，标志着京津冀三省市政府区域发展合作研究全面展开，这是京津冀三省市首次就区域发展问题进行合作研究。旅游也被北京市列为推动京津冀地区的区域合作的五大领域之一。

2. 旅游业跨区域合作的保障措施初步制定

京津冀两市一省在交通基础设施建设方面的合作已有良好开端。2005年，铁道部与京津两市政府签署了关于京津城际轨道交通系统建设的《会议纪要》，京津城际轨道交通系统已于 2008 年建成并投入运营，从而对京津两地区域旅游合作提供了坚实的交通保障。国务院审议并原则通过，国家发展改革委启动了《环渤海京津冀地区城际轨道交通网规划》。紧接着京津冀区域票据自动清分系统在河北廊坊正式启用，此后“冀”字样支票可以在北京、天津、廊坊、唐山、沧州、涿州等地区流通。这些都为京津冀区域旅游一体化快速发展奠定了很好的基础。

3. 初步构建统一旅游市场，打造统一产品

京津冀地区联手打造黄金旅游精品线。三地旅游局负责人均已表示，京津冀将逐步建立区域旅游协作会议制度；策划设计共同的旅游宣传口号，统一发布使用；联合开发京津冀三地的若干条精品旅游线路或旅游产品；逐步建立联动机制，完善救援应急机制，对旅游市场进行规范整顿。以两市一省目前的旅游质监投诉电话为基础，建立三方旅游投诉和应急事件处理热线电话。建立三地无障碍奥运旅游区，实现区域信息资源互通共享，成为京津冀区域旅游实质性合作的开始。

第6章

国外旅游业跨区域合作的典型经验借鉴

欧盟旅游一体化是建立在其经济政治一体化机制之上的，是目前世界范围内旅游一体化发展最为成熟的区域，因而探讨欧盟旅游一体化模式对中国旅游业跨区域合作具有重要的借鉴意义。大湄公河次区域经济合作机制是中国参加的次区域多边合作机制中最成功、最有代表性的一个机制，其中次区域旅游合作是该合作机制中最重要的十个领域之一，探讨并总结大湄公河次区域旅游合作经验，对于进一步提高该区域旅游合作成效和其他区域的旅游合作进展均具有十分重要的借鉴意义。实践表明，推进旅游业跨区域合作乃至区域旅游一体化进程，具有显著的一般性特征。鉴于现有国内外相关文献对区域旅游合作基本模式、主要内容和制约因素的分析，基本是基于理论推测的研究；而本书则是在分析国内外旅游业跨区域合作典型案例的基础上，从中提炼、抽象和概括出旅游业跨区域合作的典型模式、主要内容和各种制约因素。

6.1 欧洲联盟区域旅游合作：区域旅游一体化模式

欧盟是当今世界上一体化程度最高的区域政治和经济集团组织，从区域化合作开始到一体化进程，开启和引领了世界区域经济一体化的浪潮，是当今全世界各种区域经济一体化组织中最成功的典型。在一体化背景下的区域旅游合作，欧盟并未提出无障碍旅游区的概念，但其在区域旅游合作中所付出的努力正是构建无障碍旅游区的过程，并且是目前世界范围内旅游一体化发展最为成熟的区域。欧盟旅游一体化模式对中国旅游业跨区域合作具有重要的借鉴意义。

6.1.1 欧洲联盟区域旅游合作的现实基础

欧盟旅游区是全世界最大的旅游区，其旅游者接待量和旅游收入均居世界第一位。除了拥有丰富的旅游资源外，欧盟区域旅游合作还有其特有的文化基础、政治基础和经济基础，这些因素共同构成欧盟区域旅游合作的现实基础。

1. 欧盟区域旅游合作的文化基础

罗马法、基督教文明和文艺复兴运动是欧洲价值观和统一进程的三大历史要素，共同构成欧洲文化同一性的根源，是欧洲走向统一的精神源泉。一定程度上可以说，欧洲文化的同一性构成了欧盟区域旅游合作的文化根源，但推动区域旅游合作发展的最基本的思想文化动因是：欧洲文化既是同一性的，又是多样性的。欧洲文化以其丰富的内涵和深邃的理性构成了区域旅游合作广阔的人文背景，也构成了区域旅游合作的非制度核心，即欧洲意识和欧洲观念。总而言之，欧洲文化融于欧盟旅游一体化的整个进程中，为欧盟旅游一体化的发展撑起了精神骨架；欧盟旅游一体化的发展充分体现了欧洲文化的内涵和本质。欧洲文化是欧盟旅游一体化发展的思想基础和价值基础，而欧盟旅游一体化的发展又是欧洲文化的呈现和载体。欧盟旅游一体化进程中无论是目标步骤的制定、体制机制的构架、政策措施的设计和执行，都体现了上述观点。

2. 欧盟区域旅游合作的政治基础

欧洲作为一种独立实体的概念是非常古老的，并随着时间的推移而加深。中世纪以来，政治家和哲学家不断强调共同的欧洲传统和需要欧洲的政治统一。随着民族国家的强大，这种论点更为响亮。第二次世界大战之后，包含旅游一体化在内的欧盟经济一体化进程在政治压力下明确加速。客观地说，构成现代欧洲历史框架的两根支柱是民族国家和资本主义，国家的产生和资本主义在欧洲的兴起是欧盟旅游经济一体化的政治基础之一。欧洲民主国家的形成，无疑是欧洲国家政治进步的标志，民族国家给予欧洲以维护统治者的合法性和动员民众之无可匹敌的能力；资本主义则给欧洲带来了令人瞩目的经济、技术和社会进步。欧盟经济一体化建立的另一个重要的政治基础是存在着欧洲国家的主权让渡的可能性。主权的定义通常从三个角度出发：主权是一个法理和政治的概念，是通向国际讲坛和主权国家俱乐部的通行证，以此区别于非国家行为体。主权是一种政治权力话语，使之能够获得国际社会的认可和尊重。主权是一种法理上的自由，意味着国家可以按自己的意愿处理内政事务。民主国家的形成、资本主义的发展以及主权让渡的可能性，共同构成了欧盟区域旅游合作可行性的政治基础。

3. 欧盟区域旅游合作的经济基础

旅游业跨区域合作纵然有历史、文化、社会等因素，但能真正推动旅游业跨区域合作进程的却是市场经济制度。从欧盟经济一体化的形成和发展中可以看出这一点。西欧经济一体化进程的发展历程充分表明，市场经济自身发展规律是从城市一体化到国家一体化，再到地区一体化的阶段性发展的主导因素。市场经济在随着生产力的提高而逐渐扩张的过程中，不断地打破越来越大的区域界限，而无论这些界限是城市、国家、地区，还是民族、社会、文化，其制度化、机构化、法规化都需要促使越来越高程度和层次的政治体制的协调和统一，从而形成经济一体化在程度上从低至高、在范围内从小到大的发展过程。欧盟区域旅游一体化不过是这一发展过程中的一个阶段，其发展基础是该地区内的国家一体化和经济区域化，其发展前景是经济全球化，乃至全球经济一体化。

6.1.2 欧洲联盟区域旅游合作的演进历程

纵观欧盟区域旅游合作的发展历程，可以发现，其中有三个标志性事件深刻影响着欧盟区域旅游合作的发展历程：一是 1984 年欧共体第一届委员会正式确认旅游业在欧盟一体化过程中的重要地位，之后，欧共体对旅游业的发展问题才开始重视起来；二是 1993 年欧盟正式成立并颁布首个欧盟区域旅游合作的行动计划，标志着欧盟旅游合作进入快速发展阶段；三是 2002 年欧盟决定自当年起每年召开一次欧盟旅游论坛，这标志着欧盟区域旅游一体化进程更加正规化。

1. 欧盟区域旅游合作的孕育阶段（1951 ~ 1984 年）

1951 年 4 月，法国、德国、意大利、比利时、卢森堡和荷兰等欧洲六国在巴黎签署《建立欧洲煤钢共同体条约》，简称《巴黎条约》。根据条约，成员国将逐步把煤炭与钢铁生产和经营的统筹权力转交给煤钢共同体来行使，并在成员国之间建立煤钢共同市场。《巴黎条约》的签署，标志着法国、德国、意大利、比利时、卢森堡和荷兰这些欧洲国家已经通过让渡国家部分主权而实现了国家间传统意义上的合作模式的重大突破；同时也标志着欧洲国家在建立超国家主权的一体化道路上正式迈出了一体化进程的第一步。1957 年，煤钢共同体六国签署生效以自由市场为原则的《罗马条约》，标志着欧洲经济共同体的成立。然而，《巴黎条约》和《罗马条约》均没有授权共同体理事会对旅游业进行超越国家范畴的干预，而是将旅游业看作是欧共体成员国的内部事务。1965 年，法国、德国、意大利、比利时、卢森堡和荷兰六国签署《布鲁塞尔条约》，将欧洲煤铁共同体、欧洲经济共同体和欧洲原子能共同体合并为欧洲共同体；并于 1974 年正式成立首脑理事会，连同部长理事会、委员会、议会、法院、其他相关委员会，最终形成了欧共体的基本组织机构框架。然而，限于当时欧共体运行的实践，旅游业在欧共体经济发展决策中没有一席之地。

2. 欧盟区域旅游合作的起步阶段（1984～1993 年）

1984 年，欧共体第一届委员会的相关决议中裁定：欧盟居民出国旅游属于服务接受者。此后，旅游业的服务性质以及它在欧洲一体化进程中的地位便迅速上升。自此以后，欧共体对旅游业的发展问题开始重视起来。1985 年，在欧共体委员会颁布的欧洲区域政策中，在五个领域涉及有关旅游业发展的政策条目。例如，要提供便捷的海关检查、要为旅游者提供安全保障以保证旅游者具有可自由流动的区域环境；为旅游业提供财力保障，利用欧洲区域发展基金、欧洲农业保障基金和指导基金来支持旅游业的发展；区域内旅游服务能够自由提供、成员国之间认同相互的资格认证、为旅游业提供关税协调等以保证旅游业有良好的发展环境。不过，这些政策只是一些零散的条目，并不是欧共体设立的专门的旅游政策体系中的内容。在当时，欧共体制定区域旅游政策的行动还十分滞后，而旅游业的整体发展也比较缓慢。

1986 年，西班牙、葡萄牙等旅游强国加入欧共体，强烈要求将旅游业列入欧盟最高决策的议事日程中，从而进一步提升了旅游业在欧共体一体化中的地位；同年，欧共体成立了旅游咨询委员会，以方便各国在旅游业上的信息交流、咨询与合作。自 1988 年起，欧共体负责旅游业的官员开始定期举行会议，就成员国共同关心的旅游业发展政策进行磋商。1989 年，旅游业管理机构从欧盟交通理事会中分离出来，进一步提高了旅游业在欧共体一体化中的地位。在此时期，欧盟将旅游业从财政预算中单列出来，以便于欧共体委员会对各成员国的旅游服务贸易和旅游政策进行调研；同时还颁布了《关于共同体旅游政策的主要原则》，该原则是欧盟针对旅游业制定的第一个专门文件。

进入20世纪90年代之后，欧盟针对旅游业所实施的专门行动计划更加频繁与多样。欧共体部长理事会将1990年确定为"欧洲旅游年"，并将当年的旅游宣传口号确定为"使欧洲人相互更紧密"，希望借此来突出旅游业的重要性，并建立一个协调一致的政策框架；并利用欧洲区域发展基金（ERDF）、欧洲农业保障基金和指导基金（EAGGF）等各项基金大力援助扶持旅游业的发展。1991年，欧共体委员会颁布了第一个欧洲区域旅游行动计划，在强调旅游中小企业的竞争力、改进旅游服务质量、改善旅游产品质量、提升欧洲旅游业在世界范围内的竞争力、保护自然文化遗产和当地居民的风俗习惯等方面开始了一系列初步行动。1992年，欧共体委员会制订了三年的《支持旅游发展行动计划》。

3. 欧盟区域旅游合作的发展阶段（1993~2002年）

1993年，欧洲共同体正式改名为欧洲联盟，并签署《欧洲联盟条约》，这标志着欧洲一体化进程由共同体阶段过渡到欧洲联盟阶段。同年，欧盟旅游管理机构颁布欧盟区域旅游合作的首个行动计划，此后每年都颁布一个欧盟的旅游业行动计划，以加快旅游业发展的步伐。这意味着欧盟区域旅游合作进入快速发展阶段。1995年，《欧盟旅游绿皮书》出版，其目的在于促进有关欧盟在发展旅游中的作用的讨论。1996年，欧盟委员会提议将旅游业单列出来，虽然该提议未能在部长理事会的无记名决议中通过，但仍得到了欧洲议会、经济和社会委员会等部门的支持。如前所述，此时欧盟关于旅游的各种活动，都是结合就业项目，在企业总署旅游处的管理下完成的。进入21世纪后，欧盟旅游业不再单纯只强调和发展区域联合行动，而是将欧盟旅游业的特色、质量与区域内部的平衡发展作为更高目标。其举措包括组织成员国发展欧盟的特色旅游，包括乡村旅游、海上旅游、社会旅游等特色项目；促进和引导成员国进行旅游目的地的全面质量管理；分散客流，缓解热点地区的旅游压力等。2002年5月，部长理事会首次通过了一个专门针对旅游业的决议，强调要更加关注欧盟法规对旅游业的影响，要对欧盟旅游目的地营销进行进一步的检查和分析，要邀请行业来支持欧盟及其成员国在发展旅游方面所做的努力。

4. 欧盟区域旅游合作的提升阶段（2002 年至今）

2002 年，欧盟决定自当年起每年召开一次欧盟旅游论坛，这标志着欧盟区域旅游一体化进程更加正规化。2004 年，欧盟与中国旅游局在北京签订《关于中国旅游团队赴欧洲共同体旅游签证及相关事宜的谅解备忘录》。按照这份备忘录，中国授予 12 个“申根协定”成员国以旅游目的国资格（Approved Destination Status，ADS）。12 个“申根协定”成员国名单如下：奥地利、比利时、芬兰、法国、德国、希腊、荷兰、意大利、卢森堡、葡萄牙、西班牙及瑞典。据此，中国旅游者可以通过指定旅行社申请 ADS 旅游签证，凭此签证可以在有效期内自由在这 12 个“申根协定”国旅游。这是欧盟共同努力开发中国旅游市场的结果。到目前，欧洲已有 29 个国家对中国同时开放。此外，为了减少成员国之间的关卡限制，实现欧盟境内交通的无限制乃至旅游交通的一体化，欧盟议会于 2005 年 11 月高票通过一项旨在加强欧盟民用航空安全的法规。根据这项法规，欧盟最早将于 2006 年年初公布一份全球不安全航空公司的“黑名单”，被列入名单的航空公司将被禁止在欧盟境内运营或穿越欧盟领空。

2005 年，欧洲 27 个国家的交通部长在意大利南部城市那不勒斯聚会，呼吁欧盟尽快加强大型交通项目的建设，以保证在欧盟扩大的进程中进一步提高整个地区的竞争力。2006 年，欧盟委员会建立了一个网站——欧洲旅游目的地通道（The European Tourist Destination Porta），提供诸如旅行计划（交通、天气、日程等）等实用信息，推荐旅游活动和旅游目的地，实现与各个国家官方旅游网站的链接等；针对老年旅客的旅游将更加普遍，欧盟推行社会旅游，打出了为了所有人的旅游（tourism for all）口号；与此同时，欧洲很多城市和地区主办各种文化活动（如欧洲文化之都等）和体育活动，作为旅游促销的重要手段；欧盟委员会与成员国合作，通过“欧洲最佳旅游目的地奖”奖励那些在促进旅游可持续发展方面取得成功的国家，并推广其经验。这些活动不仅彰显了欧盟旅游一体化的活力，也进一步凝聚了各成员国参与旅游一体化进程的积极性。

6.1.3 欧盟区域旅游合作的模式选择：区域旅游一体化模式

欧盟区域旅游合作最突出的成就在于探索跨国家联合的制度创新，创造一种区域经济—政治共同治理的崭新欧盟旅游一体化的治理模式。这种独特的混合型区域共治模式，已超越了现有国家体制和国际组织的制度安排，在彰显国家治理个性特征的同时，逐步形成欧盟各种共同政策、欧元、欧洲公民资格、欧盟旗帜、盟徽、盟歌、欧盟护照，以及欧洲意识、欧洲观念、欧洲共同利益和联合行动等一系列带有欧洲共性的特征。欧洲区域共治具有这种个性和共性融合的两重性，它诞生在欧洲，并在除欧洲以外的世界其他地方并不存在。因此，本书将欧盟区域旅游合作的特殊模式称之为区域旅游一体化治理模式。

欧盟旅游一体化发展是进一步推进欧盟一体化进程的重要力量。游客在欧盟成员国之间的流动和消费，对欧盟社会、经济、文化产生了重要影响。旅游拉动就业、增加 GDP，成为欧盟经济发展的助推器，也是欧盟强势国家向弱势国家财富转移的特殊渠道。欧洲文化融于欧盟旅游一体化的整个进程中，为欧盟旅游一体化的发展撑起了精神骨架；欧盟旅游一体化的发展充分体现了欧洲文化的内涵和本质。欧洲文化是欧盟旅游一体化发展的思想基础和价值基础，而欧盟旅游一体化的发展又是欧洲文化的呈现和载体。欧盟成员国公民的旅游互动和发展对于加强各成员国和地区之间的联系起到了不可忽视的作用，尤其是在整合不同文化、语言、习俗、思想道德观念等方面，取得了巨大的融合推进效果。

欧盟旅游的一体化发展，有着坚实的历史、社会、经济、文化基础。第二次世界大战后欧洲居民稳定、安逸的社会生活，一些北欧国家实行国家福利主义政策，以及有条不紊的社会秩序为开展旅游活动提供了社会保障，也持续不断地催生旅游需求；发达的交通以及经济要素在欧盟内的自由流动、货币的统一、边境的开放等一系列区域经济政策为旅游一体化创造了便利的条件；欧洲复杂的民族、历史、文化体系造就的丰富多彩的理论、思想、建筑、艺术风格等文化象征，无论是无形的文化思想或是有形的文化遗产，都是欧洲相较于其他国家的最大特色，也是最重要、最有吸引力的旅游吸引物。根植于欧洲区域社会、经济和文化大背景的旅游一体化发展，是欧洲一体化的使然。

本质上，欧盟旅游一体化是在欧盟机制上展开运作的，如图 6.1 所示。因此，既有机构动力，也有法律约束，还有成熟的运作机制。欧盟成员有着相似的历史和文化背景，经济结构和发展水平相近，追求的利益目标和方式相似，能够按照共同通过的法律契约让渡自己的主权，加强经济融合。此外，欧盟还拥有紧密的制度性联合和较强的组织机构，是典型的政策导向和封闭式的一体化区域经济组织，其运行机制相对成熟，且能应对各种挑战。因此，建立在欧盟成熟运作机制上的欧盟旅游一体化发展，是欧盟一体化的重要成果。建立在欧盟一体化运作机制上的旅游发展，在完善欧盟区域社会环境、促进区域社会公平与均衡、实现可持续发展方面发挥了重要的反作用。根据欧洲统计资料显示，2007 年，欧盟地区产生旅游总需求约为 24869 亿美元，约占全世界旅游总需求的 35%；实现旅游经济 GDP 约为 17677 亿美元，约占全世界的 33%，占欧盟地区 GDP 的 10.9%；实现旅游就业为 2571 万人，约占全世界旅游就业总人数的 11%，占欧盟地区总就业人数的 11.8%，是欧盟地区最重要的支柱产业①。

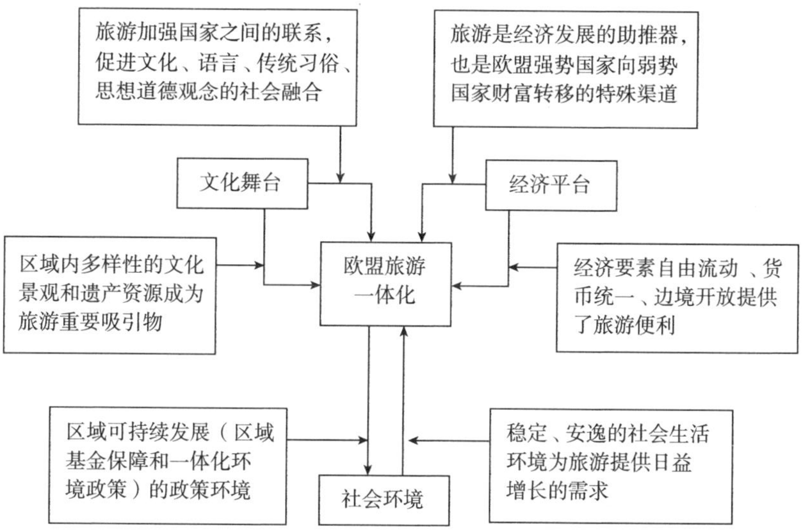

图 6.1　欧盟一体化框架下区域旅游一体化模式的互动

资料来源：何小东．中国区域旅游合作研究［D］．上海：华东师范大学，2008：115.

① 资料来源：笔者根据相关资料整理。

6.1.4 欧洲联盟区域旅游合作的运行机制

欧盟旅游一体化是建立在欧盟一体化的运作机制之上的。欧盟有关企业与产业管理的机制就是尽可能减少繁文缛节的行政干预、简化规则、实施并改善影响评估。概括而言，组建专门的区域旅游协调机构、制定统一的区域旅游产业政策和设立雄厚的区域旅游发展基金是欧盟区域旅游合作的主要运行机制。

1. 组建专门的区域旅游协调机构

欧盟是一个超国家的组织，既有国际组织的属性，又有联邦国家的特征。目前，隶属于欧盟委员会指导的旅游机构，有些是常设性机构，例如欧盟旅游咨询委员会、欧盟旅游产业研究中心；有些是专项技术和行业小组，如旅游可持续发展小组（TSG）。欧盟旅游委员会和欧盟旅游咨询委员会以及欧洲旅游论坛是欧盟内部的正式与非正式旅游组织，它们分别为欧盟的区域旅游一体化提供了制度性与非制度性的运行机制。其中，欧洲旅游委员会是由欧洲最主要的33个国家的国家旅游管理机构组成的非营利性机构。它的职能是把欧洲作为一个整体对外进行推销，从一个更高的层面上促进欧洲旅游业的整体发展。该委员会对各个成员国旅游管理机构提供信息和建议，对它们的决策有着非常重要的影响力。旅游咨询委员会是欧盟常设的专门为旅游业服务的机构，它代表各成员国利益，在区域内建立起十分紧密的旅游合作关系，为各成员国进行信息交流提供平台。目前，欧盟的旅游咨询委员会由18个国家的代表组成，他们每年有若干次的会晤，交流彼此国家间的旅游信息，但其职能在近年来正在不断扩大。欧洲旅游论坛是欧盟的非正式组织，每年举办一次会议，会议侧重于研讨欧盟旅游的可持续发展问题，以求更好地将旅游业与欧盟的相关政策相结合。正是由于欧盟咨询委员会常务性的强力推进，欧盟旅游一体化所显示的实际成效非常显著，也为世界旅游组织所关注。

2. 制定统一的区域旅游产业政策

欧盟旅游一体化成熟的运作机制是在一系列的制度规范化下实施的机制。完善的政策与法规体系，为欧盟旅游企业提供了一个相对公正和平等的竞争环境，由此减少了行政管理的难度。随着欧洲一体化的深入发展，欧盟逐步建立和完善了一系列共同政策，其中主要有关税同盟、共同农业政策、共同渔业政策、共同地区政策、共同社会政策、共同货币政策、共同外交和安全政策、保护消费者政策以及共同外贸政策等。这充分体现了欧盟一体化进程中在经济领域、政治领域以及安全和防务领域已经实现联合的欧洲格局。作为政策导向型的一体化组织，欧盟旅游业的区域一体化发展是受到政策的导引与约束的。各方面政策的颁布保证了欧盟一体化旅游区域的顺利构建，其中欧盟旅游一体化的最显著特征是宽松的边境政策，为旅游者提供了切实的便利。

具体而言，欧洲理事会、欧盟委员会等机构承担整个欧盟发展政策的制定及决策职能，同时保留各个成员国自我管理的职能，并通过各种政策表决机制等协调欧盟整体利益与成员国国家利益的关系，这种机构和机制的有效设置促使成员国能够在多领域、多层次展开自由合作，以实现利益最大化。例如，欧洲旅游委员会等协调机构还有力地协调欧盟各个国家的利益、整合欧洲的文化旅游资源、保护欧洲的文化古迹、制定统一的欧盟国际文化旅游政策，强力地推动着欧洲文化旅游的发展。从一体化旅游区域构建的角度来看，欧盟所采取的一系列政策正是破除地方保护主义、行业壁垒等各种障碍的有效手段之一，而旅游业合作的成功也使得旅游业成为欧盟各国在区域合作方面最为成功的领域之一。

3. 设立雄厚的区域旅游发展基金

除了具有专门的区域旅游协调机构和统一的区域旅游产业政策之外，欧盟区域旅游一体化进程中还获得了欧盟多项发展基金的资助。例如，欧洲社会基金、欧洲农业保障和指导基金、欧洲区域发展基金、欧洲凝聚基金等均不同程度地从不同角度对欧洲旅游业的发展予以支持。近年来，为了促进地区发展差异的缩小，帮助所有国家和地区应对经济全球化带来的挑战，促进欧盟内的合作，以可持续的方式提高欧盟的整体竞争力，欧盟又相继推出欧盟协调基金和欧盟结构基金等，优先辅助那些以旅游业作为支柱产业的地区。这些基金主要用于支持以下与旅游相关的工作：企业和企业间合作、市场营销和海外促销、地区间合作、研究开发和信息技术、改善能源和环境管理、就业和培训、大学或教育机构间的合作、文化领域投资、欧盟以外的事务等。总体而言，欧盟设立的旅游基金，多数由政府部门筹集，也有部分是由社会募集。除此之外，还采用质量指标、可持续指标等非财政的技术性手段，用以掌握旅游目的地和旅游服务的质量优劣；鼓励和提倡成员国居民，尤其是老年社会旅游、青少年旅游活动，增进相互之间的了解和信任；错开假期、鼓励淡季旅游；着重在旅游环境保护、旅游资源开发、整体旅游形象宣传等方面实现政策协调、行动统一。

6.2 大湄公河次区域旅游合作：国际组织主导模式

大湄公河次区域（Greater Mekong Sub－region，GMS）旅游合作是指包括泰国、越南、老挝、柬埔寨、缅甸、中国的广西和云南在内的区域性旅游合作，其是在大湄公河次区域经济合作的总体合作机制基础上，由联合国亚太经社会（UNESCAP）和亚洲开发银行（ADB）等国际组织主导和推动的，合作的宗旨是把该区域作为一个整体的旅游目的地进行建设开发和宣传营销，合作的主要内容是开展以旅游文化保护开发、旅游通关便利化、旅游扶贫、生物多样性保护、旅游人才培训等重点项目建设。

6.2.1 大湄公河次区域旅游合作的现实基础

湄公河（在中国境内段称为澜沧江）是亚洲一条重要的国际河流，发源于中国青藏高原的唐古拉山，自北向南流经中国的青海、西藏、云南三省区和缅甸、老挝、泰国、柬埔寨、越南等东南亚五国，于越南胡志明市附近注入南海，全长为4880千米。湄公河实际上是把中国和东南亚的陆上国家联结在一起的纽带，构成中国与次区域国家以及整个东南亚相互依存的天然条件。大湄公河流域是一个整体性极强的区域，流域内各自然要素的相互关联极为密切，人文环境十分相似，不同行政区域之间的社会经济往来自古以来不可分割。特殊的地缘关系为湄公河次区域发展旅游国际合作创造了良好的条件。

1. 大湄公河次区域经济合作进程的加速

大湄公河次区域各国历史悠久、风景秀丽、民族文化多姿多彩。长期以来，受多种因素影响，次区域经济和社会发展相对落后，其中柬埔寨、老挝和缅甸被联合国列入最不发达国家之列。自1992年以来，在亚洲开发银行的推动下，大湄公河流域内的中国、缅甸、老挝、泰国、柬埔寨和越南共同发起了大湄公河次区域经济合作机制，通过加强各成员国的经济联系，促进次区域的经济和社会发展，次区域的整体经济发生着巨大变化。迄今已经先后举行了十五次大湄公河次区域经济合作部长级会议，各种研讨会、协商会每年皆在举行。近年来，大湄公河流域国家经济显示了总体持续发展的好势头，加强这一次区域各国间的经济技术合作，互补互惠，共谋发展，已经成为次区域的国家和人民的共同心愿。目前，大湄公河次区域经济合作已进入了实质性实施阶段。

2. 大湄公河次区域拥有丰富的旅游资源

湄公河处于东南亚、南亚和中国大西南三个经济圈的结合部，是连接东盟和中国大西南两大市场的桥梁和走廊，被誉为“东方多瑙河”。大湄公河地区蕴藏着丰富的水能资源、生物资源、矿产资源和旅游资源。旅游资源包括丰富、原始的自然旅游资源（动植物资源、自然景观、原始生态、地质水文）以及东南亚各国悠久的历史文化和独特的民族风情。其中，中国的云南和广西两个省区旅游资源非常丰富，省区内聚居着风俗各异的 25 个少数民族，又被誉为“人类学宝库”；拥有石林、西双版纳、大理、三江、桂林等国家级重点风景名胜区 14 处，省级风景名胜区 69 处。湄公河次区域中的其他五国也有得天独厚的旅游资源。除缅甸北部之外基本属于热带气候，动植物种类繁多，江河密集，丛林广布。越南、缅甸、泰国拥有很多可开发为海滨旅游地的优质海滩；五国拥有丰富的人文景观，是东南亚历史文明的摇篮，有众多的古人类遗址，是稻作文化、茶文化、青铜文化的起源地，是人类进化和发展的主要地区之一；还是佛教及其他宗教传播、发展的重要地区，有数以万计的佛寺、佛塔等宗教建筑。此外，该地区为多民族国家，各民族的传统习俗、传统节日都对旅游者有极大的吸引力。仰光、曼德勒、曼谷、清迈、金边、万象、海防、河内、胡志明市等都是有名的旅游城市。

3. 大湄公河次区域更加畅通的交通运输

畅通的交通运输是湄公河次区域旅游合作快速发展的重要保障。首先，南北经济走廊西线（昆明—老挝—曼谷公路），由中国出资建设的昆曼公路老挝境内三分之一路段已于 2006 年提前一年完成。南北经济走廊中线（昆明—河内—海防），中国境内昆明—河口段高等级公路已于 2008 年全部建成通车。南北经济走廊东线（昆明—南宁—河内），中国境内南宁至友谊关高速公路已于 2005 年底建成通车。其次，湄公河次区域各国还签署了《GMS 便利货物及人员跨境运输协定》(CBTA)(以下简称《便运协定》)的附件和议定书，完成了《便运协定》全部17个附件和3个议定书的接受程序，并签署了中越关于在河口—老街口岸初步实施《便运协定》的谅解备忘录。最后，次区域国家还积极参与泛亚铁路合作，组织开展泛亚铁路的建设调研；进一步完善机场现有功能，适度建设支线机场，不断扩大航线网络，以促进次区域国家航空运输快速协同发展。

6.2.2 大湄公河次区域旅游合作的演进历程

纵观大湄公河次区域旅游合作的发展历程，其中有两件标志性的事件：一是湄公河流域国家旅游发展研讨会于1994年在中国昆明市成功召开，这标志着大湄公河次区域旅游合作的正式开始；二是由亚洲开发银行支持、次区域六国旅游主管部门共同编制的《大湄公河次区域旅游发展战略》于2004年正式完成，并与次年获得通过，这标志着大湄公河次区域旅游合作进步快速发展阶段。鉴于此，本书将大湄公河次区域旅游合作的演进历程分为三个阶段。

1. 大湄公河次区域旅游合作的萌芽阶段(1992~1994年)

1992年，在亚洲开发银行(ADB)倡议下，大湄公河次区域六个国家举行首次部长级会议，共同发起了大湄公河次区域经济合作(GMS)机制，以加强各国间的经济联系，促进次区域的经济社会发展，实现共同繁荣。此后，GMS事务部长会议原则上每年举行一次，这不仅在国家间建立了互信机制，强化了重要的基础设施，而且逐渐消除了贸易和投资壁垒，促进了金融、旅游、物流等领域的合作，形成了一种宽领域、多渠道、多元化、深层次的发展格局。1993年，泰国政府率先提出了“东南亚黄金四角经济计划”，也即湄公河流域的中国、老挝、缅甸和泰国四国毗邻区域的经济计划，该计划得到其他三国的积极响应和支持。泰国率先提出“黄金四角发展计划”的目的在于推动泰国北部经济发展，以旅游产业带动泰北经济的发展和“黄金四角”的合作；云南西双版纳在“黄金四角”地区中成为中方的主角。

1994年，大湄公河次区域第二次部长级会议在越南河内成功召开，大湄公河流域六个国家及中国云南省一致同意在交通、能源、旅游、贸易、投资、人才开发、环境保护等七个方面进行合作，其中旅游是优先实施的领域。在次区域经济合作会议的基础上，亚洲开发银行明确提出了六国在次区域旅游目的地促销、次区域旅游论坛、旅游培训人员的培训、资源保护人员的培训、湄公河旅游规划研究等五个方面开展合作，并经大湄公河次区域越南、老挝、柬埔寨、缅甸、泰国和中国六国协商，确定成立由六国国家旅游组织高级代表参加的“大湄公河次区域旅游工作组”作为次区域旅游合作的总体决策、协调机构，在泰国国家旅游局设立“大湄公河次区域旅游协调机构”负责日常工作。

2. 大湄公河次区域旅游合作的起步阶段（1994～2004年）

1994年12月，大湄公河流域国家旅游发展研讨会在中国昆明市成功召开，湄公河流域六国达成一致，共同促进湄公河流域区域旅游的协调发展，这标志着大湄公河次区域旅游合作的正式开始；1995年4月，大湄公河次区域旅游工作组第一次会议在泰国曼谷召开，自此旅游工作组会议就轮流在次区域六国召开。会议由联合国亚太经济与社会委员会（UNESCAP）与亚洲开发银行（ADB）及主办国旅游部（局）联合举办，原则上每年召开两次会议。1995年12月，第五届东盟首脑会议提出将东盟与大湄公河流域（包括中国云南省）的经济联系起来，以加强湄公河流域越南、老挝、柬埔寨和缅甸的经济发展。1996年6月，当时的东盟七国和大湄公河流域国家的中国、缅甸、老挝、柬埔寨共10国的部长级代表，在马来西亚首都吉隆坡通过了《东盟—湄公河流域开发合作基本框架》，这一框架的宗旨是加强整个澜沧江—湄公河沿岸各国的经济联系，建立经济伙伴，最终实现“东南亚自由贸易区”和由10国组成的大东盟。该框架下最突出的项目是南起新加坡、北至中国云南昆明的泛亚铁路的建设。1996年，第45届太平洋亚洲旅行协会（PATA）年会在泰国芭堤雅举办，与会国家达成区域旅游合作共同宣言，旨在寻求共同的旅游市场和发展目标，避免重复其他国家在游客接待中犯过的错误。根据宣言的适用范围，大湄公河次区域旅游合作也适用该宣言。

2001年，大湄公河次区域经济合作（GMS）第十届部长级会议通过了GMS合作的纲领性文件《未来10年合作战略框架》，提出了五个战略方向：以跨部门方法加强次区域基础设施联系、推进跨境贸易投资便利化、提高私人部门参与程度、开发人力资源、保护环境与合理利用自然资源。此外，GMS合作批准了十一大骨干计划，即南北经济走廊、东西经济走廊、南部经济走廊、电信骨干网、电力联网与贸易安排、跨境贸易投资便利化、提高私人部门参与程度、开发人力资源、战略环境框架、洪水控制和旅游发展。2001 年 11 月，中国与东盟共同制定了在十年内建成自由贸易区的目标。随着中国—东盟自由贸易区经济一体化进程的加快，大湄公河次区域将一跃成为中国进入东南亚的门户和交流平台，促进区域的投资、贸易和经济发展，实现区域经济繁荣发展。在此背景下，大湄公河次区域旅游合作也相应地得以快速发展。

2002 年 5 月，第三次中国—东盟经济高官会议和中国—东盟谈判委员会会议在北京召开，标志着中国—东盟自由贸易区谈判正式起启动。会议讨论了中国—东盟自由贸易区的目标、原则、内容、时间框架等具体问题，并主要审议了中国和东盟双方在农业、信息技术、人力资源开发、投资和大湄公河开发五个重点领域开展的活动，取得了积极的成果。2002 年 11 月，大湄公河次区域经济合作（GMS）首次领导人会议在柬埔寨金边举行，批准了《次区域发展未来十年战略框架》，并决定自此之后每三年在成员国轮流举行一次 GMS 领导人会议。GMS 合作开始上升到领导人层级，次区域合作由此进入了一个新阶段。

3. 大湄公河次区域旅游合作的发展阶段（2004 年至今）

2004 年，在亚洲开发银行（ADB）的支持下，大湄公河次区域六国旅游管理部门配合 ADB 委派的专家组编制了《大湄公河次区域旅游发展战略》，该发展战略于 2005 年 7 月在昆明召开的第二次 GMS 领导人会议经审议批准后开始实施。《大湄公河次区域旅游发展战略》提出了大湄公河次区域旅游发展的总体目标是：为了发展和促销湄公河这个单一旅游目的地品牌，应提供多种多样优质高产的次区域产品，从而更加广泛地分配旅游业带来的利益；大湄公河次区域的每个国家都应当大力发展旅游业；旅游业的收益主要用来减缓贫困、争取两性平等、保障妇女权利和维护可持续发展，同时最大限度地减少负面影响。此外，战略包括七个方面的核心战略规划，即市场营销、人力资源发展、遗产与社会影响管理、扶贫式旅游业开发、私营部门参与、次区域旅行便利以及旅游业相关基础设施建设。为了更加有效地实施《大湄公河次区域旅游发展战略》，2006 年初，大湄公河区域经济合作机制成立旅游业发展统筹协调机构——湄公河旅游协调办公室（MTCO），总部现设在曼谷。从第 17 次旅游工作组会议开始，就由湄公河旅游协调办公室和主办国联合主办，亚洲开发银行及联合国亚洲及太平洋经济社会委员会等国际组织则担任观察员，继续支持和参与旅游工作组会议。

2005 年 7 月，大湄公河次区域经济合作（GMS）第二次领导人会议在中国昆明举行，与会六国签署了便利客货运输、动物疫病防控、信息高速公路建设和电力贸易等多项合作文件，批准了 GMS 贸易投资便利化行动框架和生物多样性保护走廊建设等多项合作倡议。会议确立了以“相互尊重、平等协商、注重实效、循序渐进”为主要内容的合作指导原则，这意味着次区域合作由此迈上新台阶。此后，越南东北部与广西边境喀斯特山海旅游区项目、中越边境旅游合作均取得实质性进展，其中广西防城港高林九龙潭中越边境漂流项目已于 2006 年开始营业；广西东兴中越界河漂流项目也投入运营；此外，分别与越南和柬埔寨合作策划了“印象 · 下龙湾”和“印象 · 吴哥窑”大型实景演出项目；大力推进泛北部湾旅游合作和中越“两廊一圈”旅游合作，并开通了北海至越南下龙湾海水旅游线路；中国出资为老挝和越南等国培训旅游人才。

2007 年 9 月，大湄公河次区域（GMS）旅游工作组第 20 次会议在中国丽江召开，六国就积极推进《GMS 旅游发展战略》达成共识，启动了《湄公河上游河段（金四角）旅游区跨国旅游线路规划》和《滇西—缅北跨国旅游线路规划》编制工作。2008 年 1 月，首届大湄公河次区域（GMS）旅游部长会议和第七届东盟与中国、日本、韩国（简称“10 + 3”）旅游部长会议在泰国曼谷举行，GMS 六国旅游部长出现首届大湄公河次区域旅游部长会议，来自亚洲开发银行、亚太旅游协会、联合国世界旅游组织、联合国经济及社会理事会和联合国教科文组织等国际组织和机构的代表以及大湄公河次区域旅游协调办公室的工作人员也参加了会议。会议听取了大湄公河次区域（GMS）旅游营销计划和开发计划，并讨论通过了部长级联合声明。2009 年 1 月，第二届大湄公河次区域（GMS）旅游部长会议和第八届东盟与中国、日本、韩国（简称“10 + 3”）旅游部长会议在越南河内举行，会议就如何深化在旅游市场营销、旅游人力开发、邮轮旅游等领域的合作，特别是就应对全球金融危机的措施交换了意见，并通过了旨在推动大湄公河次区域旅游业发展的联合媒体声明。

6.2.3 大湄公河次区域旅游合作的模式选择：国际组织主导模式

大湄公河次区域有着优越的自然条件，蕴藏着丰富的水能资源、生物资源、矿产资源和旅游资源。旅游资源包括丰富、原始的自然旅游资源以及东南亚各国悠久的历史文化和独特的民族风情，因而旅游业开发潜力巨大。湄公河流域虽然资源丰富，但由于沿岸各国大多为贫穷国家，社会经济发展落后，没有能力独立开发和利用这些宝贵的资源；此外，这一流域的开发综合性很强，涉及航运、水能、林业、矿业、农业、渔业、旅游、环境保护、贸易、投资、人力资源、禁毒等多个领域，是一个庞大的系统工程。据估算，至少需要投入2000多亿美元才能见效。对于资金、技术和人才都十分缺乏的大湄公河次区域国家而言，独立有效的开发是根本做不到的事情。因此，只有走合作开发的路子才有可能，而且还必须广泛动员国际力量的参与才行。20世纪90年代初，东南亚地区进入了和平与发展的新时期，区域合作潮流也遍及全球。在这种形势下，由亚洲开发银行倡导的“大湄公河次区域经济合作”机制应运而生。

1992年，亚洲开发银行倡议发起并形成了澜沧江—湄公河次区域经济合作的总体合作机制。澜沧江—湄公河次区域旅游合作是由联合国亚太经社会（ESCAP）、亚洲开发银行（ADB）等国际组织主导和推动的，旨在将次区域作为一个完整的旅游目的地进行合作开发，打造整体形象，统一推向世界旅游市场而建立起来的合作机制。区域旅游合作的地域范围包括越南、老挝、缅甸、泰国、柬埔寨六个国家和中国的云南和广西两省区。1994年，大湄公河次区域第二次部长级会议在越南河内召开，大湄公河流域六个国家及中国云南省一致同意在交通、能源、旅游、贸易、环境保护等方面进行合作，其中旅游是优先实施的领域。在次区域经济合作会议的基础上，经大湄公河次区域越南、老挝、柬埔寨、缅甸、泰国和中国六国协商，确定成立由六国国家旅游组织高级代表参加的“大湄公河次区域旅游工作组”作为次区域旅游合作的总体决策、协调机构，在泰国国家旅游局设立“大湄公河次区域旅游协调机构”负责日常工作。

由此可见，大湄公河次区域（GMS）旅游合作是在次区域经济合作的总体合作机制基础上，由亚洲开发银行（ADB）等国际组织主导和推动的，旨在将次区域作为一个完整的旅游目的地进行合作开发、打造整体形象、统一推向世界旅游市场而建立起来的新型区域旅游合作模式。这种由国际组织主导的区域旅游合作模式开放程度较高，能积极欢迎并主要依赖于非成员国对此区域进行贸易和投资，但这种形式也比较松散，因而国际组织不可能像政府一样运用政策对次区域旅游一体化进行调控，而可以在一定程度上通过经济杠杆影响政府的旅游决策，也能直接利用投资手段对次区域的旅游进行直接调控。例如，亚洲开发银行通过跨国旅游项目的投资倾斜，促进次区域跨国旅游的发展，跨国旅游的发展所带来的利益势必引起参与国家对游客出入境政策进行调整。事实上，亚洲开发银行等国际组织只是形式上的主导力量，一般通过召集会议，提出具体的合作方案，征询成员国的意见来发挥联络作用；它既没有决策权，也没有强制执行权。国际组织的主导作用更多地体现为联络作用，根据次区域成员的实际需要提供资金和技术支持，围绕基础设施建设、跨境贸易与投资、私营部门参与、人力资源开发、环境保护和自然资源可持续利用等领域展开合作。从这个层面上讲，亚洲开发银行更像大湄公河次区域经济合作的一个项目融资机构。

6.2.4 大湄公河次区域旅游合作的运行机制

自从大湄公河次区域旅游合作正式开展以来，在联合国亚太经社会（UNESCAP）、亚洲开发银行（ADB）的指导和大力支持下，次区域六个国家围绕着举办工作组会议和论坛、开展次区域旅游人员培训工作、开展次区域旅游目的地宣传促销、开展次区域旅游规划研究、实施旅游开发建设项目、推进旅行手续简化、搭建新的旅游合作框架等方面开展了大量的工作。

1. 组建次区域旅游合作的协调机构

由大湄公河次区域（GMS）经济合作第三届会议确定、并由次区域六个国家旅游组织高级代表参加的大湄公河次区域旅游工作组会议是大湄公河次区域（GMS）经济合作框架下旅游领域内的一个重要的合作机制，是次区域各国旅游管理部门间协调、推动旅游合作与发展的议事和决策机构。此外，由亚洲开发银行牵头，大湄公河流域六国统一，成立了湄公河旅游论坛，制定了一系列旅游合作计划，旨在改善区域基础设施，扩大贸易与投资合作，其主要机制是大湄公河次区域经济合作部长级会议。通过工作组会议，研究决定和协调解决次区域旅游合作与发展中的重大问题；通过旅游论坛，采取政府间推动和企业间推动两头并进、区域内与区域外相互结合、次区域各国与有关国际组织共同协作的方式，推动了次区域旅游合作的开展。

2. 组织进行次区域旅游规划和宣传

由亚洲开发银行和有关国际组织牵头、资助，完成了大湄公河六个河段的旅游规划，提出了南北经济走廊和东西经济走廊的构想，完成了东西经济走廊的研究和若干试点项目的可行性研究，并积极促成和推进实施。次区域旅游专项研究也进入了第三个阶段，乡村旅游、简化手续等都作为专题进行了讨论和研究。此外，围绕将次区域作为统一的旅游目的地进行开发和推出的目标，由亚洲开发银行、亚太旅行协会与大湄公河次区域旅游工作组组织各国做了不少工作。例如，发行大湄公河次区域旅游指南；选定“湄公河明珠”景点，制作了有关画册；组织主要旅游市场代理商和媒体到次区域考察；参加重大的交易会和研讨会等。通过开展次区域旅游宣传促销工作，逐步提高了次区域在国际上的知名度，对吸引区域外旅游者进入次区域旅游起到了积极的作用。

3. 联合开展次区域旅游人才的培训

大湄公河次区域旅游合作过程中，各国积极联合开展了次区域旅游人员的培训工作。自 1995 年成功举办第一次旅游师资培训之后，分别于 1998 年举办了旅游培训者基本技能培训、1999 年举办了旅游管理高级培训、2000 年举办了旅游人力资源保护经理培训、2001 年举办了文化旅游开发与管理培训以及 2002 年举办了旅游行政管理培训等培训项目。通过这些培训，大湄公河次区域旅游合作积累了丰富的旅游人力资源。此外，次区域国家还积极开展旅游合作新框架的构建。例如，在次区域旅游合作框架的基础上，越南、老挝、缅甸、泰国、柬埔寨与印度于 2001 年达成了“湄公河—恒河合作框架”，将旅游合作作为其中一个重点着力推进，为东南亚、南亚旅游市场的共同开发和融合打下了良好的基础；同时，在原东盟旅游投资工作组机制的基础上，于 2001 年在昆明召开第 13 次旅游工作组会议期间，建立了大湄公河次区域旅游投资工作组合作机制，进一步促进区域内各国间旅游业相互投资，并吸引区域外的投资。

6.3 国内外区域旅游合作实践的经验借鉴

中国旅游业跨区域合作过程中，无论是政府的推动，还是市场的主导，乃至公众的参与，都需要眼光长远、视野开阔，充分地借鉴国内外旅游业跨区域合作过程中已有的成功经验，并吸取旅游合作过程中失败的教训。依据自身的现实条件，因地制宜，与时俱进，从而制定促进区域旅游合作的相关保障机制。本节主要根据前两节国内外区域旅游合作的实践案例，总结分析旅游业跨区域合作的典型模式、主要内容和相关制约因素。

6.3.1 国内外旅游业跨区域合作的典型模式

区域产业合作主要协调机制包括市场机制和政府机制。因此，旅游业跨区域合作过程中应该以市场的作用为基础，结合政府的协调政策，充分发挥企业组织作为市场主体的角色。然而，并不是所有的专家学者都认为市场与政府的作用程度是一样的。陈广汉（2004）认为，制度性障碍主要应该由政府推动来解决。制度的公共产品的特性和制度建立的协调成本决定了政府在消除体制性障碍中的独特作用。政府可以通过建立规则规范经济活动中各经济主体的经济行为，实现经济发展的整体长远目标。在基础设施的建设方面，市场与政府同样重要。区域之间的大型跨境交通、通信等基础设施需要政府协调和规划，但是，这些基础设施的建设和管理可以通过市场机制来解决。而区域之间的产业分工和资源的配置则应该按照比较优势的原则，主要由市场机制决定。

林毅夫（2003）则认为，类似中国这样的发展中国家的区域合作，政府可以发挥更大作用，扮演更积极的角色。发展中国家，尤其是像中国这样一个转型国家，如果按照比较优势来发展，其产业发展轨迹则是可以预测的。作为一个处于经济转轨期的国家，中国市场体制还不完善，需要政府积极参与。正如诺贝尔经济学奖获得者亚瑟·刘易斯的《经济增长理论》一书所说的，每一个成功的发展中国家背后都有一个非常明智的政府。如何成为明智的政府？林毅夫提供了三点意见：第一，要把握好国民经济发展的方向，顺着方向推动可以做到事半功倍；第二，要理顺市场和政府的关系，最重要的是要按照各地区的比较优势发展，政府尤其要做好服务，把当地具备比较优势的产业发展起来；第三，要处理好政府与企业的关系。政府的角色是搭台，创造良好的环境，提供必要的条件。在市场经济中，唱戏的主角必须是企业。

根据本书对区域旅游的界定，旅游业跨区域合作包括三个层次上的合作。第一个层次是微观层次上的合作，区域旅游合作是区域内企业的合作，区域旅游合作最终是由企业来实施和完成的。第二次层次是中观层次上的合作，区域旅游合作是区域内不同国家或地区之间旅游产业的合作，其实质是通过区域内各国政府和企业的共同努力，形成合理的区域旅游业结构，并实现产业的优化和升级。第三个层次是宏观层次上的合作，区域旅游合作涉及各国政府之间在产业政策、贸易政策、投资政策、金融政策等方面的合作。上述三个层次是紧密联系在一起的，其中企业合作是基础，政府合作是主导。

根据中国旅游业跨区域合作的实际情况，结合有关学者对市场和政府之间关系的论证，借鉴秦学（2004）对旅游业跨区域合作一般模式的分析，本书从区域旅游合作经济主体的角度，将旅游业跨区域合作的模式分为三种：一是以政府推动为主导的旅游合作模式，如京津冀地区；二是政府和市场互动的旅游合作模式，如长三角地区；三是以市场导向为主的旅游合作模式。其中，以政府推动为主导的旅游合作模式，适用于旅游业跨区域合作初期，旅游企业处于逐利的动机开展以企业为经济纽带的跨区域企业联盟或跨区域业务扩张，但区域之间由于存在各种行政体制导致的制度性障碍而严重地阻碍了旅游企业的快速扩张和自由结盟，因此此时需要地方政府的强有力推动；以市场导向为主的旅游合作模式，适用于旅游业跨区域合作的成熟期，此时市场经济已经比较发达，旅游企业作为资源组合配置的独立主体，也是区域经济合作的主体，它们在市场机制和自身趋利动机的作用下，寻求最有利于实现资源有效配置的区域经济合作组织形式，而政府的作用集中在撤除区域行政壁垒、提供区域无差异的公共产品；政府和市场双驱动的旅游合作模式则介于上述两者之间（见图6.2）。

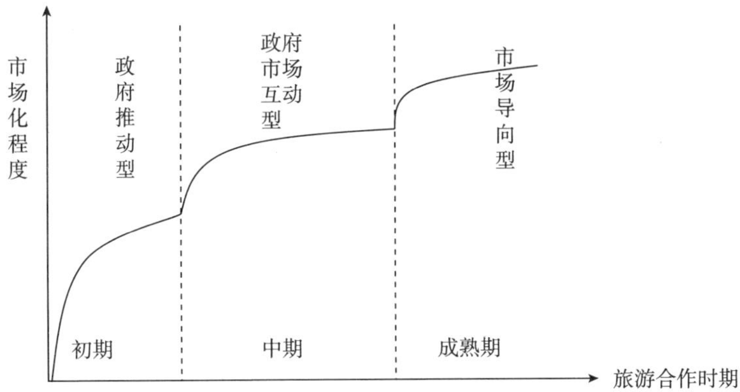

图 6.2　旅游业跨区域合作的模式分析

资料来源：笔者自行绘制。

6.3.2　国内外旅游业跨区域合作的主要内容

区域旅游合作的内容是与旅游活动相关的一切要素，如客源、资金、信息、技术、人力、基础设施等，通过合作实现要素在地区之间的顺畅流通，实现要素间的合理配置。通过对国内外区域旅游合作的相关案例进行总结，可以发现，区域旅游合作内容主要包括市场合作、宣传营销合作、基础设施合作、人才合作、信息合作、政策法规合作及产品合作等。

1. 区域旅游交通和信息方面的合作

旅游交通是联系旅游目的地与旅游客源地最重要的媒介，是现代大众旅游得以兴起和发展的重要条件。旅游交通的跨区域性和高投资特点决定了旅游交通建设主体的公共性和组织性特征，即旅游交通一般是由地方政府之间、大型企业之间联合投资、共同建设、合作经营管理的。在区域旅游合作发展中，旅游交通的联合兴建是一项最常见的合作内容。区域与区域间的旅游业联合的另一个重要内容就是开展旅游信息的交流与共享，通过共建旅游信息系统，将不同区域的旅游资源和产品信息、旅游供需信息、旅游投资信息、旅游行业及管理信息有效地联系起来，大大提升区域旅游产业整体水平，更好地满足旅游者的旅游消费需求。信息化打破了旅游系统各要素的地域空间分隔概念，降低了旅游活动跨区域流动的时空成本，提高了旅游要素跨区域流动的效率。

2. 区域旅游资源和市场方面的联合

旅游资源是区域旅游业存在和发展的基础要素，旅游资源开发是旅游业的重要内容，也是旅游业区域合作的重要内容。区域合作开发的旅游资源包括自然旅游资源和人文旅游资源的全部类型，特别是跨越几个不同区域的旅游资源，更是区域间合作的首选内容。如风景河流各河段的旅游联合开发、海岸带的联合开发、连绵山脉的共同开发等，旅游资源的区域联合开发是世界旅游业发展的一个越来越突出的特征。旅游客源市场开拓是旅游业区域联合的又一重要内容，这种市场开拓的合作模式有两种：一是几个区域彼此互为旅游目的地和旅游客源地，如广东省、中国香港特区和澳门特区三地就是典型的互为客源市场的区域；二是几个不同的区域联合起来，以统一的形象、共同的产品向其他区域宣传推广，吸引外地游客来这几个区域开展旅游活动。这种合作模式有利于形成更大的旅游区和更有竞争力的旅游线路产品，近年来已成为区域旅游业合作的重要内容和重要手段。

3. 区域旅游教育和技术方面的合作

旅游业发展的根本在于人，区域旅游业发展速度和水平关键在于拥有旅游从业服务人员和旅游专业技术人才的数量和质量。旅游人才的跨地区流动与交流、旅游服务人员的跨区域互换与交流已成为近年来世界旅游业发展的一种潮流。通过区域之间教育资源的互补与共享，培养与造就各种旅游专业人才和大批旅游服务人员，是近年来旅游业区域合作的又一重要内容，越来越受到各国各地区的普遍关注。在发达地区和不发达地区这种合作与交流已成为政府部门的一项重要工作内容。

4. 区域旅游资金和资产方面的联合

在经济多元化、市场化的时代，区域经济联系越来越多地通过金融、资本、产权等要素流动和交融而得以实现，相互投资、持股、资产重组、资本融合等成为经济主体间开展合作的重要内容和手段。旅游业跨区域合作中，政府与政府之间通过财政转移支付、旅游开发资金扶贫，企业之间共同投资合作开发旅游资源、兴建旅游设施，企业间相互参股、持股、控股与资产优化组合等是非常普遍的现象。旅游资金和资产方面的合作、组合、融通已经成为现代旅游业区域联合的重要内容之一，对于一些特殊的区域（如旅游资源丰富但资金匮乏的贫困山区）这种区域联合协作具有极为重要的意义，它可以促使区域旅游业的起步，并带动区域经济的发展。

6.3.3 国内外旅游业跨区域合作的制约因素

区域旅游障碍主要表现为市场不统一、信息不对称、交通不流畅、服务不到位、管理不协调。其中既有制度性因素，也有非制度性因素。制度性因素，主要是地方政府之间相关旅游政策与制度之间的博弈矛盾诱致的政府作为质量的问题；非制度性障碍因素，主要是各个旅游区域之间对公共物品资源的垄断经营权、基础设施滞后、环境安全隐患、信息不对称，以及服务疲软所诱致的障碍。例如，旅游行政区经济现象、政策执行力度不够、缺乏利益协调机制等。

1. 行政区经济导致的体制性障碍

阻碍区域旅游合作的发展原因是多方面的，但行政体制上的原因是最重要的，也是最根本的。在区域旅游合作发展进程中，由于行政区划的刚性约束造成的“行政区经济”现象，现行行政管理体制事权、财权配置和权力运行机制的不规范等制度性因素的制约，导致地方政府之间存在不同程度的博弈，地方政府合作的目标机制、制度机制、运行机制和监督机制等不能适应区域旅游业发展的需要；旅游行政管理体制的不完善也阻碍着合作进程和旅游市场的主导运作，从而造成了区域内地方政府推动者的角色扮演尚未全面到位，区域旅游合作多停留在协议层面、对话层面，合作项目进展缓慢，市场主导不足。

2. 旅游合作政策的执行力度不够

从旅游合作的主体看，没有形成上下联动、整体协调的局面。政府在倡导旅游合作、创造合作的制度环境方面，签署了一些合作协议，采取了很多措施。然而，这些措施有许多还停留在纸面阶段，没有落到实处。各地区因为地方利益的冲突，还没有真正形成整体协作的合作环境。旅游企业之间的合作还没有占到主导地位，还缺乏切实有效的响应机制，同政府创造良好合作环境的努力没有形成良性的上下联动的机制。因而，有时候政府努力很大，但由于执行力度不够，却没有完全达到目的。在市场经济条件下，只有旅游企业之间积极的合作才能真正发挥出合作的效果来。

3. 区域旅游产业内部结构矛盾突出

某些区域旅游产业内部结构性矛盾日益突出，主要表现为产业要素发展不平衡、各要素内部发展不平衡和地区旅游业发展不平衡，制约着其整体素质和效益的提高，也制约着区域内围绕旅游合作进行的跨行业、跨地区协作的开展。例如，珠江三角洲平原地区的经济发达而东西山区则相对落后，各地旅游产品的提供和需求的满足很不协调，结构性矛盾比较突出，这也造成旅游业跨区域合作协调的困难。调整经济结构、优化经济各行业协调快速发展是珠三角发展旅游业、促进旅游合作亟待解决的重大课题。

4. 缺乏有效的旅游合作利益协调机制

旅游业跨区域合作过程中缺乏有效的利益协调机制，是当前制约区域旅游合作的重要因素之一。在当前中国行政区经济现象较为普遍的情况之下，同一大政区下的不同子级政区之间的利益分配问题矛盾日益突出。行政区是一个相对稳定与独立的社会实体，拥有自身特定的文化氛围、生活方式以及社会关系与活动。地区之间旅游活动与当地的居民的生活产生紧密联系，同时对周边地区的社区生活产生一定的影响。不同的行政区是区域旅游合作中的基本利益单位，一旦因为利益分配不公，或是一个行政区的获益对周边行政区产生不利影响，其所导致的结果就不仅仅是行政区之间对相关旅游利益的争夺，更可能引起宗族之间、民族之间的冲突。作为对外招揽客源的重要资本，此类行政区的利益冲突将对旅游业跨区域合作成功产生致命的危害。

第7章

中国旅游业跨区域合作的协调机制分析

基于中国国情的旅游业跨区域合作协调机制，实质上是中央政府、地方政府、旅游企业、行业协会等经济主体之间相互关系的战略性命题。随着地方政府、旅游企业、旅游行业协会等行为主体之间在区域旅游发展与合作进程中的地位、角色及其作用能量的不同与转型，区域旅游合作的协调机制也随着所处发展阶段的不同而有所不同。无论是处于哪一个发展阶段，若地方政府处于主导地位，则区域旅游合作协调机制就是在地方政府架构层面上的创新；若旅游企业处于主动地位，则区域旅游合作协调机制就是在旅游企业架构层面上的创新；若旅游行业协会处于主导地位，则区域旅游合作协调机制就是在旅游行业协会层面上的创新。从中国的国情以及区域旅游合作深度发展的基本态势和属性特点看，受政府基本职能的作用以及政府之间伙伴关系发展的需求导向所限制，政府主导及其推进的会议模式与机制体制，将在一个相当长的时期内担当推动中国旅游业跨区域合作深度发展的最基本动力。

7.1 基于认知共同体的区域旅游合作创新机制

区域旅游合作可持续发展的关键在于区域合作伙伴成员之间存在着相互紧密关联的战略利益需求，并且这种战略利益是长远的、战略性的、互利共赢的。在战略利益需求的驱动下，区域旅游合作的伙伴关系由松散走向紧密、由双向互动走向一体化，该过程中发挥经常性、基础性作用的是合作各方搭建的区域旅游合作协调机制。区域旅游合作协调机制是指不同行政区域的旅游业为促使合作进行所制定的制度、规则、措施、手段的综合体现，是研究中国旅游业跨区域合作的重点问题，也是区域旅游合作中最具指导意义的理论问题。21世纪以来，除了定期或不定期会议等主要表现模式之外，中国区域旅游合作机制中行业协会等非政府组织参与的民主机制正在日渐培育，政府主导、多元主体参与的区域旅游合作机制基本格局正在形成。在此背景下，基于认知共同体的开放式合作机制，也许是深化中国区域旅游合作的一种可供借鉴的模式。

7.1.1 认知共同体理念下区域旅游合作机制的构建

区域旅游合作的成功运作需要运作机制的创新。基于认知共同体平台的机制创新是值得尝试的。旅游合作区域是由一些具有相同利益诉求、互惠互利基础的区域伙伴组成。无论这种合作伙伴关系最初是否紧密，但其所构成的合作区域随着合作理念、合作关系的不断深化，而在区域旅游发展格局中形成一种特定的区域认知共同体，如长三角旅游合作区、珠三角旅游合作区、环渤海旅游合作圈等，这种旅游合作区域概念的进一步深化，成为事实上的区域旅游合作的地理实体，其相对平等的成员地位、明确的合作主题、开放式参与机制、非制度性为主的约束机制，可以看作是具有显著合作地域属性的认知共同体。

1. 认知共同体理念的基本含义及其主要形式

认知共同体的本意是一种专业化网络组织。根据彼得·哈斯（Peter Hass，1992）的定义，认知共同体是在一个特定领域有着认同的专业技术和能力，并在该领域或事务范围内具有影响政策的相关权威人士的网络共同体。认知共同体的专业化运作有着一整套基于内部定义的评价标准的因果认识、共同的有效性判断、共同的政策和标准化的职责和一系列共同的实践做法。认知共同体在全社会中构建知识和共享所认同的一致观点，出示不完整的或模糊的证据，同一认知圈内的成员会做出相似的解释和得出类似的政策结论，提供相似的建议。这些有着相似思维的专业人员团体具有一种中立的能力、一种科学正统性和行为模式，这使得他们区别于利益团体。在某种程度上，制度可被视为物化了的理念，是理念的物化存在形式（青木昌彦，2006）。基于此，认知共同体概念被引入政治决策领域。一些学者认为，决策的变化首先来自思想的变化、论述的变化和理念观点的变化，而政治家、知识分子和学者组成的认识论群体是传播新思想的重要联盟，支持联盟的持续努力和影响会导致公共政策的变化

（萨巴蒂尔，2004）。

在国际层面上，认知共同体的主要形式是以专业技术人员为核心的专业性国际组织。这些组织是通过有价值的分析工作、科学成果的交流以及研究的协调性，影响政治领导的偏好从而在国际事务起作用的。认知共同体影响全球治理的一个最好例证是关于全球气候变化监测制度的形成。在全球气候领域，世界气象组织和政府间气候变化专门委员会是由专业知识人员组成的集合体，这就是结构主义所称的认知共同体。他们的知识背景决定了这两个组织及其成员对气候变化因果关系的看法具有公认的权威性。政治领导层在咨询过程中逐渐接受专家们的理念和建议，形成新的偏好，据此重新定义国家利益、重新设定国家目标、调整国家行为，从而推动关于全球气候变化的制度安排。此外，基于共同认知的专业化运作在欧洲各国达成地中海清洁协议和有效实施过程中也起到了重要推动作用，这体现了认知共同体在国家层次区域协调中的重要作用。显然，基于认知共同体的跨政区联合，让人们看到了非政府的公民社会组织在区域治理中所起的重要作用。

2. 认知共同体理念在区域旅游合作机制中的应用

作为一种跨区域协调机制，认知共同体具有以下六个显著特点：其一，由思维相似、具有共同专业背景的公共机构专业人员所进行的活动。这些专业人员在各个部门或政策领域从事与区域公共管理相关的实践工作。他们的工作体现了其共同享有的知识、认同的思维、逻辑判断、价值观的重要作用。他们的被认可来自他们对专业知识具有的权威性。其二，合作是非等级制的，是建立在自愿合作基础之上的，其形成和维护要求各层次都支持区域合作活动中的行动者。其三，很少有激励。公共事务专业人员之间的区域合作是处在非等级世界里，大多数联合形式是由公共事务专业人员自愿组织和操作的，不需要等级，也不需要市场来获得激励。其四，交易成本非常低。因为没有等级制，这种区域合作不依赖于等级制的传统命令和控制，公共事务管理人员发现能很好地利用范围和规模优势，而摆脱了官僚体制下常有的不断增长的冗余成本。不过，合作还是会有交易成本，这些成本必须由各辖区承担。其五，合作联系的松紧程度取决于联系的形式，正式谈判的地方间协议构成其紧密型连接；一系列的面谈加上电子邮件构成松散的连接。其六，认知共同体代表着区域公众。专业人员在公共事务中明显地体现了行政“代表制”，带有公共利益的专业概念，他们代表着超越辖区边界的一个还未成型的公共群众。

在中国这样既有中央统一规划，又有地方积极性的主权国家内部，区域之间的旅游合作或伙伴关系，是建立在既有行政区划体制架构基础上的行政区之间的合作或伙伴关系。由这种合作或伙伴关系所建构的旅游合作区域，主旨在于有效处理区际之间促进旅游流互动以及由此而出现的相关问题、障碍和矛盾，谋求互利共赢与共同发展。旅游业是涵盖第一二三次产业的现代综合性产业，不仅具有消费经济性，还是一个惠及公民福利的公益性产业，具有显著的社会性。保障旅游者实现畅爽的旅游体验，涉及交易契约、交通、住宿餐饮接待、观光休闲度假体验、娱乐、购物、安全救助、环境生态等基本层面，不是单一区域协调主体所能面对或解决的问题。因此，区域旅游合作与协调必须依靠整个社会的共同努力，由政府、企业及其联盟、非政府的组织参与的区域旅游合作的认知共同体，建构起一种新型的、具有显著区域认知共识的区际与人际网络，为促进旅游流的区域互动与协调发展提供一个新的机制体制。

7.1.2 认知共同体架构下多元经济主体的合作行动

本质上而言，旅游业跨区域合作机制创新就是进行制度建设，而制度则是支撑规则和常规的信仰、范例、规范、文化和知识。因此，旅游业跨区域合作实际上是在建构一种多元经济主体参与的公共治理结构。区域旅游合作各方所形成的协议、宣言，就是基于公共治理架构、共同利益价值观的规则、标准、价值、系统的一种制度性创新。区域旅游合作认知共同体内的合作伙伴具有共同知识背景、价值观、信仰及类似的范式，能够在区域旅游合作事务中达成共识，形成一致或接近的规则、标准和规范。在认知共同体的网络架构内，地方政府、旅游企业、行业协会均置于区域旅游的合作网络之中，形成一种相互依存的结构，表现为正式和非正式的联结，包括交易、援助及互惠关系、共同利益、共同价值追求与行为模式，通过相互依赖及共享项目而联结在一起，以正式协议、会议宣言等沟通形式，形成具有共同利益导向和目标诉求的“认知共同体”这一相互依存的网络，该网络其实是一种合作伙伴关系网络。

1. 地方政府主导

在区域旅游合作认知共同体的伙伴关系网络中，地方政府依然发挥着主导作用。由于具有制定和执行能够影响或规范人们行为和社会资源分配、处理社会矛盾、调整社会和自然之间各种关系的政策和法则能力，地方政府成为区域旅游合作的主要行为主体。在区域旅游合作的网络框架中，参与合作的地方政府是最重要的利益相关者，各方都试图获利。现实中的许多区域旅游合作案例，其实就是通过政府间安排来进行的。共享区域旅游发展收益，规范旅游市场竞争秩序，清除区域性制度障碍，改善区域性旅游发展环境，这些区域合作创新进程中的诸多公共服务的合作与联动，推动着区域旅游合作及一体化进程。

区域旅游合作会议模式的制度化，是政府主导机制的一个重要制度化建设。中央政府主管旅游的机构有年度旅游工作会议制度，各省、自治区、市有旅游发展会议制度。政府会议机制的制度化强，保障程度高，执行及监督力度大，会议后期影响作用效果显著。因此，借助于政府旅游工作会议的平台，可以按照区域旅游合作认知共同体的伙伴关系网络架构及格局，围绕政府旅游发展工作的年度主题，开辟由旅游合作区域认知共同体伙伴关系参与的若干个区域旅游合作专题会场，开展区域旅游合作进程评估以及新议题、新任务、新挑战、新方案、新对策、新行动的共识探讨，借以推进区域旅游合作机制的制度化建设。这项制度化建设，是政府年度旅游工作会议机制以及内容的制度化创新，是区域合作各方对应上级政府旅游发展战略决策的区域性集体响应，是统筹区域旅游、城乡旅游、国内国际旅游发展政策的区域化导向，是维系区域旅游合作可持续发展最重要的保障制度。

2. 旅游企业主动

在区域旅游合作认知共同体的伙伴关系网络中，旅游企业是重要的行为主体，也是区域旅游合作不可或缺的主动力量。旅游企业要适应竞争、获取效益、追求发展，不断优化配置自身的资源要素，在细化分工的基础上向专门化、专业化方向演进，形成规模经济效应；已具有规模的旅游企业，逐步在一定领域内拓展产业链，延伸其产业附加值，朝着系列化、集团化方向发展，实现范围经济扩张。无论是规模经济还是范围经济扩张，旅游企业最直接的做法就是主动超越行政区划界限，加强企业之间的合作，在更大空间范围内构建其有机的大旅游产业链，从而进一步在认知共同体网络架构中，深化其伙伴合作关系。

作为区域旅游合作认知共同体伙伴关系网络中的直接利益创造者，旅游企业追求的是服务质量创新，以增加更大的市场份额和收益。因此，企业最能感受到旅游服务商务环境的变化对其经营的影响，以及对旅游者需求的影响；最先感受到来自区域性政策及发展环境的差异，以寻求有利于发展的旅游新商机。区域旅游发展的直接活力来自旅游企业的活力；区域旅游合作的制约性瓶颈直接来自旅游企业的市场反应及其反馈机制。因此，旅游企业参与区域旅游合作的主动性，关键在于其在合作伙伴关系网络架构中的话语权地位，以及其在区域旅游合作进程中的相关利益保障、政策差别、服务标准、经营环境、诚信建设等方面，提出建设性的制度需求，促进合作区域形成公平、公正的旅游发展环境与经营环境，保障区域旅游合作战略利益的实现。

3. 行业协会主谋

在区域旅游合作认知共同体的伙伴关系网络中，旅游行业协会应该成为推动区域旅游合作认知共同体发展的最重要智囊力量，是参与区域旅游合作的主动谋划者。旅游行业协会、专业学术性智囊机构、旅游相关媒体以及其他一些非政府组织，围绕区域旅游合作的一些战略性命题，自觉展开的学术研究及其决策咨询成果，是推进区域旅游合作的重要理论导向和社会舆论力量。中国政府决策科学化与公共信息公开的制度化，为专业性旅游行业协会参与区域性旅游合作问题的解决提供了契机和平台。

区域旅游合作需要理论导向、实践评估、政策检讨、与时俱进。通过区域旅游合作认知共同体伙伴关系中的这些具有专业智囊团队属性的旅游行业协会，聚焦参与合作的相关利益者的合作意愿及利益诉求，评估合作进程、绩效及存在的问题，应对旅游发展所面对的机会、危机与挑战，提出旅游合作发展的目标、战略、行动领域及相关政策、机制、路径，进而影响认知共同体中的地方政府和旅游企业参与区域旅游合作的决策和行动，推进区域旅游一体化进程。这是区域旅游合作机制体制创新的必然，也是维系区域旅游合作认知共同体发展可持续性的一种社会决策民主参与机制。

综上所述，认知共同体架构下的区域旅游合作“三主机制”（政府主导、企业主动、行业协会主谋），是一种能够融合地方政府、旅游企业和行业协会等多方力量的机制体制。在认知共同体的平台上，地方政府、旅游企业、行业协会是有机组合、缺一不可的合作伙伴关系，在各自不同的角色定位上发挥其不同层面上的合作主体功能。地方政府是合作区域旅游公共服务的供给者，通过“服务、协调、监督、管理”，在引领、调控与规范层面上为区域旅游合作发展提供公共服务供给，营造良好的市场秩序和事业环境，保障区域旅游合作发展的可持续性；旅游企业是商务经济运行层面上的合作主体，通过资金、技术、人才、品牌等资源要素的区域性互动与组合，实现企业商务利益的最大化，在促进区域旅游利益最大化层面上展现其活力，实现区域旅游合作的战略价值；行业协会则发挥其非强制力、非营利性方式，沟通政府与企业发展的利益诉求，评估认知共同体内部所面对的机遇与挑战，破解区域旅游合作发展中那些市场与政府都无力顾及或难以解决的问题，促进合作各方信息共享和信息对称，在推进区域旅游合作的智囊层面，为区域旅游合作发展提供战略性决策及相关方案的供给，进一步推进区域旅游合作发展的理论集成与实践模式创新。

7.1.3　认知共同体架构下权益让渡与机构能力建设

区域旅游合作发展的过程是区域旅游合作认知共同体的形成过程。将旅游合作区域定位为一种认知共同体的伙伴关系网络架构，有利于形成平等的伙伴成员地位、开放式参与机制、明确的合作主题、利益与风险共担的协调机制、制度化的会议模式、诚信与单边行动自律为主导的非制度性约束机制，有利于推进区域旅游一体化进程。其中，合作伙伴之间的权益让渡、制度化会议模式及相关机构能力建设，是区域旅游合作认知共同体成败的关键。中国境内的区域旅游合作是政府主导下的旅游合作，主要是地方政府之间伙伴关系的一种表现形式。这种政府之间的伙伴关系模式，不仅表现为地方横向合作关系的良好发展，而且随着国家旅游局与广东省政府、湖北省政府签署合作备忘录或合作协议，中国旅游合作出现了中央政府部门与地方政府之间合作关系发展的新变化。

1. 旅游合作基金会与权益凝聚

旅游合作区域认知共同体交易成本很低，但不等于没有成本。作为区域旅游合作的认知共同体，合作伙伴成员之间的制度化会议模式，其成本虽然可以进入成员单位的成本系统中予以报销，但会议模式策划、会议主题及其前期准备、合作议题及相关框架文件的形成等所有相关合作的事务及其推进过程，都是需要成本的。虽然有些合作事务可以依赖合作伙伴关系网络中的专业志愿者参与解决，但大多数情况下，是需要承办方或者合作伙伴成员给予资助的。考虑到基金会的治理结构及其特点，符合区域旅游合作认知共同体的治理架构及其模式特点，而旅游合作认知共同体具有参与的开放性、制度化的会议机制、平等的伙伴关系等特点，因而其可以采取基金会的模式，将认知共同体内部伙伴成员的相关权益转化为基金会的份额，按照份额分摊年度基金认缴额度，将合作伙伴的相关权益集聚在基金会里，构筑区域旅游合作发展基金，以资助旅游合作区域认知共同体的发展事务，维系合作发展的可持续性。依照区域旅游合作认知共同体伙伴成员网络关系所建构的区域旅游合作发展基金，其宗旨是坚持“科学发展、又好又快发展、诚信合作与共赢发展”的基本理念，持续地推动区域旅游一体化过程。

鉴于区域旅游合作发展已成为中国政府致力于旅游发展的一项重要政策，因此，区域旅游合作发展基金的来源，可由中央财政旅游业发展专项支出分担一部分；地方财政按照合作伙伴份额予以分摊。作为旅游合作收益的直接受益者，旅游企业应该主动参与区域旅游合作活动，真正成为区域旅游合作认知共同体的最主动的推进力量。这种主动推进，不仅在于企业自身规模经济与范围经济的扩张，也是促进合作区域伙伴关系一体化的主动力。因此，要支持旅游企业主动推进区域旅游合作的道义和责任建设，鼓励强势旅游企业根据自身盈利能力，向区域旅游合作认知共同体的基金会捐赠资金，为区域旅游合作常态化提供坚实的经济基础。积极参与区域旅游合作认知共同体统筹谋划活动的行业协会，行业协会因其社会公益性、非经营性特征，不具备经济实力，但其咨询活动是可以转化为经济效益的，也可为基金会贡献一定份额。因此，通过基金会模式，可以适度将合作各方的相关权益相对集聚在基金会，构筑其区域旅游合作的经济基础，进一步加强基金会的规范管理和制度建设，以维系旅游合作区域认知共同体发展的可持续性。

2. 年度轮值制度与流动秘书处

区域旅游合作认知共同体是以其制度化会议模式而展示其发展成效与问题导向的协调机制。会议模式的好处在于所有问题在会议上解决，并确定下一届会议议题、任务以及协商应对新形势、新机会或新挑战所面临的新问题。作为一种凝聚合作伙伴成员各方意愿的区域合作组织形式，认知共同体是一种集体意识的区域共同体。它不是严格意义上的社会机构，而是一种区域性合作认知共同体。其组织形态的法人资格是以基金会的形式注册的，因是非营利性模式，其属于在民政部门登记注册的社会团体。因此，在基金会模式下，区域旅游合作认知共同体的运作模式完全可以借鉴 APEC 模式及其机制。

APEC 模式及其机制具体内容为：一是，凸显合作成员的平等地位，实行组织领导权的年度轮值制度。会议主办权、举办地及主席角色的认定是轮流制的；认知共同体的轮值主席是通过合作伙伴成员共识的宣言或协议而赋予其相应的地位，具有筹办会议、征集选题、评估合作进展、检讨合作政策的年度性权利以及重大活动的建议权。二是，认知共同体的常设机构秘书处应该是流动的，跟随轮值主席的变化而变化。认知共同体的常设秘书处与基金会的常设机构可以是一套精干的班底，也可以经轮值主席提议，通过基金会资助而实行年度性临时聘任，专门为轮值主席开展和组织年度活动服务，年度会议结束，年度性秘书处使命也随之完结。三是，无论是轮值主席还是秘书处，其活动的职权都是赋权的，是在上一轮年度会议机制上达成共识的基础上开展的赋权性公共服务行动。为确保活动的质量，秘书处可以采用市场化手段，在共同体成员内部召集若干精英或专家学者，或者具有权威影响的专业咨询机构，通过基金会资助，购买其智慧，为本年度选题和方案准备文件、筹措方案。四是，年度性会议还是合作伙伴成员之间的双边或多边活动的协调平台，协调双边或多边旅游合作发展过程中出现的新问题、新挑战、新矛盾，务实推进合作项目的进展。

3. 中央政府与地方政府的互动

维系区域旅游合作认知共同体的可持续性，来自共同体自身所具有的富有活力的机构能力、明确可行的行动目标导引、制度化的运行机制以及必要的财政支撑。因此，区域旅游合作的机制创新，首先应该是创造使这些合作赖以生存发展的最基本的条件。在中央政府统一领导下，地方政府对旅游经济发展的自主性和创新性十分重要。实现区域整体利益最大化与共同体成员单位的利益共赢，是合作的基本起点和归宿，必然要求将合作伙伴成员的部分权益集聚在共同体层面，以形成合作区域公共资源和治理的合力，共同应对来自国内外的竞争和挑战。2008 年下半年，金融危机爆发，旅游业发展遭遇重大影响。国家旅游局与广东、湖北等地方人民政府之间的旅游合作与互动，把政府层面的区域旅游合作关系推向中央政府与地方政府互动的新的战略阶段。

中央和地方政府的互动，首先是在既定的中央—地方政府的行政区治辖架构体系中的互动。这种互动凸显中央政府对地方旅游发展的政策性指导和市场秩序的规范，在中央旅游强国战略目标的导引下，支持地方政府结合自身优势，进一步凝聚共识，创新区域发展举措，推进地方旅游发展保持可持续性的活力。因此，中央政府的政策约束、战略引导、秩序规范、运行监督、财政支持是推进区域旅游合作与一体化发展的主动力；地方政府的诚信参与、创新示范、财政扶持、项目推进，是区域旅游合作发展的持续活力。当这样的互动与合作共识贯穿于一种制度化的会议模式（主要是国家旅游发展年度工作会议、地方旅游发展年度工作会议以及由区域旅游合作认知共同体轮流主办的主题性论坛会议相结合的模式），成为一种旅游合作发展的政策探讨与创新的常态性机制时，区域性旅游合作发展的机制体制格局也就基本形成了。

中央与地方政府的互动，还在于按照业已形成的区域旅游合作发展的格局，进一步推进区域旅游一体化进程，实现区域性旅游发展资源配置与合作治理架构的创新。区域旅游合作的深度发展，一是促进旅游发展与互动的相关制度、政策和行业规范；二是有利于提升旅游互动与合作发展的基础设施和事业环境质量；三是创造有利于区域性旅游产品、形象及项目宣传的公共网络平台；四是构建起合作发展所需要的基金支撑（何小东，2008）。因此，中央政府与地方政府的有效合作与互动，主要集中在这些层面，创新旅游发展新资源按行政区配置的传统格局和机制，基于区域性旅游合作创建认知共同体的发展新格局，能够推进区域旅游合作发展的一体化进程。

在中国既定的国情条件下，区域性旅游合作共同体职能是政府之间合作关系协调的认知共同体，其合作机构能力建设、合作营运机制的创新、合作行动计划的制定与执行、合作区域旅游发展基金的筹措，只能是在维系中央绝对利益和权威的前提下展开地方政府成员之间的联合行动，所谓利益协调机制也只能由共同体成员单位所代表的地方政府来构建和执行。因此，在维系中央统一政策权威和区域公平政策的基础上，打造不同行政区之间合作协调的区域性认知共同体，是值得实践尝试的重要模式，也是推进形成中国区域旅游一体化发展新格局的重要体制创新。

7.2　地方政府之间旅游业跨区域合作机制分析

旅游业是一种关联性非常强的综合性产业，是一种具有经济、社会、文化、地域综合特征的行业，因而它不可能像纯粹的经济产业那样，完全依靠市场来调节其发展，只有政府才能保证旅游业综合性特征的凸显和综合性目标的实现。基于此，政府的调控机制对区域旅游业发展和旅游业跨区域合作起着重大的推动作用。因而将地方政府之间的合作应用于区域旅游合作，是区域旅游合作发展的必然产物，而且这对于正确发挥政府调控机制的作用、综合协调社会各方面的力量和资源、推动区域旅游业的健康持续发展均具有重大的现实和战略意义。实现区域旅游一体化的主要障碍是地方保护主义，其存在的根源在于现行的体制和结构的不合理，因此，在区域协调发展的政策环境下，各旅游区域应突破个别和局部利益，通过构建地方政府间合作机制，依靠政府间的双边和多边合作，积极进行组织管理优化和制度创新。

7.2.1　建立制度化区域协调机构

有效的经济组织是经济成长的关键，一个有效率的经济组织在西欧的发展正是西方兴起的原因所在（诺斯，1999）。通过建立跨区域的旅游行政管理机构来促进区域旅游一体化的发展，欧盟旅游一体化的发展过程是该方面最好的例证。纵观欧盟旅游一体化的进程，其实质是一个跨国度的制度创新过程，作为一种制度安排，欧盟在旅游一体化的每个阶段都制定相关法律，成员国彼此实施一致的旅游政策。对于中国旅游业跨区域合作而言，有效的区域旅游合作协调机制的构建离不开中央政府的直接介入，但是由于中国政治体制改革滞后于区域经济发展，中央政府尚未建立起专门性的区域旅游协调机构。根据对发达国家的经验总结和对中国改革开放以来在区域旅游合作方面存在的问题，有些学者认为，中央政府必须设立一个负责区域旅游管理的综合性权威机构——大都市政府；有些学者认为，中央政府应在国家旅游局成立一个负责城市旅游空间一体化发展的综合性权力部门——旅游综合管理局，以统一规划、协调和实施区域旅游经济的互动，消除由于行政格局对区域旅游一体化的阻碍。

芒福德也指出，如果区域发展想做得更好，就必须设立有法定资格的、有规划和投资权利的区域性权威机构，一定形式的管理组织是区域发展调控的基础与实施主体（芒福德，2004）。本书认为，上述两种提法均不具备现实的可行性。其一是因为，大都市政府的正常运行需要以地方自治为基础，而在我国相对缺失地方自治基础；其二是因为，旅游综合管理局的设立，不可避免地导致行政机构数量的增加，甚至超规模地增加，从而降低行政效率，而这与我国目前的精简机构改革政策背道而驰。尽管中央政府在促进旅游区域地方政府合作中发挥着重要作用，但地方政府毕竟是区域旅游合作的主要参与者。因此，如何充分发挥各地方政府的积极性，建立一个反映各地方政府意愿，能获得旅游区域内各政府普遍认同的、具有民主的治理结构的跨行政区的旅游协调管理机构，则是旅游区域内地方政府旅游合作协调机制能够真正建立的关键。

应对中国旅游业跨区域合作发展的客观需要，建立一个跨行政区的旅游协调管理机构尤为必要，其具体应体现以下几点：一是该机构的具体组织形式，可借鉴发达国家和国际组织的经验和做法，赋予该组织相应的立法权、行政权和财政权。二是其主要职能应包括组织协调实施跨行政区的重大旅游基础设施建设、重大战略旅游资源开发、生态环境保护及促进跨区域旅游生产要素的流动等。三是关于组织内部的功能性机构设置方面，除负责日常联络和组织工作的秘书处外，还应根据专业、精简、高效的原则设立专业委员会和工作小组，有一定的管理、协调、研究分析和组织职能，并具有一定的常设性。四是该机构的治理结构应适度效仿民间组织，其主要领导须由各地方政府民主选举或中央政府在充分征询各地方政府意见的基础上协商产生。机构内设理事会作为该组织的最高权力机关，其成员由各地方政府的旅游行政负责人和国家旅游局的官员兼任，共同协商制定有关区域旅游联合发展的重大战略问题，做出对旅游区域地方政府具有普遍约束力的决策。

7.2.2 完善利益分享和补偿机制

区域旅游合作的目标是实现旅游区域整体利益最大化，因而协调旅游区域内各地方政府的利益关系成为区域旅游合作发展的核心问题。这是因为，在旅游合作实施过程中不可避免将涉及各个地方利益，有时更需要出让自己的一部分利益。在区域旅游合作中，各个地方利益难以整合是区域旅游合作的突出问题，也是合作难以深入的主要原因之一。这些利益冲突常发生在争夺旅游资源、旅游景点的近距离重复建设、基础设施难以共享、旅游市场相互分割、旅游营销化友为敌等方面。因此，旅游业跨区域合作中地方政府合作机制的形成和有效运作，必须要有与之相适应的区域利益分享和补偿机制。所谓区域旅游利益分享和补偿机制，是指各地方政府在平等、互利、协作的前提下，通过规范的制度建设促成地方之间的利益转移，从而实现各种利益在地区间的合理分配。

旅游区域内地方政府开展旅游合作的出发点是通过旅游合作来共享整体利益，打破传统的地方旅游经济小圈子，形成合理的地方旅游产业体系。通过完善区域旅游利益分享机制，实现旅游区域公平的竞争环境、同等的发展机会和分享经济利益的权利。地方政府利益的分享应当以“让渡原则”为前提，各地区应该本着劳动分工的原则拆除旅游市场壁垒，让旅游生产要素在市场机制的作用下自由流动，形成一种充分、有效、公平竞争基础上的利益让渡。利益的分享应以市场为主导力量，因为市场机制是推动区域旅游经济合作的最佳选择，市场选择是经济主体间旅游合作的基本要求。

各个地方政府在实施利益补偿机制时，获利较大的地方政府对在区域旅游合作中权利、资源和利益受到损失的地方政府，在经济、财政或者政策上做出相应的补偿，从而实现区域旅游利益在地区间的合力分配。这种政府间的利益补偿机制可以解决区域旅游合作中由于利益关系而产生的矛盾和冲突，推进区域旅游合作深入发展；反之，会使区域旅游合作难以进行。通过建立利益补偿机制，对部分地区在利益和机会上的损失予以补偿，从而减少区域旅游合作和区域旅游一体化发展遇到的阻力，有利于地区间利益集团的协调发展和整个旅游区域的和谐进步。因此，在区域旅游一体化进程中，地方政府间利益关系是在以市场调节为主的基础上，通过中央政府有效的宏观调控，实现地区间利益的平衡，以保证区域旅游合作发展的公正性。从这个意义上说，利益补偿机制是区域旅游合作的核心基础和推动力源泉。

7.2.3　构建统一的区域旅游市场

现代旅游市场体系是指各类旅游市场及其内部子市场之间和旅游市场中的

各要素之间所形成的相互联系、相互制约的有机统一体；现代旅游市场体系由旅游市场的组织结构系统、运行机制系统和调控管理系统组成，其构建应从上述三个方面出发，形成一个完整的现代旅游市场系统。统一的区域旅游市场和旅游生产要素能在区域旅游市场内自由流通是旅游业跨区域合作的最终落脚点。建立统一的区域旅游市场的关键在于在整个区域内建立统一的旅游市场竞争规则，统一各个地区对旅游市场的政策。一个统一的旅游市场竞争规则对区域旅游一体化的发展来说是至关重要的。如果没有它的支撑，就无法在区域市场范围内，协调各地方的政府行为，就无法限制地方政府主导的盲目重复建设的冲动；无法使区域内市场主体进行充分、有效的和公平的市场竞争，无法防止市场竞争被各地区行政权力和垄断势力扭曲，无法实现区域范围内的资源有效配置。统一的区域旅游市场是旅游区域内各种旅游生产要素自由流动的基础，因而成为区域旅游合作的必然要求。这就需要旅游区域内各地方政府，在基于对统一区域旅游市场的共识上，扫除行政壁垒，促进区域内旅游产业要素的自由流动，实现资源的有效配置，最终形成一个统一的区域旅游市场。

7.3 旅游企业之间旅游业跨区域合作机制分析

旅游企业是旅游经济的运行主体，是旅游产品和服务的生产者与提供者，也是区域旅游合作中不可或缺的重要力量。换言之，作为区域旅游合作的重要微观经济主体，地区间旅游企业的合作是旅游业跨区域合作的基础，或者说跨区域旅游合作是区域内旅游企业通过市场交换和市场竞争来实现的。鉴于旅游企业所提供的产品具有综合性的经营特点，这就决定了完整的旅游产品要由旅游景点、旅行社、旅游饭店、旅游交通、餐饮等一系列互补性企业来提供。旅游企业的经营特点决定了网络化经营是最优的经营方式，为了提高旅游服务质量，饭店、餐饮、旅行社等不同企业之间一定要加强协作，实现一定规范约束下的网络化经营。同时，旅游企业提供服务的过程中空间跨度比较大，特殊的异地消费方式决定了旅游企业的市场覆盖力和产品的影响力受到了很大的限制，基于这一特性，旅游业的发展必然要通过网络化的方式扩大自己的经营规模，从而增加市场占有率。最后，为了提高区域旅游的竞争力，旅游产业的上下游企业和相关支持企业、机构还应积极在一定旅游目的地区域内大量集聚而形成具有一定知名度和竞争优势的旅游产业集群。

7.3.1 拓展旅游企业跨区域纵向一体化网络

跨行业发展是区域经济一体化发展的重要特征。旅游产业内不同行业之间的旅游企业进行合作正是区域旅游一体化进程的重要实现途径。多元化发展旅游企业集团，可以使更多的旅游合作在集团内部进行，更利于节约运作成本，促进区域旅游合作的成功。旅游企业集团的多元化发展，是建立在旅游产业链基础之上的。旅游产业链是指旅游产业内部的不同企业承担不同的价值创造职能，旅游产业上下游多个企业共同向最终消费者提供产品服务时形成的分工合作的链条关系。换言之，食、住、行、游、购、娱等各类旅游企业通过旅游者的消费模式紧密地结合在一起，这在客观上要求这些旅游企业提供纵向一体化的服务，尽可能地提供给旅游者完整的服务。亦即，旅游产品的特性决定了在完成旅游产品的过程中旅游企业之间的各种交易是必不可少的，并且交易量大且连续不断地进行；饭店、旅行社、景点、交通、商店等旅游企业之间实行纵向一体化联合经济活动，以满足旅游者对旅游产品的完整需求。

为保证旅游产品价值的完整性，向旅游者提供“一站到底”的无缝隙的优质服务，需要将旅游目的地中跨区域的“行、游、食、宿、购、娱”六大要素整合起来，形成一个完整的链条，为旅游者提供一条龙服务，可使旅游者在旅游的过程中享受到更多的方便、快捷与舒适；并且强有力的产业链条也是阻挡国外企业竞争的有力武器。在一定意义上，旅游企业拓展跨区域纵向一体化网络实质上就是建立跨区域旅游集团，因而开展区域旅游合作需要积极推动建立以资本为纽带的跨区域旅游集团。总体而言，跨区域旅游集团具有如下优势：其一，跨区域旅游集团可以保证旅游产品价值链的完整性；其二，跨区域旅游集团能够通过企业内部化，绕过某些行政壁垒，有效地实现跨区域要素组合，提高资源配置效率；其三，建立跨区域旅游集团能够打破各旅游企业之间各自为战、力量分散的现状，避免区域内骨干经营单位为争夺客源进行的恶性竞争，有利于区域旅游一体化的实施，有利于将竞争提到质量和品牌竞争的高度。

7.3.2 开展旅游企业跨区域连锁或特许经营

旅游企业跨区域纵向一体化网络目前在国内尚处于初步尝试阶段，而旅游企业跨区域开展横向网络经营在国内则已经较为普遍。所谓旅游企业横向网络经营就是指，提供相同类型服务、具有相同价值创造职能的旅游企业之间的联合，比如饭店企业与饭店企业之间、旅行社企业与旅行社企业之间、景区企业与景区企业之间。旅游企业进行跨区域横向网络扩张的主要目的为：其一，迅速扩张企业规模，从规模的急剧扩张中获得盈利能力和资源整合能力，获得降低平均经营成本、提高与上游供应企业的议价能力等强大的竞争优势，从而有效地减少竞争对手的数量，节约旅游企业的市场竞争费用并增强其市场竞争实力。其二，实现旅游企业经营网络规模的扩大，这是因为旅游企业提供的是服务性产品，顾客对产品有个性化的要求，通常讲求时效而且需要与顾客面对面接触。基于此，旅游企业最为核心的资源应该是经营网络以增加市场覆盖面，从而增强对顾客的吸引力。因此，旅游企业开展横向网络经营的主要目的在于获取扩大的经营网络，而不是追求单位平均成本的降低。旅游企业通过横向网络扩张获得扩大的经营网络，使服务标准化和延伸管理能力成为可能。

旅游企业跨区域开展横向网络经营实质上就是扩大旅游企业跨区域经营网络的规模。在旅游产业价值链的各个环节中，旅行社是核心企业，因此旅游企业跨区域横向网络扩张主要是指旅行社横向扩张，不同地域的旅行社通过这个网络相互合作、相互协调。基于此，可以通过市场化的组织形式，扩大旅行社跨区域横向网络的规模，从而取得快速发展旅游企业集团经营网络的目的。在通过市场化组织形式建立旅行社横向经营网络的过程中，最常见的方式是通过连锁经营或特许经营的方式，按统一标准，将管理、设施设备、服务进行变革和提升，将其纳入旅游集团连锁经营中，通过连锁经营在更大范围内分享资源、开展旅游连锁经营业务。其中，连锁经营是指旅游门店由总部全资或控股开设，营业部由总公司连锁经营部负责管理，公司总部对各连锁店拥有全部所有权及经营权，连锁店所有员工由总部统一招聘，经理由总部直接聘任委派，对所有连锁营业部实行统一目标管理及核算制度，统一考核经营业绩及管理水平，并据此核定各连锁店的内部分配；特许经营是指受许者通过合同向特许者购买其专长、经验和经营之道，特许者向受许者提供全方位的服务，其中最关键的要素是营销策略和计划、操作指南以及统一的经营理念，受许者需要交纳先期加盟费，以后还要不断交纳权利金，而特许者则利用这些经费为受许者提供培训、研究开发和不断的管理支持。

7.3.3　推进跨区域旅游产业集群品牌的建设

产业集群发展已成为全球性的经济发展潮流，构成了当今世界经济的基本空间构架，是各国提升综合国力和竞争力而争相借鉴的新经济形态。旅游业虽属第三产业，但是一个宽产业，它更具有集群经济性。美国北达科他州旅游集群、加拿大的葡萄酒及农业旅游集群、阿尔卑斯山的健身旅游集群等大量国外旅游集群的成功案例显示，旅游业是以中小企业为主体的具有聚集特征的产业。当代旅游的最主要特征表现为信息化、协同化、网络化，它也为旅游产业集群的实现提供了可能性。借助产业集群的定义，同时结合旅游产品的特性，本书认为旅游产业集群是指以旅游核心吸引物为基础，旅游产业的上下游企业和相关支持企业、机构在一定旅游目的地区域内大量集聚而形成的具有竞争优势的经济群落。旅游产业集群品牌就是在一定的经济区域内，旅游产业的上下游企业和相关支持企业、机构等可以利用的公共资源。旅游产业集群品牌的塑造，实质上就是把旅游产业集群整体作为一个品牌来经营。

区域旅游合作成功的关键是旅游企业之间的顺利合作，而旅游产业集群能够促进旅游企业合作的完成，同时对形成统一的旅游形象、树立区域旅游品牌具有不可忽视的重要作用。旅游企业按照价值链进行产业集群，可以自动实现旅游行业结构的调整，有利于进行深层次的区域旅游合作。此外，由于旅游集群并不是从地理角度来定义的，因此有助于减少地方保护主义的影响，消除地方割据和行业壁垒的阻碍。换言之，旅游产业集群必须依托一个主导产业，它可以是吃、住、行、游、娱、购等旅游产业链上任何一个企业，当这个主导产业做大做强，就能形成品牌，也必然会带动相关产业的发展，由此形成旅游产业集群品牌。依托这块金字招牌，必然带动整个区域旅游业的发展。

7.4 行业协会之间旅游业跨区域合作机制分析

旅游行业协会是区域旅游合作的三大重要经济主体之一，是指由从事旅游业的旅游企业以及其他经济组织自发、自愿组成，为代表旅游企业的公共利益，维护自身的合法权益，实行旅游行业服务和自律管理，依法组织起来的民间的非营利性社会团体，具有独立的社团法人资格。借助于旅游行业协会，旅游企业相互联合，并将权力授予行业协会，由它作为中心签约人来推动成员向整体利益最大化的方向努力，或者在成员之间有效执行集群组织的制度规范。旅游行业协会组织长期发展起来的信息服务和协调集体行动的功能，以及所形成的组织性关系网络的规模经济和外部经济优势，是单个旅游企业和政府机构所难以具备的。在成熟的市场经济国家，旅游行业协会已经成为旅游经济社会综合治理结构中一种有效的治理机制，并且在全球市场竞争中发挥着越来越重要的作用。旅游业跨区域合作中，区域旅游行业协会要建立旅游产业的公共信息平台、制定区域旅游整体发展规划和开展旅游业跨区域联合营销。

7.4.1 建立旅游产业公共信息平台

旅游流与信息流具有天然的亲和力。旅游流作为信息流的重要载体，游客走到哪里，信息需求与供给也随之跟踪到哪里。因此，旅游服务与信息服务的组合，不仅提供信息技术广阔的应用平台，也赋予旅游服务信息交流的生机和蓬勃活力，构成了现代服务业最具发展前景的领域之一。旅游目的地发育、发展的客观规律表明，一个旅游地的信息越充分、传播旅游信息的渠道与机制越完备，其旅游魅力的网络、媒体关注度越高，越有利于形成旅游市场吸引力的聚焦，即“眼球效应”。事实上，区域旅游合作经济主体的合作行为能否顺利展开，依赖于区域之间信息的对称性和区域之间的信息完备性，包括经济信息和政府决策的完备性。从某种意义上来讲，区域旅游合作主体之间信息交流的充分性是旅游业跨区域合作关系建立和巩固的基础，在此基础上，各个旅游行政区域通过协商能够形成一系列互利政策，避开不利于旅游业跨区域合作的因素，提高旅游业跨区域合作的效果。

然而，旅游区域之间的旅游信息在实际生活中是不对称的。造成旅游信息不对称的原因是复杂的，一方面是因为旅游服务价格形成机制尚不规范、供求关系尚不稳定、消费需求多元化，此为引起旅游信息不对称的客观变量；另一方面，受地方利益的支配，或由于企业商业利益导向，旅游信息通常会被人为地模糊化，此为形成旅游信息不对称的主观变量。旅游信息服务具有极强的社会公益性，为旅游者提供基本的旅游信息服务，是促进旅游软环境改善的重要方面。旅游区域之间旅游信息的不对称、不规范，极易造成旅游者的旅游消费权益受损。唯有加快推进旅游信息化进程，才能从根本上扭转旅游区域之间信息不对称的状况。旅游行业协会最重要的作用是充当旅游企业与地方政府之间、旅游企业之间的沟通中介。因此，在旅游行业协会的区域旅游合作机制中，建立旅游产业的公共信息平台，为政企之间、旅游企业之间和政府之间提供信息交流的环境是其最重要的内容。

旅游业跨区域合作是实现旅游信息资源共享、消除旅游信息不对称性、规避旅游信息不确定性的最有效途径。为此，旅游行业协会要进一步改变区域旅游信息服务合作的方式，在进一步完善合作各方互动的信息发布会、展销会等传统信息互动宣传模式的基础上，实现旅游信息服务合作的区域创新。具体而言：其一，借鉴区域旅游合作各方建立的政务网平台或相关主流媒体网络，充分发掘其社会公益性功能，构筑开放、高效、对称、互动、对等的旅游信息服务共享栏目，提供区域性旅游信息服务。其二，以参与合作的各方共建或委托购买服务等市场化方式，构筑开放、高效、对称、互动、对等的专业化区域性旅游信息平台，进一步整合按旅游行政府建立的旅游信息网，以形象宣传、市场营销、信息发布为重点，形成区域性旅游产业公共信息平台，面向国内外广大需求者，专门提供全天候、广覆盖、区域性的旅游信息服务。其三，联合规范区域旅游信息服务合作的机制体制。例如，共建区域旅游信息定期发布机制，维护旅游信息对称性、建立监督机制以及重大旅游信息失真的处罚机制，坚持公益性，突出服务性。

7.4.2　制定区域旅游整体发展规划

区域旅游发展规划是旅游区域利益协调与整合的重要手段和政策工具。换言之，推动旅游业跨区域合作的实质性发展，需要旅游区域内各行政区制定统一的、统筹整个旅游区域的区域旅游整体发展规划。因此，旅游业跨区域联合发展，需要在充分尊重区域旅游相关利益者各方权益的共识基础上，制定出超越覆盖旅游区域各行政主体以及各功能区的跨区域规划，这是旅游区域面向区域旅游一体化的第一步。旅游区域涉及相关利益单元较多，边界的分割使得各行政区旅游经济活动具有相对独立性，由此自然造成旅游产品、旅游利益、旅游资源开发的分散格局与制度错位，而要克服这种分散格局与制度错位，就要充分考虑到旅游区域内各行政区的性质、功能、目标等问题，打破行政区划的限制进行旅游整体规划研究，推出旅游区域整体的功能定位。

区域旅游整体发展规划是为实现既定旅游发展目标而预先谋划的行动部署，是对围绕主体旅游资源进行旅游服务要素结构性、功能性配置的统筹安排。在一个国家的内部，区域旅游整体发展规划，最好由涉及相关利益单元的上级行政职能部门组织规划。例如，跨省级行政区的区域旅游规划一般由国家发展和改革委员会或国家旅游局牵头组织编制；跨地级市政府的区域旅游规划一般由省发展和改革委员会或旅游局牵头组织编制；跨县市的区域旅游规划一般由地级市发展和改革委员会或旅游局牵头组织编制。迄今为止，中国的旅游发展规划主要是由政府旅游职能部门组织的行政区旅游发展总体规划。进入21世纪以来，一些跨越多个行政区的区域性旅游规划开始受到重视，如珠三角区域旅游发展规划、长三角区域旅游发展规划、京津冀区域旅游发展规划、长江三峡旅游总体规划、丝绸之路旅游发展规划、大香格里拉地区旅游规划、青藏铁路沿线地区旅游规划、环太湖旅游总体规划等。这些行政层级不同、类型不同的区域性旅游规划由国家旅游局或地方高一级政府牵头组织，确定编制规划的决策行为主体，规划对指导相关地区旅游发展具有统一协调的指导作用。

需要指出的是，区域旅游发展整体规划是一项技术性很强的决策研究过程，一般由具有规划资质的技术单位和富有创意的团队来承担编制任务。因此，为了保证区域旅游发展规划的科学性和可行性，应该由区域旅游行业协会的旅游专家委员会制定区域旅游整体发展规划。具体而言：其一，在区域旅游发展规划编制前，由区域旅游专家委员会在充分听取旅游区域各行政区意见的基础上，对各行政区的旅游发展规划进行审议并提出建议和意见，以便各行政区及早采取对策。其二，旅游区域各行政区按照国家旅游局《旅游规划通则》的要求，各行政区旅游发展规划要经过省级旅游主管部门和专家委员会的论证和审核。其三，省级旅游主管部门要建立协商沟通机制，定期进行交流，并牵头编制跨行政区的区域旅游发展规划，专家委员会组织对这些发展规划进行评审。其四，旅游区域内各行政区要尽快协商一致，交付区域旅游专家委员会，启动区域旅游整体发展规划的编制。

7.4.3　开展旅游业跨区域联合营销

旅游业跨区域联合营销是一种具有公共产品属性的区域旅游整体宣传活动。因此，如果单个旅游企业承担旅游营销活动，将会付出巨大的经营成本，但是良好区域旅游形象的建立对于每个旅游企业而言，都会产生积极的正面效应；此外，旅游业跨区域联合营销很容易出现“搭便车”行为，亦即其他的旅游企业可以搭上某个旅游企业开展旅游营销宣传的免费班车，享受到旅游营销带来的经济效益。基于上述原因，对于以经济利益为目标的旅游企业而言，是缺乏足够的热情去组织开展区域旅游营销互动的，这就需要一个正式的组织机构去协调区域旅游联合营销。作为地方政府和旅游企业之间的有效沟通桥梁，旅游行业协会在克服“搭便车”行为上具有政府和市场所不具有的天然优势，因而其在负责协调区域旅游联合营销中具有得天独厚的优势。具体而言，旅游行业协会可以通过行业内旅游企业共同制定规约，从而避免可能对行业整体利益造成危害的某些只顾及短期利益的潜在的机会主义行为。旅游行业协会通过联合协会内所有旅游企业以及旅游专家的力量，使得协会其他成员从跨区域旅游联合营销中得到直接或间接的利益。

旅游业跨区域联合营销是一种多形式、多手段、多渠道、长时间的营销活动，需要相当大的资金投放和人力投入，市场规模的扩展与旅游促销经费的投入密切相关。与相对分散孤立的单个旅游企业营销宣传相比，旅游联合营销能降低营销成本、产生规模效益与整体大于部分之和的综合优势。为了维护旅游联合营销活动的正常运行，旅游行业协会需要设置专人或专门的机构，建立长效的机制从事联合营销（张晨，2006）。具体而言：其一，事件营销。旅游行业协会可以策划各种大型的公关宣传活动和节会活动，利用国内外有重大影响力的事件推广区域旅游品牌，促进区域旅游联合营销体中各相关利益群体的共同发展。其二，媒体推广营销。可以创办一份报纸和一本杂志，作为宣传的纸质阵地，将各地的旅游信息进行汇集、整合和发布；或建立区域旅游信息网站，将旅游区域内各行政区的旅游市场信息、资源开发信息、节庆活动信息以及各种会议信息等实现统一的联网或专题归类，然后相互通报、共同享用。其三，新产品营销。联合营销和宣传的目的是为旅游产品销售服务的。良好的旅游产品和线路是区域形象形成的保障，可以把区域内原来单个的旅游产品进行重新定位、组合、包装，形成新的主题旅游产品和线路。

第 8 章

结论及展望

本章试图明确、精炼地阐述本书研究的主要内容及主要研究成果，以及其中的创新性工作；并针对研究的局限性和不足之处，提出以后需要进一步深入研究的问题和大致方向。

8.1 本书的主要内容及研究成果

区域间旅游经济发展的本源性动力是竞争，但合作是市场经济条件下推动区域旅游经济发展的另一种驱动机理。处于不同发展阶段的区域之间都可以寻求其旅游资源与产品的互补性以及合作发展的契机，因而区域旅游合作是区域旅游竞争的高级形态。换言之，在成熟的市场环境中，不同经济主体之间占主导的不再是你死我活的竞争关系，而是在社会和谐发展前提下的一种合作与竞争并存的发展关系。当前，中国旅游业已经进入区域合作的阶段，区域旅游合作在全国各地呈现出前所未有的发展态势，特别是进入 20 世纪 90 年代后，旅游业“大旅游、大市场、大产业”的格局初步形成，地理位置邻近、旅游资源类型和结构相似且分布密集的旅游区域开始积极进行旅游合作；此外，随着国内区域经济合作的迅猛发展，区域旅游合作也不断深入拓展。

经过 20 多年的快速发展，中国旅游业跨区域合作已取得了一定的成绩，但从各地区旅游业合作的实践来看，中国区域旅游合作仍存在诸多问题。例如，区域旅游合作过于依赖政府，而旅游企业等微观经济主体则缺乏积极主动的合作；目前的旅游合作主要是重形式、重研讨、重宣言、重宣传，许多观念还多停留在地区旅游行政管理层面上，合作进展缓慢，成果难尽人意。这很大程度上是因为中国旅游业跨区域合作缺乏切实可行的理论层面的指导。因此，深入开展尤其是从政府角度对中国旅游业跨区域合作的理论研究，构建切实可行的区域旅游合作理论框架，进而深入探讨中国旅游业跨区域合作的有效协调机制，就成为当前中国区域旅游合作的一个重要研究命题。

为此，本书首先从经济学、地理学、管理学等相关学科的角度对旅游业跨区域联合发展的理论基础进行了系统梳理；同时，以上述理论为指导，对中国旅游业跨区域合作中的现状特点、存在的问题及其发展趋势进行了总体分析。随后，对地方政府、旅游企业和行业协会三大经济主体在区域旅游发展与合作中的地位和作用进行了正确定位，构建了中国旅游业跨区域合作切实可行的理论分析框架，并着重分析地方政府行为在中国旅游业跨区域合作中的重要作用。以此为依托，借鉴欧盟区域旅游一体化、澜沧江—湄公河次区域旅游合作、珠三角区域旅游合作、长三角区域旅游合作和京津冀区域旅游合作等国内外旅游业跨区域合作的典型经验，分析旅游业跨区域合作的驱动机理、主要内容以及合作过程中的各种制约因素。最后，基于中国区域旅游合作的发展现状、区域旅游合作中的地方政府行为以及国内外区域旅游合作典型经验的分析，构建了基于认知共同体的区域旅游合作机制分析框架，分别从地方政府、旅游企业和行业协会三个角度提出了区域旅游合作的有效协调机制。具体的分析脉络如下：

8.1.1 系统梳理中国区域旅游合作的发展历程及现状

改革开放以来，依托良好的宏观经济运行环境和政策环境，中国旅游经济取得了长足的发展，其在创汇增收、拉动内需、增加就业、改善投资环境和国家形象、提高人民生活质量、促进经济社会全面发展等方面，发挥了巨大的作用，取得了显著的成就。尤其是进入20世纪90年代后，随着国内区域经济合作进程的迅猛发展以及旅游业“大旅游、大市场、大产业”的格局初步形成，地理位置邻近、旅游资源类型和结构相似且分布密集的旅游区域之间开始积极进行旅游合作的尝试，这预示着中国旅游业已经进入区域合作的阶段，区域旅游合作在全国各地呈现出前所未有的发展态势。

区域旅游合作是旅游业发展到一定阶段的需要，并随着区域经济发展水平的不断提高，区域旅游合作的开展愈加广泛和深入。改革开放以来，我国旅游业发展速度很快，从非经济产业到被确定为国民经济新的增长点的一种产业，从各地分散、独立发展到不同层次的地域协作、联合发展，实现了质的飞跃。按照合作程度的不同，本书将中国区域旅游合作的演进轨迹大致划分为三个阶段：1978～1992 年入境旅游为主背景下的旅游合作阶段、1993～2002 年国内旅游突出背景下的旅游合作阶段、2003 年至今无障碍旅游区背景下的旅游合作阶段。在此基础上，总结概括了中国区域旅游合作的发展现状，进而从各地区旅游业合作的实践出发，提炼归纳了中国区域旅游合作过程中存在的问题。

8.1.2　着重分析中国区域旅游合作过程中的政府行为

地方政府、旅游企业、行业协会是中国区域旅游合作中的三大行为主体，其在旅游业跨区域合作中各自扮演着不同的角色，拥有不同的利益价值诉求，承担着不同的任务目标。在旅游业发展的不同阶段，地方政府、旅游企业和行业协会等经济主体在推进旅游业跨区域合作中所承担的地位是不尽相同的。当潜在的区域旅游合作收益无法在现有的制度安排内实现时，地方政府主导推动的区域旅游合作是最为关键的；当潜在的区域旅游合作利益可以在现有的制度安排内实现时，作为市场主体的旅游企业推动的旅游合作具有更为重要的意义。为此，本书对地方政府、旅游企业和行业协会三大经济主体在区域旅游发展与合作中的地位和作用进行了合理准确的定位，并以此为基础构建了中国旅游业跨区域合作切实可行的理论分析框架。

中国区域旅游经济在地理空间上是由若干个行政区划组合而成的，按照行政区划相应设立的地方政府与区域旅游经济发展有着密切的关系。事实上，经过多年的发展，中国旅游业跨区域合作已形成了“政府主导、企业主体、市场化运作”的区域旅游合作发展的主流趋势。作为行政区域决策主体、管理主体和利益主体的地方政府，是当前中国区域旅游合作最重要的推动力量，其在区域旅游合作中居于主导地位。地方政府可以以旅游业跨区域协调发展为目标，制定合理的旅游经济发展战略和规划，通过经济区域各地方之间的分工和协作，发挥各自的比较优势，优化组合、配置经济区域内的有限旅游资源，实现经济区域内各自经济利益的最大化。为此，在对三大经济主体的地位和作用进行合理定位以及中国区域旅游合作的演进机制进行深入分析的基础上，本书对中国旅游业跨区域合作过程中的地方政府行为进行了重点分析。

8.1.3 全面把握国内外旅游业跨区域合作的典型模式

欧盟区域旅游一体化、大湄公河次区域旅游合作、珠三角区域旅游合作、长三角区域旅游合作和京津冀区域旅游合作等国内外旅游业跨区域合作的经典案例。其中，欧盟旅游一体化是建立在其经济政治一体化机制之上的，是目前世界范围内旅游一体化发展最为成熟的区域，因而探讨欧盟旅游一体化模式对中国旅游业跨区域合作具有重要的借鉴意义；大湄公河次区域经济合作机制是中国参加的次区域多边合作机制中最成功、最有代表性的一个机制，其中国际组织主导的次区域旅游合作是该合作机制中最重要的十个领域之一，探讨并总结大湄公河次区域旅游合作经验，对进一步提高该区域旅游合作成效和其他区域的旅游合作进展均具有十分重要的借鉴意义。

依据区域旅游合作的经济主体及其在区域旅游合作中的地位和作用，本书将中国旅游业跨区域合作的模式分为三种：政府推动为主模式、政府市场互动的模式以及合作较成熟的市场主导模式。根据珠三角、长三角和京津冀地区旅游合作的实际情况，本书将珠三角地区旅游合作模式界定为以市场为主导的模式；将长三角地区旅游合作模式界定为政府和市场互动的模式，但长三角区域旅游合作的模式已向市场主导模式转换；而区域旅游合作相对较为迟缓的京津冀地区则应该选择以政府推动为主的模式。实践表明，推进旅游业跨区域合作乃至区域旅游一体化进程，除了具有显著的个性化特征之外，还具有显著的一般性特征。鉴于现有国内外相关文献对区域旅游合作基本模式、主要内容和制约因素的分析，基本是基于理论推测的研究；而本书则是在分析国内外旅游业跨区域合作典型案例的基础上，从中提炼、抽象和概括出旅游业跨区域合作的典型模式、主要内容和各种制约因素。

8.1.4 尝试构建中国区域旅游业合作的有效协调机制

区域旅游合作协调机制是指，不同行政区域的旅游业为促进合作所制定的制度、规则、措施、手段的综合体现，是研究中国旅游业跨区域合作的重点问题，也是区域旅游合作中最具指导意义的理论问题。基于中国国情的旅游业跨区域合作协调机制，实质上是中央政府、地方政府、旅游企业、行业协会等经济主体之间相互关系的战略性命题。随着地方政府、旅游企业、旅游行业协会等行为主体之间在区域旅游发展与合作进程中的地位、角色及其作用能量的变化与转型，区域旅游合作的协调机制也随着所处发展阶段的不同而有所不同。以中国既定的国情以及区域旅游合作深度发展为基本态势和属性特点，结合政府基本职能的作用以及政府之间伙伴关系发展的需求导向可知，政府主导及其推进的会议模式与机制体制，将在一个相当长的时期内担当推动中国旅游业跨区域合作深度发展的最基本动力。

现有的区域旅游合作实践主要是重形式、重研讨、重宣言、重宣传，许多观念还多停留在地区旅游行政管理层面上，合作进展缓慢，成果难尽人意。纵观现有区域旅游合作的理论研究和实践进展，可以发现，其根本原因在于，当前研究文献对旅游业跨区域合作的运行机制总体上缺乏一个统一的分析框架。为此，本书借鉴基金共同体的理念，构建了一个基于认知共同体的区域旅游合作协调机制分析框架，分别从地方政府、旅游企业和行业协会三个角度提出区域旅游合作的有效协调机制。合作共同体必然要求将合作成员的部分权益集聚在共同体层面，形成合作区域公共品资源和管治的合力，共同面对区域竞争和挑战。因此，基于认知共同体的合作机制分析框架而提出的区域旅游合作协调机制，将更具有可操作性和实践指导意义。

8.2 本书研究的局限性及研究展望

本书在界定相关概念、回顾以往文献和梳理相关理论的基础上，对中国旅游业跨区域合作的现状特点、存在的问题及其发展趋势进行了总体分析。随后，对三大经济主体在区域旅游合作中的地位和作用进行了准确定位，并着重分析地方政府行为在中国旅游业跨区域合作中的重要作用。以此为依托，借鉴国内外旅游业跨区域合作的典型经验，分析旅游业跨区域合作的驱动机理、主要内容以及合作过程中的各种制约因素。最后，构建了基于认知共同体的区域旅游合作创新机制，并分别从地方政府、旅游企业和行业协会三大经济主体角度提出了中国旅游业跨区域合作的有效协调机制。然而，由于旅游业跨区域合作是一个较新且较为复杂的研究课题，加之本人研究时间与能力的所限，对中国旅游业跨区域合作问题的认识上尚存在诸多不成熟的地方，因而有待进一步深入研究和不断完善。鉴于此，本节对本书研究的局限性和不足之处做一粗略概括，并以此对该领域未来的研究方向予以展望。

8.2.1 研究的局限性与不足

1. 三大经济主体在区域旅游合作中的博弈均衡模型有待构建

在旅游业跨区域合作的推进进程中，不同经济主体的有效活动领域往往有所差异。对市场经济条件下的区域旅游合作而言，至关重要的是实现地方政府、行业协会和旅游企业在各自有效活动领域内充分发挥各自的作用。为了简化研究，在不失一般性的情况下，本书仅从定性角度对地方政府、行业协会和旅游企业在旅游业跨区域合作中的地位和作用进行了分析。总体而言，虽然现有文献对三大经济主体在旅游合作中的地位和作用的描述均偏重定性分析，而且这种定性描述确实能够基本达到预期的阐述目标，但是相对而言，对三大经济主体在区域旅游合作中地位和作用的界定仍欠缺精准性，尤其是理论基础的支撑。基于此，尚未构建融三大经济主体于一体的区域旅游合作的博弈均衡模型，没有从数理模型推演的角度精确地界定三大经济主体在旅游合作中的地位和作用，这成为本书研究过程中的不足之一。

2. 国内旅游业跨区域合作典型模式的分析框架有待不断完善

依据区域旅游合作的经济主体及其在区域旅游合作中的地位和作用，本书将旅游业跨区域合作的模式分为三种：政府推动为主的模式、政府市场互动的模式以及合作较成熟的市场主导模式。以此为依托，结合典型区域旅游合作的实际进展情况，将珠三角地区旅游合作模式界定为以市场为主导的模式；将长三角地区旅游合作模式界定为政府和市场互动的模式，但长三角区域旅游合作的模式已向市场主导模式转换；而区域旅游合作相对较为迟缓的京津冀地区则应该选择以政府推动为主的模式。总体而言，这种对旅游业跨区域合作模式的界定可以在一定程度上满足分析国内旅游业跨区域合作典型模式的需要，但是这种界定方式尚缺乏内在的逻辑演进机制的阐释，进而从理论角度在全面准确地把握国内区域旅游合作典型模式上略显单薄。

3. 基于认知共同体的区域旅游合作协调机制有待进一步细化

本书借鉴基金共同体的理念，构建了一个基于认知共同体的区域旅游合作协调机制分析框架，分别从地方政府、旅游企业和行业协会三个角度提出区域旅游合作的有效协调机制。合作共同体必然要求将合作成员的部分权益集聚在共同体层面，形成合作区域公共品资源和管治的合力，共同面对区域竞争和挑战。因此，与以往文献提出的旅游合作协调机制相比，基于认知共同体的合作机制分析框架而提出的区域旅游合作协调机制，在一定程度上将更具有可操作性和实践指导意义。然而，在旅游业跨区域合作的实际运营中，还存在诸多影响区域旅游合作成功运转的其他利益因素。这些被无意识或者有意识忽略的因素对区域旅游合作的高效运营和健康发展可能具有至关重要的影响，加之在现有的研究条件下缺乏对区域旅游合作微观调查数据的获取，因而本书所提出的区域旅游合作协调机制仅局限于笼统地根据认知共同体的理念而提出，在可操作性上尚具有一定不完善。

8.2.2　未来研究方向的展望

基于上述对本书研究的局限性和不足之处的归纳总结，本书认为，有关中国旅游业跨区域合作模式和协调机制方面的未来可行性研究主要有：

1. 构建区域旅游合作三大经济行为主体间的博弈模型

为了简化研究，在不失一般性的情况下，本书仅从定性角度对地方政府、行业协会和旅游企业在旅游业跨区域合作中的地位和作用进行了分析。虽然这种定性描述在一定程度上确实能够基本达到预期的阐述目标，但是相对而言，对三大经济主体在区域旅游合作中地位和作用的界定仍欠缺精准性，尤其是理论基础的支撑。基于此，构建融三大经济主体于一体的区域旅游合作的博弈均衡模型，从数理模型推演的角度精确地界定三大经济主体在旅游合作中的地位和作用，就成为未来研究旅游业跨区域合作的重要方向之一。

2. 细化基于认知共同体的旅游业跨区域合作协调机制

本书提出的基于认知共同体的旅游合作协调机制分析框架，在一定程度上将更具有可操作性和实践指导意义。因而如何对政策措施的进一步细化，以使其具备可操作性，是该领域的一个重要研究方向。

参考文献

［1］梅休. 牛津地理学词典［M］. 上海：上海外语教学出版社，2001：354.

［2］郝寿义. 区域经济学原理［M］. 上海：上海人民出版社，2007：137.

［3］林洪岱. 国际旅游的区域性［J］. 中国社会科学，1983（6）：23－25.

［4］孙尚清. 中国旅游经济研究［M］. 北京：人民出版社，1990.

［5］楚义芳. 旅游的空间经济分析［M］. 西安：陕西人民出版社，1992.

［6］张晨. 长三角区域旅游合作机制研究［D］. 上海：上海社会科学院，2006.

［7］陈传康. 华北文化旅游区与京津冀旅游开发写作［J］. 城市问题研究，1989（1）：62－66.

［8］涂人猛. 湖北省旅游发展战略的一点思考［J］. 旅游学刊，1992（6）：4－36.

［9］涂人猛. 区域旅游理论研究［J］. 社会科学家，1994（5）：83－88.

［10］郑荣富. 促进区域旅游与合作加速发展福建旅游业［J］. 旅游学刊，1997（5）：19－21.

［11］郑耀星. 区域旅游合作是旅游业持续发展的新路——制订《闽西南五市旅游合作发展规划纲要》的深层思考［J］. 福建师范大学学报（哲学社会科学版），1999（2）：29－32.

［12］李永文. 区域旅游可持续发展初探［J］. 地域研究与开发，2000（3）：61－64.

［13］薛莹. 对区域旅游合作研究中几个基本问题的认识［J］. 桂林旅游高等专科学校学报，2001，12（2）：26－29.

［14］杨荣斌. 区域旅游合作机制理论与案例探析［D］. 上海：上海师范大学，2006.

[15] 吴国琴．区域旅游合作的理论与实证研究——以中部六省为例［D］．武汉：华中师范大学，2006.

[16] 马波．旅游业的转型与区域旅游合作——兼论中、日、韩旅游合作的推进［J］．旅游学刊，2007，22（5）：24－28.

[17] 保继刚．滨海沙滩旅游资源开发的空间竞争分析［J］．经济地理，1991，11（2）：89－93.

[18] 保继刚，彭华．名山旅游地的空间竞争研究［J］．人文地理，1994a，9（2）：4－9.

[19] 保继刚，彭华．喀斯特石林旅游开发的空间竞争研究［J］．经济地理，1994b，14（3）：93－96.

[20] 窦文章．区域旅游竞争研究进展［J］．人文地理，2000，15（3）：22－27.

[21] 弋月．成绵乐区域旅游合作模式研究［D］．重庆：重庆师范大学，2014.

[22] 王良举，李万莲．基于利益主体视角的皖北区域旅游合作研究［J］．安徽职业技术学院学报，2010，9（1）：5－9.

[23] 王新驰，任怡澄．基于利益主体视角的长三角区域旅游合作研究［J］．扬州大学学报（人文社会科学版），2013，17（2）：27－33.

[24] 许辉春．区域旅游合作的模式与机制研究［D］．武汉：武汉理工大学，2012.

[25] 王小伟．基于定量分析的区域旅游合作模式研究——以河南省为例［J］．江苏科技大学学报（社会科学版），2017（12）：102－108.

[26] 王庆生，胡宇橙，李烨．区域旅游产业可持续发展管理创新研究［M］．北京：科学出版社．2018：3－5.

[27] 薛莹．区域旅游合作的现状调查与对策研究［D］．杭州：浙江大学，2002.

[28] 秦学，陶希东．张家港旅游资源区域合作的对策［J］．资源开发与市场，2002（6）：60－62.

[29] 秦学．旅游业跨区域联合发展的理论与实证研究——机理、模式与协调机制［D］．上海：华东师范大学，2004.

[30] 伍鹏. 湘鄂黔边区区域旅游合作开发战略 [J]. 地域开发与研究, 2002 (4): 32-34.

[31] 陈烈, 沈静. 环北部湾旅游圈协同发展的战略目标与对策 [J]. 热带地理, 2002, 22 (4): 345-349.

[32] 侯晓丽, 董锁成, 贾若祥. 旅游规划整合——对"大旅游"内涵的再认识 [J]. 旅游学刊, 2005, 20 (4): 43-50.

[33] 谢政伟, 胡飞. 皖北文化旅游区域合作机制探析 [J]. 绥化学院学报, 2013 (5): 61-64.

[34] 马斌斌, 鲁小波, 郭迪, 丁宇娟. "丝绸之路经济带"背景下西北五省旅游协同发展战略研究 [J]. 新疆大学学报 (哲学·人文社会科学版), 2015, 43 (5): 16-21.

[35] 张广宇, 沈兴菊, 刘韫. 丝绸之路经济带建设背景下的国际区域旅游合作研究 [J]. 四川师范大学学报 (社会科学版), 2015, 42 (3): 53-58.

[36] 朱红兵. 长三角区域旅游合作发展模式研究 [D]. 上海: 上海师范大学, 2011.

[37] 张梦瑶. 中缅边境经济合作区区域旅游合作模式构建与路径选择 [D]. 昆明: 云南财经大学, 2014.

[38] 王雷亭, 王学峰等. 国内外区域旅游合作研究进展综述 [J]. 泰山学院学报, 2003, 25 (5): 92-96.

[39] 袁宇杰. 区域旅游合作的系统分析 [J]. 中国旅游报, 2004-09-22: 07.

[40] 钱益春. 区域旅游协作的理论研究 [J]. 佛山科学技术学院学报 (自然科学版), 2004 (1): 59-61.

[41] 梁艺桦, 杨新军, 马晓龙. 区域旅游合作演化与动因的系统学分析——兼论西安咸阳旅游合作 [J]. 地理与地理信息科学, 2004 (3): 94-97.

[42] 张正国. 区域旅游合作的系统学分析及应用研究 [D]. 上海: 同济大学, 2006.

[43] 孔庆庆. 区域旅游一体化合作模式下无障碍旅游区的构建——以珠江三角洲区域旅游合作为例 [D]. 杭州: 浙江大学, 2005.

[44] 莫帮洪，史本凤．浅析区域旅游合作［J］．商场现代化（区域经济），2005，(453)：221－223.

[45] 卢亮．区域旅游的适度整合研究——以长江三角洲地区为例［J］．江苏商论，2005（12）：97－98.

[46] 吴国琴．区域旅游合作的理论与实证研究——以中部六省为例［D］．武汉：华中师范大学，2006.

[47] 赵永青．中国中部区域旅游合作研究［D］．武汉：华中师范大学，2007.

[48] 孙赫．山东半岛城市群区域旅游合作模式研究［D］．济南：山东大学，2007.

[49] 王琳．区域旅游合作趋势与环黄海大旅游圈的战略创新［J］．天津大学学报（社会科学版），2007，9（5）：455－458.

[50] 汪德根，牛玉，陈田，陆林，唐承财．高铁驱动下大尺度区域都市圈旅游空间结构优化——以京沪高铁为例［J］．资源科学，2015，37（3）：581－592.

[51] 朱斌，王学典．区域旅游合作的理论基础、模式与策略——以辽宁省为例［J］．环渤海经济瞭望，2016（3）：49－51.

[52] 刘新航．无障碍旅游区——区域旅游的完美整合［N］．河北日报，2004.

[53] 何深宝，袁东来．建立无障碍旅游区　闽浙赣皖九市共谋旅游发展［N］．江西日报，2004.

[54] 冯琼兰．对无障碍旅游的思考［J］．北京工商大学学报（社会科学版），2005（7）：102－105.

[55] 孙冬玲．无障碍旅游——区域旅游合作新形式［J］．甘肃农业，2005（9）：57.

[56] 乔秋敏，朱平．“无障碍旅游”对我国旅行社业的影响［J］．九江学院学报（哲学社会科学版），2005（3）：66－69.

[57] 贾跃千．“无障碍旅游”的经济分析［N］．中国旅游报，2005.

[58] 彼得·林德特，查尔斯·金德尔伯格．国际经济学［M］．上海：上海译文出版社，1985.

[59] 伍贻康，张幼文．全球村落：一体化进程中的世界经济［M］．上海：上海社会科学院出版社，1999.

[60] 薛敬孝，佟家栋等．国际经济学［M］．北京：高等教育出版社，2000.

[61] 宋玉华．开放的地区主义与亚太经济合作组织［M］．北京：商务印书馆，2001.

[62] 葛立成，聂献忠，李文峰．长三角区域旅游一体化研究［J］．浙江社会科学，2006（2）：215－219.

[63] 刘书安，黄耀丽，郑坚强，李飞．基于合作竞争博弈的“大珠三角”区域旅游一体化研究［J］．乐山师范学院学报，2007，22（8）：112－115.

[64] 汪锋．“无障碍”趋势下的长三角区域旅游一体化障碍及对策［J］．扬州职业大学学报，2007，11（2）：5－8.

[65] 朱红兵，冯翔．长三角区域旅游合作发展模式分类及评价研究［J］．地理与地理信息科学，2014，30（3）：108－113.

[66] 戴斌，黄璜．区域旅游一体化的理论建构与战略设计——以京津冀为例［J］．人文地理，2016，31（3）：128－135.

[67] 邱继勤．川黔渝三角旅游区联动开发研究［J］．地理与地理信息科学，2004，20（2）：78－82.

[68] 黄金火，马晓龙．基于区域旅游合作的泛西安独立旅游目的地构建研究［J］．延边大学学报（社会科学版），2005，38（3）：35－37.

[69] 刘佳，张捷，顾朝林．旅游规划中空间竞争与区域合作研究——以江南六大古镇为例［J］．人文地理，2005（3）：79－83.

[70] 麻学锋．产业集群下的区域旅游合作开发模式研究［J］．企业技术开发，2005，24（9）：77－79.

[71] 张志辰．区域旅游合作中的制度分析［J］．旅游学刊，2008，23（1）：67－70.

[72] 张伟，吴必虎．利益主体（Stakeholder）理论在区域旅游规划中的应用——以四川省乐山市为例［J］．旅游学刊，2002，17（4）：63－68.

[73] 简玉华，叶枝等．跨区域旅游协作因素分析及其机制探讨——以桂

西民族地区为例 [J]. 旅游学刊, 2006, 21 (8): 50-54.

[74] 梁艺桦. 区域旅游合作竞争演化及发展研究——以西安、咸阳为例 [D]. 西安: 西北大学, 2006.

[75] 刘德艳. 基于协同管理视角的中国旅游目的地整体营销 [J]. 旅游学刊, 2009, 24 (6): 6-7.

[76] 林耿, 李冬环. 广州与桂、湘、赣、闽四省区旅游合作战略研究 [J]. 人文地理, 1999 (14): 1-4.

[77] 薛莹. 旅游流在区域内聚: 从自组织到组织——区域旅游研究的一个理论框架 [J]. 旅游学刊, 2006, 21 (4): 47-54.

[78] 王雪芳. 基于系统理论的区域旅游合作研究——以环北部湾为例 [J]. 商业研究, 2008 (6): 45-49.

[79] 邬爱其. 旅游市场进入博弈分析 [J]. 经济问题探索, 2000 (11): 120-122.

[80] 梁艺桦, 杨新军. 区域旅游竞合博弈分析 [J]. 地理与地理信息科学, 2005, 21 (2): 94-97.

[81] 朱静. 我国区域旅游合作中的政府间博弈 [J]. 经济管理, 2007 (13): 62-66.

[82] 张河清. 基于博弈论的"泛珠三角"区域旅游协作问题研究 [J]. 旅游学刊, 2009, 24 (6): 36-41.

[83] 钟俊. 共生: 旅游发展的新思路 [J]. 重庆师专学报, 2001 (3): 47-48.

[84] 吴泓, 顾朝林. 基于共生理论的区域旅游竞合研究 [J]. 经济地理, 2004, 24 (1): 104-109.

[85] 汪清蓉, 余构雄. 区域旅游城市生态位测评及竞合模式研究——以珠江三角洲为例 [J]. 旅游学刊, 2008, 23 (3): 50-56.

[86] 保继刚, 孙九霞. 旅游规划的社区参与研究——以阳朔遇龙河风景旅游区为例 [J]. 规划师, 2003, 19 (7): 32-38.

[87] 陶卓民, 卢亮. 长江三角洲地区旅游客源市场共同开拓研究 [J]. 人文地理, 2005 (6): 73-77.

[88] 杨荣斌. 区域旅游合作机制理论与案例探析 [D]. 上海: 上海师范

大学，2006.

[89] 孙赫．山东半岛城市群区域旅游合作模式研究 [D]．济南：山东大学，2007.

[90] 李青松．我国区域旅游合作理论与实践研究——以大三峡旅游圈为例 [D]．重庆：西南大学，2007.

[91] 李文兵，南宇．论丝绸之路沿线旅游合作机制 [J]．干旱区资源与环境，2010 (1)：201.

[92] 易志斌．环渤海区域旅游合作的路径选择 [J]．城市问题，2010 (12)：45－50.

[93] 曹丽，刘治福．加强中国与东盟旅游产业合作对策研究 [J]．东南亚纵横，2012 (10)：63－67.

[94] 孙宏斌，周文翠．大东北区域旅游合作模式及对策研究 [J]．经济研究导刊，2015 (1)：237－238.

[95] 秦学．旅游业跨区域联合发展的理论与实证研究——机理、模式与协调机制 [D]．上海：华东师范大学，2004.

[96] 张正国．区域旅游合作的系统学分析及应用研究 [D]．上海：同济大学，2006.

[97] 何小东．中国区域旅游合作研究——以中部地区为例 [D]．上海：华东师范大学，2008.

[98] 刘盛楠，王阔．东北地区旅游产业协同发展探究 [J]．商场现代化，2014 (19)：141.

[99] 秦静．论我国东北区域旅游合作发展 [J]．技术与市场，2013 (10)：227－228.

[100] 张宁等，东北地区与长三角等地区域旅游合作对比研究 [J]．生态经济（学术版），2010 (15)：329－331.

[101] 林晓桃，揭筱纹．我国跨省界区域旅游目的地合作运行机制研究．经济问题探索，2016 (4)：60－65.

[102] 陈佳平．区域旅游合作的动力机制研究 [J]．特区经济，2010 (12)：151－153.

[103] 薛莹．对区域旅游合作研究中几个基本问题的认识 [J]．桂林旅

游高等专科学校学报，2001（2）：35 –37.

［104］王新驰，任怡澄．基于利益主体视角的长三角区域旅游合作研究［J］．扬州大学学报（人文社会科学版），2013（2）：27 –33.

［105］葛立成，邹益民，聂献忠．中国区域旅游合作问题研究——基于主体、领域和机制的分析［J］．商业经济与管理，2007（1）：70 –75.

［106］尹贻梅．对旅游空间竞争与合作的思考［J］．桂林旅游高等专科学校学报，2003，14（1）：56 –60.

［107］邱继勤．川黔渝三角旅游区联动开发研究［J］．地理与地理信息科学，2004，20（2）：78 –82.

［108］李树民．区域旅游合作的行为模式与驱动机理［J］．旅游学刊，2005，20（3）：10.

［109］唐德鹏．市场机制——旅游区域合作的动力源［J］．旅游学刊，1994（5）：7.

［110］涂人猛．区域旅游理论研究［J］．社会科学家，1994（5）：83 –88.

［111］陈才．环渤海旅游圈的形成与发展［J］．人文地理，1999（2）：43 –46.

［112］梁艺桦，杨新军，马晓龙．区域旅游合作演化与动因的系统学分析——兼论“西安咸阳旅游合作”［J］．地理与地理信息科学，2004，20（3）：105 –108.

［113］潘顺安，刘继生．大湄公河次区域旅游合作开发研究［J］．旅游科学，2005，19（4）：1 –6.

［114］张新．我国区域旅游合作发展研究［J］．中国市场，2007（1）：12 –13.

［115］孙赫．山东半岛城市群区域旅游合作模式研究［D］．上海：山东大学，2007.

［116］李青松．我国区域旅游合作理论与实践研究——以大三峡旅游圈为例［D］．重庆：西南大学，2007.

［117］王蕾．山东半岛城市群区域旅游合作模式与运行机制研究［D］．青岛：中国海洋大学，2008.

［118］秦学，桂拉旦，李秀斌．区域旅游合作的驱动机理分析［J］．江苏商论，2008（9）：86－88.

［119］杨超，黄波等．广西北部湾经济区旅游圈合作发展的驱动机理探讨［J］．当代经济，2009（1）：33－35.

［120］吴国琴．中部地区旅游合作的驱动机理和开发战略［J］．信阳师范学院学报（哲学社会科学版），2007（5）：13－15.

［121］颜泳红．长株潭区域旅游合作的驱动机制［J］．湖南工业大学学报，2007，21（3）：67－69.

［122］靳诚，徐菁，陆玉麒．长三角区域旅游合作演化驱动机理探讨［J］．旅游学刊，2004，19（4）：92－95.

［123］崔凤军，何晓霜，李山，钟章奇．长三角区域旅游合作的演化阶段及其供需耦合［J］．世界地理研究，2018（12）：43－53.

［124］王琳琳．我国区域旅游竞争力差异演变与影响因素分析［D］．开封：河南大学，2018.

［125］朱斌，王学典．区域旅游合作的基础、阻碍和思路 经济研究导刊 2018（36）：137－139.

［126］洪铮．珠江——西江经济带区域旅游竞合关系分析［D］．南宁：广西师范大学，2018.

［127］朱元秀，伍艳玮．区域旅游合作的驱动机理探讨［J］．经济研究导刊，2009（19）：23－25.

［128］宋子千．也论区域旅游合作的驱动机理——兼与靳诚等同志商榷［J］．旅游学刊，2008，23（2）：46－50.

［129］秦学．旅游业区域合作的一般模式与原理探讨［J］．商业经济文萃，2004（5）：98－102.

［130］张慧霞，刘斯文．中部地区区域旅游合作［J］．经济地理，2006，26（4）：714－717.

［131］马晓冬，司绪华，朱传耿．1990 年代以来我国区域旅游合作研究进展［J］．人文地理，2007（4）：16－20.

［132］邹晓明，熊国保，马杰．区域旅游合作谫论［J］．江西社会科学，2004（11）：34－36.

［133］黄金火，吴必虎．区域旅游系统空间结构的模式与优化——以西安地区为例［J］．地理科学进展，2005，24（1）：116－126.

［134］杨荣斌，郑建瑜，程金龙．区域旅游合作结构模式研究［J］．地理与地理信息科学，2005，21（5）：95－98.

［135］梁雪松．丝绸之路区域旅游合作空间开发模式选择［J］．丝绸之路，2009（2）：101－103.

［136］陶伟，戴光全．区域旅游发展的“竞合模式”探索：以苏南三镇为例［J］．人文地理，2002，17（4）：29－33.

［137］吴泓，顾朝林．基于共生理论的区域旅游竞合研究［J］．经济地理，2004，24（1）：104－09.

［138］李青松．我国区域旅游合作理论与实践研究——以大三峡旅游圈为例［D］．重庆：西南大学，2007.

［139］尹贻梅．旅游空间竞争合作分析模型的构建［J］．江西财经大学学报，2003（2）：66－71.

［140］牛江艳，曹荣林，杨新军．跨省区域旅游合作研究——以陕甘豫三省为例［J］．人文地理，2007（1）：28－33.

［141］郑耀星，林文鹏，储德平．海岛型旅游地空间竞争与区域合作研究［J］．旅游学刊，2008，23（12）：58－62.

［142］袁园．京津冀区域旅游一体化评价［D］．北京：北京交通大学，2017.

［143］张轩．吉林省区域旅游一体化发展研究［D］．长春：吉林大学，2018.

［144］施丹斐．基于区域旅游合作的无障碍探讨［D］．武汉：华中师范大学，2014.

［145］曾媛．长三角城市群旅游协同发展研究［D］．上海：上海师范大学，2020.

［146］邱继勤．川黔渝三角旅游区联动开发研究［J］．地理与地理信息科学，2004，20（2）：78－82.

［147］吴必虎．区域旅游规划原理［M］．北京：中国旅游出版社，2001：325－328.

[148] 宋娜，郝彦革．关于对区域旅游联合开发的几点思考 [J]．科技情报开发与经济，2005，15 (7)：78-80.

[149] 侯伟华，王雪华，王延章．基于信息平台的区域旅游合作协调机制研究 [J]．大连理工大学学报（社会科学版），2005，26 (2)：58-62.

[150] 李晓光．长三角都市旅游圈形成原因与发展模式探讨 [D]．上海：华东师范大学，2004.

[151] 董观志，白晓亮．CEPA 背景下深港旅游合作的创新策略 [J]．经济问题，2005 (5)：79-81.

[152] 保继刚，朱竑，陈虹．基于双赢战略的澳门——珠海旅游互动发展 [J]．热带地理，1999，19 (4)：348-352.

[153] 马晓冬．基于区域合作的徐连旅游带建设 [J]．人文地理，2005 (2)：57-61.

[154] 王蕾．山东半岛城市群区域旅游合作模式与运行机制研究 [D]．青岛：中国海洋大学，2008.

[155] 孙冬玲．无障碍旅游——区域旅游合作新形式 [J]．甘肃农业，2005 (8)：57.

[156] 梁文生．山东半岛城市群旅游一体化发展探讨 [J]．理论学习，2005 (1)：53-54.

[157] 马波．旅游业的转型与区域旅游合作——兼论中、日、韩旅游合作的推进 [J]．旅游学刊，2007，22 (5)：24-28.

[158] 郑江宁，颜澄．区域旅游合作发展模式比较研究 [J]．生态经济，2009 (2)：107-109.

[159] 马海鹰．区域合作中的可为和不可为 [N]．中国旅游报，2005 (7).

[160] 韩杰，赵富强．东北区海外旅游客源市场的拓展 [J]．旅游学刊，1992 (2)：25-28.

[161] 明庆忠，白廷斌．澜沧江—湄公河次区域旅游合作的基本设想 [J]．旅游学刊，1997 (6)：25-28.

[162] 唐睿．一体化政策背景下长三角旅游业竞争力评估与协同发展研究 [D]．上海：华东师范大学，2019.

［163］胡婷．区域旅游地共生系统测量与结构研究——以湖南湘西地区为例［D］．长沙：湖南师范大学，2019.

［164］范春．我国区域旅游协作发展现状及对策［J］．商业时代，2005（3）：70－71.

［165］侯伟华，等．基于信息平台的区域旅游合作协调机制研究［J］．大连理工大学学报，2005，26（2）：58－62.

［166］张慧霞，刘斯文．中部地区区域旅游合作［J］．经济地理，2006，26（4）：714－717.

［167］曹扬．进一步完善我国区域旅游合作机制［J］．商业时代，2006（1）：76－78.

［168］郭寻．区域旅游发展中政府合作的制度障碍及对策思考［J］．人文地理，2006（1）：106－109.

［169］乌兰．协调发展背景下的区域旅游合作［J］．山东社会科学，2007（5）：81－83.

［170］胥兴安．基于管理学视角的区域旅游合作机制研究——以昆明北部旅游圈为例［J］．云南地理环境研究，2009（4）：23－25.

［171］乌兰．在区域旅游合作背景下实现地方政府合作的思考［J］．商业研究，2006（24）：76－78.

［172］梁学成，李树民．对旅游企业间动态合作的协调机制研究［J］．旅游学刊，2007，22（9）：58－63.

［173］焦爱丽．东北地区区域旅游合作研究［D］．长春：东北师范大学，2016.

［174］温斌．关中—天水经济区区域旅游合作研究［D］．兰州：西北师范大学，2019.

［175］周婷．区域旅游合作机制对旅游可持续发展的影响研究［D］．海口：海南大学，2018.

［176］刘君德．中国行政区划的理论与实践［M］．上海：华东师范大学出版社，1996：17.

［177］薛莹．论旅游区域与行政区域的关系——以黄山市为例［J］．经济地理，2003，23（6）：786－790.

[178] 汪德根，陆林，等. 基于点轴理论的旅游地系统空间结构演变研究——以呼伦贝尔—阿尔山旅游系统为例 [J]. 经济地理，2005，25 (6)：904 -909.

[179] 肖金成. 省域中心与边缘地区的经济发展差距——一个长期被忽视的现象 [J]. 重庆工商大学学报 (西部论坛)，2004 (3)：22 -26.

[180] 亨利·勒帕日. 美国新自由主义经济学 [M]. 北京：北京大学出版社，1985：2.

[181] 诺思，托马斯. 西方世界的兴起 [M]. 伦敦：剑桥大学出版社，1973：2.

[182] 诺思. 经济史中的结构与变迁 [M]. 上海：上海三联书店，1994：7.

[183] 科斯，诺思等. 财产权利与制度变迁 [M]. 上海：上海三联书店，1994：270 -271.

[184] 张广瑞，魏小安，刘德谦. 中国旅游发展：分析与预测 [M]. 北京：社会科学文献出版社，2007.

[185] 国家旅游局. 中国旅游业发展"十一五"规划纲要 [M]. 北京：中国旅游出版社，2007.

[186] 世界旅游及旅行理事会. 世界旅游发展预测报告 [R]. //转引自：朱沁夫. 旅游经济学 [M]. 长沙：湖南大学出版社，2005.

[187] 郑世卿. 中国旅游产业组织演化研究 [M]. 上海：上海社会科学院出版社，2009.

[188] 葛立成，聂献忠. 区域旅游合作——理论分析与案例研究 [M]. 北京：社会科学文献出版社，2009.

[189] 王良健，邓琼芬. 我国旅游业发展的区域差异研究 [J]. 财经理论与实践，2007，28 (145)：105 -110.

[190] 张广瑞，李明德，宋子千. 关于京津冀区域旅游合作发展的思考 [J]. 旅游调研，2004 (1)：39 -45.

[191] 温子吉. 积极发展北方合作，环渤海旅游经济合作 [R]. //在《2005 年旅游绿皮书》发布暨 2005 年中国旅游发展论坛上的讲话，2005 -4 -26.

[192] 宋子千，宋建瑜. 市场化进程中的旅游行业协会——记全国先进

民间组织北京市旅游行业协会［J］．旅游学刊，2005，20（6）：89－91.

［193］张晏．分权体制下的财政政策与经济增长［M］．上海：上海人民出版社，2005.

［194］樊安群．中国经济转轨阶段论［M］．北京：中国社会科学出版社，2005.

［195］吴莹．粤东区域旅游合作中地方政府推动作用研究［D］．汕头：汕头大学，2008.

［196］蒋劲松．责任政府新论：熔权制、分权制、监督—仲裁—保障制比较［M］．北京：社会科学文献出版社，2006.

［197］黄新华．当代西方新政治经济学［M］．上海：上海人民出版社，2008.

［198］塞缪尔·亨廷顿．文明的冲突与世界秩序的重建［M］．北京：商务印书馆，2004.

［199］张昕玲 京津冀地区旅游合作模式与机制研究［D］．北京：北京第二外国语学院，2006.

［200］臧术美．欧盟地区政策改革与效应研究［D］．上海：华东师范大学，2009.

［201］张广翠．欧洲区域政策研究［D］．长春：吉林大学，2006.

［202］陈广汉 中国区域经济整合的新动态——论泛珠江三角洲经济区的发展与协调［J］．中山大学学报，2004（5）：12－15.

［203］青木昌彦．比较制度分析［M］．上海：上海远东出版社，2006.

［204］保罗·萨巴蒂尔．政策过程理论［M］．北京：生活·读书·新知三联书店，2004.

［205］范菊华．“认知共同体”和全球气候制度［J］．国际观察，2006（3）：30－35.

［206］张献．APEC 的国际经济组织模式研究［M］．北京：法律出版社，2001.

［207］刘易斯·芒福德．城市发展史起源、演变和前景［M］．北京：中国建筑工业出版社，2004：51.

［208］阎友兵，戴月珍，蒋绪年．论现代旅游市场体系的构建［J］．三

峡大学学报（人文社会科学版），2009，31（1）：28－30.

［209］张梦．以产业集群提升区域旅游业竞争力［J］．财经科学，2005（6）：23－26.

［210］王凯．跨界旅游目的地的整合发展研究［D］．上海：华东师范大学，2007.

［211］张晨．长三角区域旅游合作机制研究［D］．上海：上海社会科学院，2006.

［212］牛江艳，曹荣林，杨新军．跨省区域旅游合作研究——以陕甘豫三省为例［J］．人文地理，2007（1）：28～33.

［213］Harry W Richardson. *Regional Economics*［M］. Chicago：University of Illinois Press，1979. 2

［214］Dimitrios Buhalis. Marketing the Competitive Destination of the Future［J］. *Annals of Tourism Management*，2000（21）：97－116.

［215］Araujo L，Bramwell B. Stakeholder Assessment and Collaborative Tourism Planning：the Case of Brazil's Costa Dourada Project［J］. *Journal of Sustainable Tourism*，1999（7）：356－378.

［216］Aas C，Ladkin A，Fletcher J. Stakeholder Collaboration and Heritage Management［J］. *Annals of Tourism Research*，2005，32（1）：28－48.

［217］Greer J. Developing Trans-jurisdictional Tourism Partnerships：Insights from the Island of Ireland［J］. *Tourism Management*，2002（23）：355－366.

［218］Timothy D. Cross-border Partnership in Tourism Resource Management：International Parks along the US-Canada Border［J］. *Journal of Sustainable Tourism*，1999（7）：182－205.

［219］Lowndes V，Skelcher C. The Dynamics of Multi-organizational Partnerships：An Analysis of Changing Modes of Governance［J］. *Public Administration*，1998，76（2）：313－333.

［220］Pearce D. *Toursim Organizations*［M］. UK：Longman Group Ltd.，1992.

［221］Michael Fagence. Regional Tourism Cooperation［J］. *Research Notes and Reports*，1995（6）：717－720.

［222］Richard Teary. Modeling Team Structures：A Grounded Approach［J］.

International Journal of Service Industry Management, 1999 (10): 380 -392.

[223] Jonathan Greer. Developing Trans-jurisdictional Tourism Partnerships-insights from the Island of Ireland [J]. *Tourism Management*, 2002, 23 (4): 113 -121.

[224] Twan Huybers, Jeff Bennett. Inter-firm Cooperation at Nature-based Tourism Destinations [J]. *Journal of Socio-Economics*, 2003 (32): 571 -587.

[225] Freeman. *Strategic Management: A Stakeholder Approach* [M]. Boston: Pitman Publishing, 1984: 15.

[226] Peter M Hass. Introduction: Epistemic Communities and International Policy Coordination [J]. *International Organization*, 1992, 46 (1): 1 -35.